산재·직업병백서

산재·직업병백서

초판 1쇄 발행 2024년 7월 15일

지은이 박상봉
펴낸이 장길수
펴낸곳 지식과감성#
출판등록 제2012-000081호

교정 한장희
디자인 이현, 강샛별
편집 강샛별
검수 주경민, 이현
마케팅 김윤길, 정은혜

주소 서울시 금천구 벚꽃로298 대륭포스트타워6차 1212호
전화 070-4651-3730~4
팩스 070-4325-7006
이메일 ksbookup@naver.com
홈페이지 www.knsbookup.com

ISBN 979-11-392-1973-9(03330)
값 20,000원

• 이 책의 판권은 지은이에게 있습니다.
• 이 책 내용의 전부 또는 일부를 재사용하려면 반드시 지은이의 서면 동의를 받아야 합니다.
• 잘못된 책은 구입하신 곳에서 바꾸어 드립니다.

지식과감성#
홈페이지 바로가기

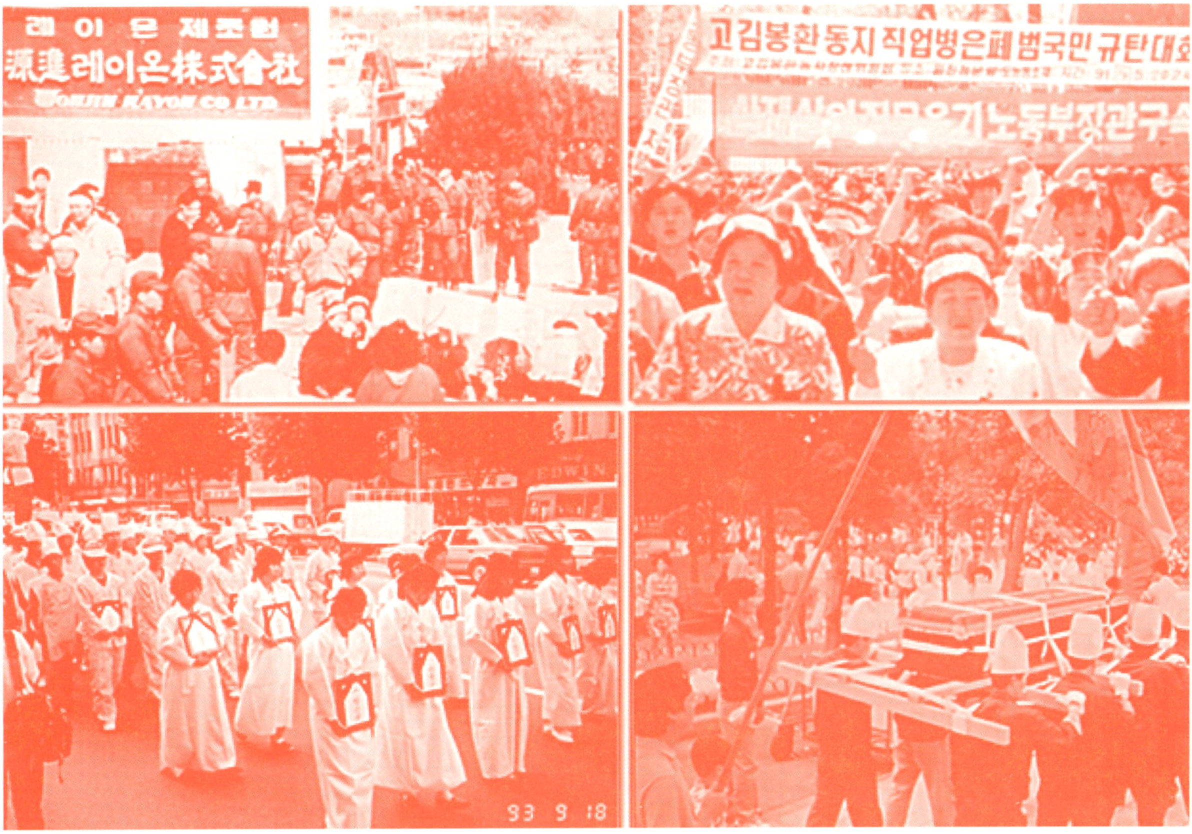

산재·직업병백서

레이온 생산공장 노동자 박상봉 지음

화제의 신간

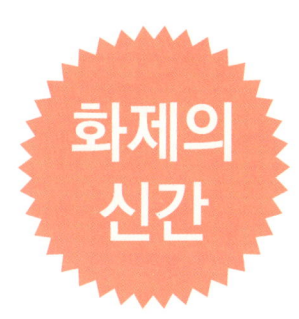

★ 한 기업의 파란만장 경영 스토리 사건 일지
★ 이황화탄소 중독 직업병 사건의 발단
★ 김봉환 씨 숨진 뒤 137일간의 장례식 사건
★ 원진 폐업 6개월 만에 합의서 체결 사건
★ 원진 노동자가 글 쓰는 이유?

지식과감성#

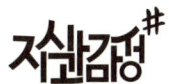

(발간사)

경기도 남양주시 도농로34(다산동), 부영건설은 1994년 원진레이온(주) 공장 부지를 경쟁입찰을 통해 매입했다. 부영건설은 면적 495,670제곱미터(m^2) 5천여 세대의 아파트단지를 건립했다. 이곳은 우리나라의 대표적인 공해 업체였고, 직업병 환자가 발생하여 '직업병 공장'으로 불리고 있었다. 그러나 지금은 그 흔적을 찾아볼 수 없다.

원진레이온(주) 설립 과정부터 폐업 과정까지 『산재·직업병백서』(레이온 제조공장 노동자 박상봉 지음)는 다음과 같이 기록했다.

그 첫째 3공 박정희 정권은 우리나라 국민들의 보릿고개와 굶주림 극복을 위해 산업화 "경제개발 5개년"을 발표했다. 이를 일환으로 1959년 친일파 1호로 불리고 있는 박흥식 씨가 일본으로부터 이미 20년 이상 사용한 중고 기계를 들여와 인견사 생산공장을 설립했다.

이황화탄소(CS_2)는 주로 작업 과정에서 폐를 통해 인체에 흡수되기 때문에 그 폐해는 신경계통에서부터 가장 먼저 나타난다. 중추신경과 말초신경장애, 고혈압, 수면장애, 성기능장애 등을 비롯해서 시간과 방향감각조차 상실시킨다. 1997년 전부터 2000년 이후까지 이황화탄소(CS_2) 중독 직업병 환자는 모두 915명에 이른다. 이들 중 대부분은 만성중독 환자이다. 만성중독은 2년에서 20년까지 상당한 기간이 지나서야 이황화탄소(CS_2) 피폭 사실을 알 수 있는 경우가 대부분이어서 무섭다.

3공에서 6공까지 군사 정권은 이황화탄소 유해 물질을 그대로 노출한 작업환경 속에 노동자들을 방치했다. 노동부는 노동자들을 보호하는 권력이 아닌 자본의 책임을 은폐하기 위한 형식적인 기관이었다. 형식적인 근로감독과 작업환경 조사에 그쳤다. 이 외에도 1986년 노동부는 원진레이온(주) 대표에게 무재해 250만 시간 달성 표창장이라는 가면을 씌워 주었다.

20대의 젊은 나이에 건강한 몸으로 원진레이온(주)에 입사했다. 방사과 인견사 재생과정에서 이황화탄소(CS_2)에 피폭되어 팔과 다리 마비, 언어장애, 조현병 증세 등 중풍인 줄 알고 한의원을 전전하다 자택에서 쓰러졌다. 회사 측으로부터 치료비와 산재보상 한 푼도 받지 못하고 수백여 명이 강제 퇴사 당했다.

이들은 1988년 8월 원진 직업병 피해자 가족 협의회(이하, 원가협)이라는 피해자단체를 결성했다. 이들은 회사 측과 정부를 상대로 투쟁을 전개하기 시작했다. 그리고 "강원특별자치도 춘천시에서 출발하여 46번 국도(경춘로)를 따라서 서울시청 광장에 도착하는 88서울올림픽 성화 봉송로를 가로막겠다."라고 선언하면서 철야 농성에 돌입하며, 이황화탄소 중독 직업병을 국제사회에 다시 환기시켜 나갔다.

이어서 1991년 5월 김봉환 씨의 이황화탄소(CS_2) 직업병 개연성 인정과 장례비, 산재보상 등 회사와 유가족, 장례위 간의 합의서를 체결했다. 그가 숨진 뒤 137일 만에 장례식 치러졌다. 이후 노사 합의서 규정에 따라 전현직 노동자 대상으로 역학조사를 실시, 작업환경 개선 및 보건관리 업무 강화, 요양신청서 발급을 위한 확인서 발급 거부 시 사업주 처벌 조치 등 제도 개선의 성과를 가져왔던 사건이었다.

그러나 1993년 6월 8일 김영삼 정부는 "신경제 100일 계획"이라며, 당정협의회를 통해 폐업 결정하였다. 이에 따라 원진노조는 원진비상대책위원회 이하 '원진비대위'로 전환했다. 그리고 김영삼 정부 관계 부처에 여러 차례 항의 방문했으며, 서울 명동성당에서 무기한 철야 농성과 연대 집회를 전개했다.

이들은 투쟁 전개 6개월 만에 원진 폐업 노사정 3자 잠정 합의서를 체결했다. 합의서 중요 내용을 살펴보면 첫째, 직업병 환자 관리를 위한 공익재단법인 설립하고 150억 원을 출연한다. 둘째, 재취업을 지원한다. 셋째, 해고 노동자들의 전원 복직과 이들에 대한 고소·고발을 취하한다. 넷째, 직업병연구소 및 산재종합병원을 설립한다는 등의 내용에 합의했다.

원진 노동자들이 벌여 온 1988년부터 2024년 현재까지 36여 년간의 산재·직업병 투쟁은 노동운동사에 빠질 수 없는 중요한 '진기록'이라고 말할 수 있다.

『산재·직업병백서』(레이온 제조공장 노동자 박상봉 지음)는 1988년부터 2024년 현재까지 36년간 원진 노동자들의 산재·직업병 투쟁 화보로 시작하여 총 9부로 나누어져 있다. 우리나라 산업 발전 과정을 상징적으로 압축해 놓은 것과 다름이 없다. '원진레이온 직업병 사태'는 지난해 6월 30일 SBS '꼬꼬무' 프로그램에서 90분간 방송되어 눈길을 끈 바 있다. 이 도서가 자라는 청소년들에게 들려줄 의미 있는 역사적 교훈이 되기에 충분한 가치가 있다고 생각한다.

박상봉

차례

발간사 ·· 5
레이온 제조공장 노동자의 화보 ·· 16

⚙ 제1부 한 기업의 파란만장 경영 스토리 사건 일지

1장 원진레이온(주) 경영 스토리 ·· 32

1956년산 생산설비 30억 엔 수입
친일파 박흥식 씨 흥한화학섬유(주) 출범
박정희 처조카 정영삼 씨 경영권 넘겨
6공화국 시대 육사 장교 출신 경영
금융 계열 출신 전덕순 씨가 마지막 사장

2장 인견사 생산공정 ·· 46

인견사 생산과정
이황화탄소(CS_2)와 황화수소(H_2S) 성분

3장 원진레이온 노동조합 연혁 ·· 53

노조설립과정
민주노조 대표 단체협약 직권조인
노동조합 위원장 사퇴와 선거 반복

✦ 제2부 이황화탄소(CS₂) 유해 물질이란?

1장 이황화탄소의 제조역사 ································· 60

이황화탄소, 노란 액체 신경성 독성물질
일본의 이황화탄소 중독 사례
한국의 이황화탄소 중독 사례

✦ 제3부 이황화탄소 중독 직업병 사건의 발단

1장 직업병 사건의 발단 과정 ································· 72

국내 최초 공장 주변 피해 속출 언론보도
공장 인근 주민의 환경 피해 보상 소송 제기
국내 최초 이황화탄소 중독 직업병 환자 판정

✦ 제4부 원진 직업병 피해자단체 결성

1장 피해자 지원대책위원회 구성 ································· 84

직업병 문제 언론보도 연대투쟁 돌입
노동부 특별 근로감독
원진레이온(주) 사과의 말씀

2장 직업병 피해자 원가협 결성과 투쟁 ································· 89

원진 직업병 피해자 가족협의회 결성
88년 올림픽 성화봉송 저지 투쟁 선언
직업병 판정과 피해보상 합의서 체결

3장 삶과 가정을 망가뜨린 사건············101

강모 양, 노동부장관에게 보내는 편지
원진레이온(주) 측 책임 회피 급급
원진레이온 측 보상금 몇 푼 종결 처리

4장 원진 직업병 피해자단체 결성············107

원진피해노동자협의회 결성 과정
원진피해노동자협의회 투쟁 전개
회사 측과 원진피해노동자협의회의 합의 체결

5장 원진 직업병 피해자단체 결성의 의미············116

검진 결과, 피해자 추천 의사의 판독 성과
특수건강진단의 개선

⚙ 제5부 김봉환 씨 숨진 뒤 137일간의 장례식 사건

1장 노동운동사, 교훈을 얻은 사건············122

직업병 진단 및 제도 개선
김봉환 노동자 사망사건 발단

2장 김봉환 씨 장례위 투쟁 전개············126

회사와 유가족, 장례위 부검 합의
김봉환 노동자 직업병 인정 투쟁 돌입

3장 원진레이온 직업병 사태 여론화 시작············136

'죽음의 일터' 신문과 방송 보도 경쟁

'노동자' 유해 작업장 무방비로 방치
'작업환경' 관한 노동자 알권리 배제

4장 김봉환 노동자 사망사건 수습 과정 ··············147

회사 측과 유가족, 장례위 합의서 체결
원진레이온(주) 사장과 노조와의 합의

5장 원진 직업병 환자 자살 사건 ··············152

직업병 고통에 시달리다 죽음 선택
두 아들 앞으로 남긴 2장의 유서
권경룡 씨 부인과 이혼 등 가정 파탄

6장 김봉환 노동자 137일간 장례투쟁의 의의 ··············158

김봉환 노동자 직업병 인정 합의의 성과
업무상 재해 인정 기준 재정비 성과

7장 김봉환 장례위 합의의 언론사 논평 ··············162

원진 노동자 직업병 보상 합의의 뜻
사망 원진 근로자 보상금 지급의 의미
원진 김봉환 씨 사망 135일 만에 타결

✿ 제6부 업무상 재해 인정 기준 재정비

1장 업무상 재해 인정 기준 재정비 과정 ··············170

노동부장관 추진 방안 대통령 업무보고
1991년 업무상 재해 인정 기준 개정
직업병 인정 기준 개정의 의의

2장 서울대 보건대학원 작업환경 조사 ········176

원진레이온 작업환경측정 과정
서울대 보건대학원 역학조사 과정
서울대 보건대학원 역학조사 조사 내용

3장 이황화탄소 중독 인정 기준 재정비 ········182

2차 관련 제도 재정비 과정
업무상 재해 인정 기준 개정 요구를 위한 명동성당 농성
백기완 대통령 후보 명동성당 농성장 지지 방문

제7부 원진 폐업 6개월 만에 합의서 체결 사건

1장 원진레이온 민영화 추진 과정 ········192

상공부 섬유업체 수익 계약 방안 도출
제1차, 제2차 공매 유찰, 수의계약 무산
섬유업계 수의계약 결렬 폐업 초읽기

2장 원진레이온 폐업 과정 ········196

누전 화재 및 회사 측 장기 휴업
장기 휴업 기간 고정자 씨 자살사건

3장 원진노조 폐업 철회 투쟁 돌입 ········200

정부 관계 부처에 항의 방문 전개
원진비대위 및 원진대책위 출범
원진비상대책위원회의 요구(안)
제1차 명동성당 철야 농성 돌입

4장 원진 폐업 노사정 3자 합의서 체결 의미 ·················· 228

합의서 체결, 노동계 연대투쟁의 큰 성과

5장 원진 폐업 노사정 합의서 언론 논평 ·················· 231

원진 폐업 타결, 직업병 '빨간불' 확산 큰 공헌
원진레이온 사태 해결 의미

⚙ 제8부 원진 폐업 합의서 이후 사건

1장 원진 직업병 관리 재단법인 설립 ·················· 236

산업은행 재단법인 150억 기금 출연

2장 녹색병원 설립 기금 확보 투쟁 전개 ·················· 239

산업은행 측에 410억 기금 출연 요구
원진공동대책위원회 결성 투쟁 돌입
원진공대위, 산업은행 측과 합의 과정

3장 원진 직업병 피해자단체 ·················· 247

원진 직업병 피해자단체 '원산협' 통합
직업병 환자 915명 국내 최대
요양급여 외에 상병보상연금

4장 원진 폐업 합의서 이행 촉구 전개 ·················· 252

제2의 원진비상대책위원회 지도부 출범
원진비대위와 전해투 공동 투쟁 전개
각계각층 원로 인사 54명 기자회견

⚙ 제9부 원진 노동자가 글 쓰는 이유?

1장 노동 현장에서 글쓰기 시작··264

어린 시절 성장 과정
원진레이온(주) 입사 과정
회사 측 근로기준법 위반 진정 사건
원진 노동자 김영삼 대통령 보내는 편지

2장 인생은 '이모작'(二毛作)··289

자원봉사왕 금메달 표창패 받다
요양보호사 자격증 취득

✿ 레이온 제조공장 노동자의 화보

▲ 위 사진 1964년 6월 27일 오전 10시께 흥한화학섬유(주) 기공식 참석한 박정희 대통령에게 공장조감도 관련하여 설명하는 박흥식 사장

▲ 위 사진 1990년 원진레이온 인견사 대내외 홍보 전단지

 사진 원진레이온(주) 본사 경기도 남양주시 미금읍 도농리 1번지, 서울지사 서울시 중구 삼각동 115번지 경기빌딩 1403호, 인조견사 홍보용 전단지

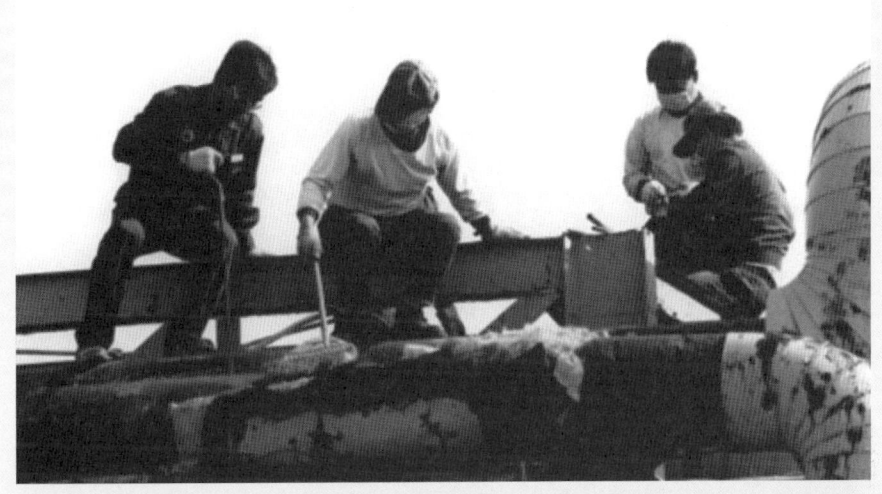

▲ 위 사진 1991년 4월 1일 원진레이온 이황화탄소(CS_2)를 뽑아내는 닥트가 부식되어 있다. 원진 노동자들이 보수 작업하고 있다.

▲ 사진, 1991년 4월 1일 방사과 인견사 재생과정에서 직업병의 원인이 되는 이황화탄소(CS_2)가 발생하며, 정비과 소속 직원들이 방사과 출입 전기모터를 보수 작업하고 있다.

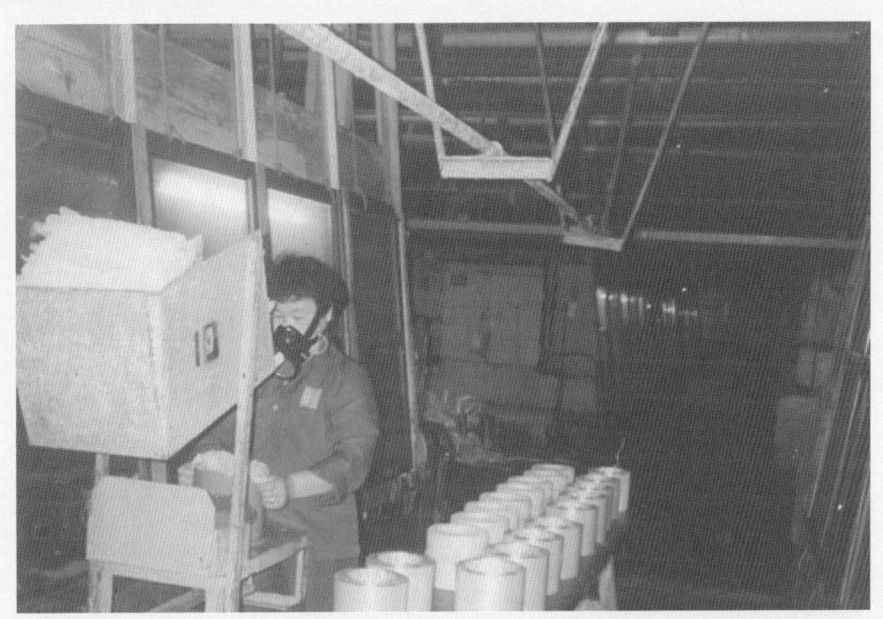

▲ 사진, 1991년 4월 1일 후처리과 여성 직원이 방사과 출입하여 상판에 놓여 있는 케이크를 포장,
▲ 아래 사진, 후처리과 정련/표백 대차에 케이크를 적재하고 있다.

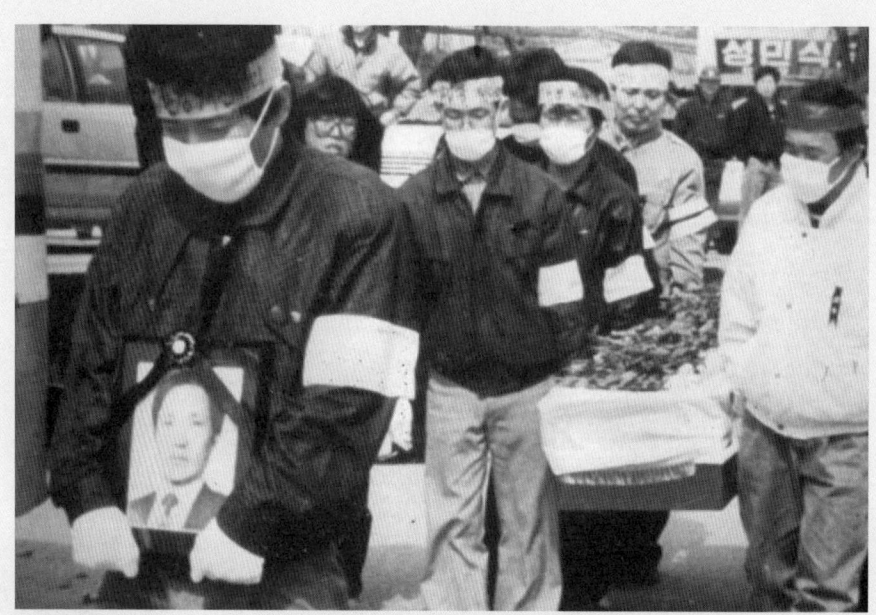

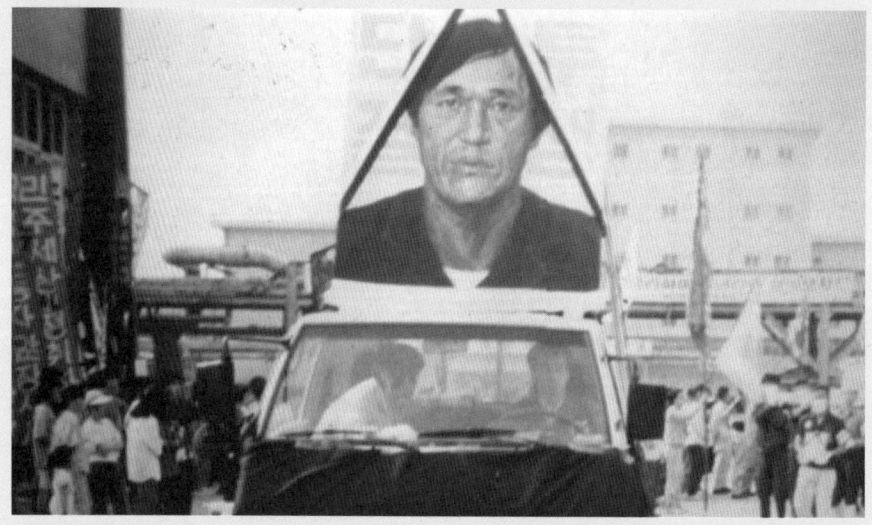

▲ 위 사진 1991년 5월 21일 오전 10시 남양주시 도농동 1번지(도농로34). 원진레이온 본관 앞 광장에서 김봉환 숨진 뒤 137일 만에 산업재해 노동자장으로 장례식 진행되었다.

▲ 위 사진 1991년 4월 14일 오전 11시 경기도 남양주시 도농동 1번지(도농로34), 원진레이온(주) 정문 앞에서 직업병은폐 범국민 규탄 집회를 열고 있다.

▲ 위 사진 1991년 3월 31일 오후 1시 경기도 남양주시 도농동(도농로34), 원진레이온(주) 정문 앞에서 김봉환 노동자 장례식 경찰 병력이 방패를 이용해 장례 차량을 가로막았다.

▲ 위 사진, 1992년 5월 20일 오후 2시 원진레이온 정문에서 서울대보건대학원 역학 조사 유소견자 88그룹 출정식을 열었다. 이들은 "직업병 인정 기준 완화 요구"를 하며, 경기도 구리시 돌다리 사거리까지 가두 행진을 했다.

▲ 위 사진, 1993년 9월 9일 오전 10시 당시 국회 재무부상임위원회는 산업은행에 대한 국정감사가 진행되고 있는 가운데, 항의 방문 집회를 열었다. 산업은행 측에서 경찰 병력을 동원해 조합원들을 강제 연행하고 있다.

▲ 위 사진 1993년 9월 18일 오후 3시 명동성당에서 원진비상대책위원회는 연대집회를 열었다. 이날 조합원 "청춘을 바쳐 일했는데 실업자가 웬 말이냐!"라는 피켓을 들고 있다.

▲ 위 사진 1993년 7월 25일 오후 2시께 서울 종로성당에서 열린 '산재 환자를 위한 미사'에 참석한 뒤 이황화탄소(CS_2) 직업병을 앓다가 숨진 노동자들을 상징하는 상여를 앞세우고 명동성당까지 가두 행진을 했다.

▲ 위 사진 1993년 9월 18일 오후 3시께 명동성당에서 연대 집회를 열었다. 이날 조합원들은 영정시위, 해골가면시위를 하며, 방독마스크를 착용하고 을지로를 걸쳐서 종각 경유해서 종로3가까지 가두 행진을 했다.

제1부

한 기업의 파란만장 경영 스토리 사건 일지

1장
원진레이온(주) 경영 스토리

1956년산 생산설비 30억 엔 수입

경기도 남양주시 도농로34(다산동), 부영건설은 1994년 원진레이온(주) 공장 부지를 경쟁입찰을 통해 매입했다. 부영건설은 면적 495,867제곱미터(㎡) 5천여 세대의 아파트단지를 건립했다. 이곳은 원진레이온(주) "국내 유일 인견사 공장"이라고 말하지만, 우리나라의 대표적인 공해업체이고 직업병 공장으로 불려 왔다. 지금은 그때의 생산 공장 그 흔적을 찾아볼 수 없다.

원진레이온(주) 일본과 미국에서 공해산업으로 사용 중지된 기계를 1959년 당시 친일파 1호 박흥식 씨가 39억 환의 자본금을 투자하며 사들여 와 국내 유일의 인견사 공장 설립을 인가받음으로써 시작되었다. 설립 당시의 회사명은 흥한화학섬유(이하 흥한화섬)로 1964년에 일본 도레이 레이온사의 방사 기계(56년산 제조 설비)를 들여오면서 설립 당시부터 직업병 발생의 소지가 있었다.

한국은 1948년부터 홍콩, 일본, 그 외에는 이탈리아, 영국 등으로부터 인견사를 수입하게 되었다. 이후 한국전쟁으로 대규모 면방직 공장이 파괴되었다. 그나마 피해를 입지 않은 공장의 생산품은 대부분 군부대 납품되어 민간용 직물은 공급하지 못하였다. 선진국의 레이온 직물 제조에 대한 기피 풍조와는 달리 동남아권에서는 레이온 직물의 수요가 급증하는 추세였고 국내 직물업계도 레이온사 전량을 수입에 의존하는 상태였기 때문에 전망이 밝아 보일 수밖에 없었다.

일본에서는 이미 이황화탄소(CS_2) 중독 직업병 환자가 집단 발생하여 폐업했다. 그리고 일본에서 6년 동안의 풀가동으로 이미 대강의 감가상각(減價償却)이 지난 중고 기계를 30년 전 당시 가격 '30억 엔'이라는 고액으로 우리나라가 수입한 배경에는 '한-일' 관계라는 당시의 정치적 배경이 존재한다. 일본의 동양레이온은 "채산이 맞지 않는다."라는 이유로 레이온 생산을 정리하면서 2년에 걸쳐서 시가의 제1, 2공장 기계는 이미 고철화되어 철거하고 시가의 제3공장 생산설비를 매각하였다.

이 매각 시기는 그때 당시 한-일 회담 마무리를 서두르던 시기와 일치한다. 1961년 5월 16일 쿠데타로 정권을 잡은 박정희는 당시 김종필 중앙정보부장을 여러 번 일본에 파견하여 일본과 전후 배상을 어떻게 할 것인가 하는 '흥정'을 전개하고 있었다. 그 결과 1962년 12월 10일 김종필 중앙정보부장과 大平外相과 회의에서 '무상원조 3억 달러 유상원조 2억 달러, 민간 차관 3억 달러'로 흥정이 이루어졌다. 종군 위안부 문제, 강제 노역 문제, 재일 교포의 지위 문제 등 반드시 해결해야 할 문제들은 '전후 배상'이라는 '돈거래'에 가려 묻혀 버린 것이다. 이와 더불어 김종필 중앙정보부장과 오히라 마사요시(大平外相)의 회담 10일 후, 일본 도레이온과 박흥식은 30억 엔에 합의하고 설비의 인수계약을 체결하였다.

일본 도레이온 기계의 매각은 한국과 일본 두 나라 모두에게 이득이었다. 이미 일본에서는 이황화탄소 직업병 환자가 집단 발생했다. 또한, 공해 업체로서 사회적인 문제로 가동이 전면 중단되어 있었다. 이에 따라 녹슨 고철 기계는 폐기 처분을 앞두고 있었다. 그러나 중고 기계를 고가에 매각하여 한국에 건네주는 것은 일본 도레이온 측에게 무척 좋은 기회였다. 박흥식 씨 또한 한일경제원조의 한 부분으로 레이온 기계 수입은 처리될 것이었기에 박흥식 씨는 본인의 돈 한 푼 들이지 않고 기계를 들여다가 국내 유일의 레이온사를 설립할 것이었기 때문이다. 결국 레이온 기계 도입은 전후 배상 품목의 하나로 이루어진 것이며, 단지 레이온의 국내 생산을 위해서라기보다는 장편의 정통성 확보를 위한 박정희 정권의 정치적 이해관계와 얽히면서 수입된 것이다.

친일파 1호 박흥식 씨

친일파 1호로 불리고 있는 박흥식 씨 화신그룹 대표이사였다. 그는 19세 때에는 인쇄소를 설립하였다. 1924년에는 선광인쇄주식회사로 확장하여 사장이 되었다. 1926년 경성으로 이주하여 선일지물주식회사를 설립하여 일본에서 수입한 종이를 동아, 조선 등 신문사에 판매하면서 성공을 거두었다. 이를 계기로 1930년 경성상공협회 이사가 되었으며 자본을 축적하여 1930년대 중반 화신의 총수로 성장하였다. 1934년 조선물산장려회 이사가 되었다. 부동산과 금융업을 하는 대동흥업을 설립하였다.

당시에는 면직물 수입이 급증하고 고무신 등의 소비재가 대량 생산되었음에도 불구하고, 공급과 수요는 여전히 전통적인 장시나 지방 상점에 의존하였다. 이러한 상황에서 그는 1934년 화신연쇄점 계획을 추진함으로써 전국적 약 1,000여 개의 지점을 모집하여 유통 체계를 구축하며 화신연쇄점주식회사를 설립하였다. 이후 화신무역주식회사, 대동직물주식회사를 설립하여 일본 기업과 합작으로 사세가 점점 확대되었다.

이 시기의 상업 분야의 대부분이 일본의 자본과 조직이 중심적인 위치를 차지하고 있었는데, 여기에 예외적으로 참여하였던 것이 화신이다. 이러한 성공의 근본 원인은 총독부 지배 권력과의 결합에 의한 매판성에 있었다. 1941년 자신이 대표이사로 있는 주식회사를 합병하여 화신산업주식회사를 설립하고 사장이 되었고 다른 주식회사 여러 곳의 이사로 참여했으며, 당시 재계 일인자로 인식되었다.

그는 총독부 정책 및 경제 여건에 재빠르게 적응하는가 하면, 총독부 관료 및 일본인 기업인들과의 유대 관계 형성에 노력하였다. 1937년 베이징에서 루거우차오 사건(노구교 사건)이 일어나 중일전쟁으로 확산되자 전쟁에 협력하기 위해 국민정신총동원조선연맹 등 친일 단체에서 활동했다. 1942년에는 일왕을 만나 '태평양전쟁' 완수에 전력을 바칠 것을 맹세하였다.

친일파 1호 박흥식 씨는 이러한 활동을 발판으로 일제로부터 대폭적인 금융지원을 받는가 하면, 태평양전쟁 이후에도 전혀 간섭이나 통제받지 않았다. 1944년에는 조선총독부의 지원을 받아 조선비행기공업주식회사를 설립하였다. 이는 일본 정부로부터 군수회사로 지정받았다. 또한, 항공 기술 인력을 양성하기 위해 자신이 설립한 광신상업학교를 조선비행기공업학교로 개편하였다. 그는 여러 신문에 일본의 침략전쟁을 찬양하고 조선의 청년들이 지원병으로 참전하기를 독려했으며 일본 정부로부터는 표창과 공로상을 받았다.

그는 해방 후 조선비행기공업주식회사를 매각한 대금을 횡령한 혐의로 체포되었으나 무죄로 석방되었고 흥한재단을 설립하여 이사로 취임했다. 1948년 대한민국 정부가 수립되고 1949년 반민특위에 의해 '비행기·병기·탄약 등 군수공장을 경영한 죄'로 최초의 구속자가 되었다.

그리고 그해 병보석으로 풀려났다가 2년의 구형받았다. 9월에 다시 무죄로 석방되었다. 1955년에는 신신백화점, 1956년에는 화신백화점을 다시 열었으며, 1957년 미국의 웨스팅하우스와 대리점 계약을 체결하고 원자력발전소 건립계획안을 제출할 정도로 의욕적인 활동을 벌였으나, 무산되었다.

이후 1961년 박정희에 의해 5·16 쿠데타가 일어났다. 박흥식 씨는 부정 축재 혐의로 긴급 체포되었다. 그리고 두 달 만에 다시 석방되었다. 이후 송도해수욕장 개발권과 화학섬유공장 설립권을 얻었다. 1964년에는 학교법인 광신학원 이사장으로 취임했다. 1972년 설립 후 1973년 일본의 소니사와 합작한 화신산업(지금의 아남정밀산업)이 부도를 내면서 그의 경제활동은 끝이 났다. 화신그룹의 총수로서 상업 자본가의 전형적인 인물이었다.

친일파 박흥식 씨 흥한화학섬유(주) 출범

1961년 5월 16일 당시 새벽, 2군 부사령관 박정희 소장을 주도로 장교 250여 명과 사병 3,500여 명의 쿠데타 세력이 한강대교를 건너서 왔다. 방송국을 비롯한 서울의 주요 언론사를 점령했다. 이들은 군사혁명위원회를 조직하여 입법권·사법권·행정권의 3권을 통합·장악했다.

이들은 미국 정부의 신속한 지지 표명, 장면 내각의 총사퇴, 대통령 윤보선의 군사 정권 인정 등에 힘입어 정변의 합법성을 주장했다. 박정희 쿠데타 세력은 군사혁명위원회를 국가재건최고회의로 개칭하고 3년간의 군정 통치에 착수했다. 이들은 핵심적인 권력 기구로 중앙정보부를 설치하고, 이를 근간으로 민주공화당을 조직했다. 1963년 10월 11월의 양대 선거에서 승리하면서 제3공화국을 출범시켰다.

그리고 3공화국 박정희 정권은 윤보선 정부가 계획해 놓았던 '경제개발 5개년 계획'을 토대로 가난한 우리나라 경제를 살리겠다며, 1961년 7월 '종합 경제재건 5개년 계획'을 발표한 데 이어서 1962년 1월 '제1차 경제개발 5개년 계획'의 청사진을 제시함으로써 시작하였다.

3공 박정희 정권은 '제1차 경제개발 5개년 계획'의 일환으로 인견사 제품 및 수입대체산업의 육성을 위해 인조견사 생산 공장 2개를 설립기로 하고 사업주를 공모했다. 이 공모에 당시 조선견직 대표 김지태 씨와 화신산업 대표 박흥식 씨 두 명이 응모했다. 김지태 씨가 개인 사정으로 포기하여 박흥식 씨 단독으로 설립하게 됐다.

1962년 5월 친일파로 불리고 있는 박흥식 씨는 자신이 대표로 있던 신신무역을 흥한화학섬유(주)로 개편하면서 경기도 남양주시 도농로49(다산동)에 공장 부지를 마련하였는데, 그때 당시 박흥식 씨 본인의 자본은 3억 원에 불과했다. 또한, 공장 건설 기간이 길어지면서 예상했던 것보다 훨씬 많은 자본이 요구되었다.

이에 따라 박정희 정권은 서독 재정차관 511만 8,000달러, 미국상업차관 510만 달러를 지원해 주었으며, 박흥식 씨는 자본조달을 위해 일본에서 외상으로 보리 2만 톤을 수입하여 이를 담보로 당시 조흥은행에서 4억 원을 대출하였다.

이와 같은 과정에서 1965년에는 조흥은행의 대출이 금융 특혜 시비로 사회 여론이 악화되었다. 금융 특혜와 차관으로 충당된 35억 원이라는 막대한 내자를 투입하여 1966년 12월에 준공되었으며, 공장이 정상 가동되기 시작했다.

박정희 정부의 제1차 경제개발 5개년의 일환으로 건설된 국내 유일의 인견사 공장인 흥한화학섬유(주)는 본격적인 인견사 생산을 시작한 지 3년 만에 나일론, 테트론 등 화학섬유에 밀려 동남아 판로가 막히는 수출 부진에 의한 막대한 손실을 보았다.

이에 따라 흥한화학섬유(주)는 임직원 급여를 지급하지 못하는 최악의 사태까지 맞이했다. 1968년 1월 30일 노조 지부장 박덕윤 씨는 박흥식 사장을 체불임금 및 위험 작업 공정에 안전시설 미설치 등으로 노동청에 고발하고 보건사회부 장관에게 진정서를 냈다. 이날 노조는 고발장에서 "지난 67년 9월부터 조합원 급여 체불, 안전시설의 불이행, 조합원 퇴직급 체불, 회사 측 조합비를 거둬 주지 않고 유용했다."라고 발표했다.

박흥식 사장은 화신백화점 인근의 부동산과 화신산업 건물 등을 처분하여 35억 원의 내자와 공장 가동에서의 적자를 메워 보려 했으나 결국 1968년 10월 법정관리로 인하여 한국산업은행으로 경영권을 넘겨주게 되었다.

당시 임직원의 급여는 5개월 동안 체불될 정도로 경영 악화로 길을 걷던 상황이어서 임직원들은 "제대로 급여를 받고 다닐 수만 있으면 얼마나 좋을까." 하는 일념뿐, 이황화탄소 중독(CS_2)에 의해서 자신들의 몸이 조금씩 병들고 있다는 사실은 모르고 회사를 위해서 열심히 일만 하고 있었다. 법정관리 산업은행이 경영을 맡게 된 후 흥한화학섬유(주)는 새로운 사장을 맞이하며 일대 변혁을 맞게 된다.

그리고 경제기획원 차관보와 농림수산부 장관을 역임했던 김영준 씨가 새로운 분위기 속에서 다시 전망 좋은 기업으로 자리를 탈바꿈하게 되었다. 김영준 씨는 막힌 수출길을 뚫기 위해 미국, 캐나다, 호주, 인도 등 나라 각각 돌아다니면서 협상을 벌였고, 그가 따 온 제품 주문은 "일할 맛" 난다는 평을 들을 정도였다. 임직원들은 열성으로 모두 제때제때 인견사 제품 생산에 몰두했다. 상대적으로 노동자들의 작업환경도 개선될 기미가 나타나기 시작했다.

박정희 처조카 정영삼 씨 경영권 넘겨

다시 흑자로 돌아서게 된 흥한화학섬유(주)를 놓고 국내 직물업체들이 김영준 씨를 중개인으로 삼아 산업은행으로부터 공동으로 인수하자고 제안했으나, 산업은행 측에서 돌변 박정희 대통령의 처조카 사위로 알려진 정영삼 씨(전, 한국민속촌 회장)에게 흥한화학섬유(주)의 경영권을 넘겨주었다.

이것이 1972년의 일로서 정영삼 씨는 당시 인천에서 소규모 기계 공장을 운영하고 있던 상태였다. 직물 분야에는 문외한인(門外漢人)이었다. 박정희 대통령 친인척 정영삼 씨가 다시 황금의 공장으로서 가망성을 보이고 있던 흥한화학섬유(주)를 인수를 하게 되자 섬유업계 내에서는 "해 먹을 자리는 자기네가 다 해 먹는다."라는 불평불만의 소리가 가득 찼다.

그러나 외부로 표출될 수가 없었던 상황이었다. 당시 산업은행 측에서 부실기업 정리 명목으로 흥한화학섬유(주)를 어떤 조건에 정영삼 씨에게 넘겨주었는가에 대해서는 지금까지도 의문으로 남아 있다.

공장을 인수한 정영삼 씨는 회사의 명의를 흥한화학섬유(주)에서 세진레이온(주)로 개명하고 일본산 방사 기계와 미국산 기계를 들여와 공장을 확장했다. 그때 당시 폐기 처분된 고철의 기계를 들여와 닦는 데만 몇 달 소요되었다. 정영삼 씨는 싼값에 공장을 확장하는 것이 주목적이었을 뿐이며, 이후 이황화탄소 중독으로 노동자들이 입을지도 모르는 신체상의 피해에 대해서는 전혀 고려하지 않았다.

정영삼 씨는 인견사 공장을 확장할 뿐만 아니라 외채를 들여와 대형 인조견면 공장을 설립했으나, 기계의 노후화로 인해 제품에 불량이 많아서 다른 제품과의 경쟁에서 뒤떨어지는 등 고전을 면치 못했다. 1970년 중반까지만 해도 공장 정문 오른편에 세 그루의 굵직한 느티나무가 가지를 늘어뜨리고 서 있었다.

그러나 인조견면 공장이 가동된 이후 느티나무들은 그루터기로 변해 버렸다. 인견면 공장의 원료용 액체인 염산 탱크에서 산이 유출되어 나무가 뿌리에서부터 타들어 가게 되자 잘라 버린 것이다. 첫 사업에 재미를 못 본 정영삼 씨는 1976년 회사를 한국포리에스텔(주)의 회장으로 있던 이원천 씨에게 매각하고 경기 용인시 기흥구 민속촌로90, 한국민속촌의 사장으로 옮겨 갔다.

이원천 씨는 이원만 코오롱 명예 회장의 동생이며, 섬유산업에 경험이 많은 경영자였지만, 이미 경영난에 허덕이던 세진레이온을 구조적으로 일으켜 세우진 못했다. 회사 이름도 자신의 이름을 따 "원진"으로 바꾸고 이선희 사장의 원진전자와 함께 원진그룹의 주력 기업으로 성장하게 되었다. 그리고 코오롱그룹의 간접적으로 지원받기도 했지만, 결국 1979년도에 부도가 나게 되었다. 또다시 산업은행이 법정관리를 신청하게 되었다. 원진은 1979년도에만 192억 원의 적자를 내었다. 총부채액은 680억 원에 달해 있었다. 1981년 1월에는 회사정리 기획안이 정부로부터 인가를 받게 됐다.

이후 산업은행 쪽에서는 거의 매년 원진레이온(주) 인수자를 찾아 나서기도 했으나, 고질적인 채무 관계와 공해산업이라는 취약점 때문에 선뜻 인수하겠다고 나서는 기업이 나타나지 않았다. 그간 이유학 씨, 서병수 씨 등 3인의 단기 사장들이 거쳐 갔다.

5공화국 시대 공군 소장 출신 경영

군부 내 사조직인 '하나회'를 중심으로 전두환은 노태우와 함께 1979년 12월 12일 쿠데타 일으키며, 정권을 장악했다. 이로써 전두환 '5공화국'이라는 군사정권이 출범했다. 곧바로 이어서 1982년 4월 원진레이온(주) 전창록(공군 소장)이 사장으로 취임했다. 전창록(공군 소장) 사장 취임 이후 문제가 많던 인견면 공장을 폐쇄하고 1,500명의 많은 노동자를 집단 해고를 시켰다. 3,000여 명이나 되었던 노동자 수는 1,400명으로 줄어들었으며, 인력 감축 결과 잔류 노동자들의 1일 노동시간이 4시간씩 연장되기(시간외근무) 시작했다. 노동시간 '주주/야야/비휴'라는 3조×2교대(12시간) 근무조로 바뀌면서 열악한 작업환경 속에서 노동강도는 더욱더 높아졌다.

장시간 노동에 시달리는 과정에서 1982년에 4명의 노동자가 이황화탄소 급성중독으로 피폭되어 심장마비로 쓰러져 목숨을 잃은 중대 산업재해가 발생하였다. 원진레이온은 직업병의 원인인 이황화탄소 중독의 치명성을 전두환 정권은 자본과 권력과의 결탁 관계 통해 노동운동을 탄압하고, 산재를 은폐했던 것이다. 이러한 사망사건은 언론에는 제대로 발표되지 않은 채, 보상금 몇 푼으로 공상 처리되며 무마된 바 있다.

이처럼 많은 사람을 사망케 하고 있는 독가스는, 제1차 세계대전 당시 유태인 대학살에 사용하기 위해 독일의 화학자 프리츠 하버가 개발한 것이었다. 그가 개발한 독가스는 히틀러의 손에 들어갔다. 히틀러는 이를 대량 생산하기 위해 공장을 설립했다. 독일은 독가스를 대량 생산하여 탱크에 저장했다. 독일군은 독가스를 유태인 대학살에 사용했으며, 당시 세계대전으로 사망자 가운데 독일군이 사용한 독가스 피폭으로 인한 피해가 30%였을 정도로 매우 치명적이었다는 얘기가 있다.

전창록 사장은 일본 레이온공장 견학을 여러 차례 다녀왔다. 그는 이황화탄소(CS_2) 중독으로 직업병 환자가 발생한다는 것을 이미 알고 있었다. 전창록 사장은 노동자의 독가스 피폭을 최소화하고, 작업환경을 개선하기 위해 안전한 자동화시스템 로봇 기계로 교체하고자 2억 원을 투자하고 연구하면서 노력했다. 그는 일본 회사에 찾아가서 방사과 인견사 생산설비를 견학했다. 그리고 방사 기계의 새로운 자동화시스템인 '로봇' 기계에 대한 기술을 얻고자 노력했다. 그러나 당시 방사과 생산설비 자동화시스템 '로봇' 기계 도입에 많은 사용료와 기술 로열티를 수십억 원 요구하는 일본 회사 측 상술 앞에 속수무책이었다. 법정관리인인 산업은행 측에서 볼 때는 잠시 맡아 놓은 회사인 원진레이온에 대해 수백억 원대의 자동화시스템 설비투자를 해서 작업환경을 개선한다는 것은 비생산적이었다. 그리고 전창록 사장은 공군 소장 출신이며, 원진레이온 임직원들 사이에서 전두환 대통령의 '선후배'라는 소문이 나돌 정도로 청와대와 인사 교류하면서 영향력을 행사했다.

그러나 전두환 정권은 이황화탄소 독가스 유해 물질에 그대로 노출된 작업환경 속에 노동자들을 방치했다. 회사 측에서 유해 작업장으로 지정되는 것을 두려워했다. 유해 작업장으로 지정될 경우 작업환경의 개선을 위해 시설투자가 필요해질 것이고 관계 기관의 감독이 잦아질 것을 두려워한 것이다. 그리고 5년간 원진레이온(주)을 이끌던 전창록 사장은 전두환 정권 5공화국과 함께 저물어 갔다. 그리고 1988년 1월 사장의 자리를 육군 소장 출신 회사의 전무 백영기 씨에게 넘겼다.

6공화국 시대 육사 장교 출신 경영

백영기 씨는 육사 12기생으로 8군수 사령관을 역임했으며, 국방부 조달본부장을 거쳐서 원진레이온(주)에서 전무로 근무했다. 1988년 2월 25일 노태우 6공화국이 출범하면서 백영기 사장은 청와대로부터 경영권을 계승했다. 백영기 씨가 사장 자리에 오른 지 8개월 후 원진레이온(주) 이황화탄소(CS_2) 직업병 환자가 집단으로 발생했다. 원진레이온 직업병 문제가 사회적인 문제로 이슈화됐다. 그러나 회사 측은 직업병 예방과 사후 대책에 대한 자기 책임을 부정하기에 급급했다. 노동부는 산재 또는 직업병 예방을 지도하고 재해가 있을 경우 노동자가 불이익받지 않도록 관리 감독을 철저히 해야 한다.

그러나 노동부는 노동자들을 보호하지 않았다. 오히려 자본의 책임을 은폐하기 위한 형식적인 기관이었다. 노동부의 근로감독은 편의주의적이고 임시방편적이었다. 작업환경 조사도 역시 형식적인 것으로 그쳤다.

1975년부터 1988년까지 이황화탄소(CS_2) 중독으로 노동자가 쓰러졌으나 제대로 치료를 받지 못하고 잇따라 강제 퇴사를 당하고 있었다. 그러나 노동부는 이러한 사실을 묻어 둔 채, 1986년 8월 노동부가 원진레이온 대표에게 무재해 250만 시간 달성 표창장을 준 것은 직무 소홀의 단적인 예가 될 수 있다. 그리고 노동자의 인권에 대해 결핍되었던 것이 무엇보다 큰 이슈였다고 말할 수 있다. 회사 측의 경영진은 물론이고 노동부도 똑같이 노동자의 안중에 없었던 것이 그동안의 경위로 밝혀졌다. 모든 것이 사실로 드러나고 있었다. 당시 노동부는 특별점검을 시행하여 16개 항에 이르는 위법 사항을 적발하고도 특별한 조처를 취하지 않았다. 또한, 노동부는 원진레이온에 대한 작업환경 조사를 실사하고 근본적인 대책을 강구하지 않았다.

이 외에도 노동부는 직업병 피해자들에 대한 건강진단, 치료, 요양, 보상 등의 사후 대책도 제도상의 문제를 구실로 충실히 시행하지 않았다. 제도 개선을 위한 노력도 게을리해 왔다. 산재보상보험법에 의하면, 직업병 판정절차나 기준이 지나치게 까다롭고, 직업병 환자에 대한 관리 체계가 허술하게 되어 있었다. 산업안전보건법상으로도 급박한 유해, 위험이 있거나, 중대한 재해가 발생했을 때 노동자에게는 그때 그 당시 작업을 거부할 수 있는 권리가 보장되어 있지 않았다. 유해 작업에 관한 노동자의 '알 권리'가 배제되어 있었다.

이처럼 원진레이온 이황화탄소 직업병 문제가 사회적인 문제로 이슈화되면서 심각한 문제로 대두되자 노동부는 부랴부랴 몇 가지 방침을 내놓았다. 이후 노동부는 '직업병 종합대책'을 마련하겠다고 밝혔다. 또한, 검찰 측은 노동쟁의에서 노동자들의 불만 요인이 되고 있는 산업재해의 예방 차원에서 시설 미비 등 구조적인 기업주의 탈법행위에 대해서는 구속수사를 한다는 방침을 발표했다. 딴짓만 벌이다가 뒤늦게야 뒷북만 치고 있다는 시민들 비판의 목소리가 나올 정도였다. 그러나 이러한 것들은 시간이 흐르면서 노동 현장에서 제대로 기능하지 못하고 유명무실화되었다.

또한, 노동부 특별지도점검 과정에서 백영기 사장을 16건의 근로기준법 및 산업안전보건법 위반 혐의로 형사입건하고 증거 보강수사를 벌인 후 구속 여부를 결정키로 했다. 그러나 노동부 발표와는 달리, 그때 그 당시 백영기 사장은 구속되지 않았다. 그는 벌금 몇 푼으로 무사히 넘기고 또다시 경영 일선에 복귀했다. 백영기 사장, 그는 노태우 대통령과 '육사 선후배'라는 소문이 나돌 정도로 청와대와 인사 교류하면서 권력을 행사했다. 5년간 원진레이온(주)을 이끌던 중 노태우 군사정권 6공이 저물어 가던 시기였다. 1992년 2월, 사장 자리는 우은형 씨에게 넘겨졌다. 우은형 씨 부임 이후 서울대 보건대학원 김정순 교수 팀 역학조사 결과 직업병 인준 기준 부합자 32명, 유소견자 88명, 모두 120명의 직업병 환자가 집단으로 발생했다. 이에 따라 여론이 확산하면서 사회적 충격을 불러일으켰다. 원진레이온 직업병 문제에 대한 근본적인 대책을 수립해야 한다는 사회적 여론의 힘에 밀려 우은형 씨는 사장 취임 10개월여 만에 전격 사퇴했다.

금융 계열 출신 전덕순 씨가 마지막 사장

1992년 11월 27일, 우은형 씨로부터 전덕순 씨가 사장으로 바통 터치하여 넘겨받았다. 전덕순 씨는 1978년 삼보증권 전무이사를 거쳐서 1986년 2월 한국증권금융(주) 수석부사장 역임, 1988년 4월 대한투자신탁(주) 부사장을 역임을 했으며 1990년 11월 제7차 경제 사회개발 5개년 계획위원을 역임했다. 금융 부분에서 이론과 실무에 두루 밝은 학구파였다.

그리고 마지막으로 1992년 11월 전덕순 씨가 원진레이온(주)의 마지막으로 사장으로 취임했다. 김영삼 정부와 산업은행 측에서 계속되는 적자와 직업병 문제로 1992년 5월 원진레이온의 매각을 통한 민영화 방안을 추진하였다. 그러나 계속해서 인수기업이 나타나지 않았다.

1993년 3월 29일, 김영삼 정부 청와대 경제수석 회의에서 "신경제 100일 계획"이라며, 원진레이온 폐업 방침을 내놓았다. 그해 5월 14일 원진레이온(주) "방사과 기계 등 노후 시설 개보수공사를 하겠다."라는 이유로 휴업했으며, 그해 6월 8일 김영삼 정부(신경제 100일 계획) 당시 민자당 정책조정실장 주재하에 산업은행과 관계 부처 장관회의를 통해 폐업 방침을 결정했다. 그다음 달 7월 5일 산업은행과 관계 부처 장관이 참석한 가운데 산업정책심의회를 통해 폐업 방침을 최종적으로 확정해서 발표했다.

일본은 1978년, 이미 10년 전에 이미 인견사 방사과 기계에 자동화시스템을 도입하는 등 작업환경 개선을 실시하여 작업병 환자가 발생하지 않고 있었다. 그러나 원진레이온(주)은 경영자 면면을 살펴보아도 섬유업계에 문외한인 비전문 경영 출신들이 경영을 하다 보니 돈벌이를 위한 이윤추구를 생각할 뿐이었다. 결국 방사과 기계 자동화시스템 도입을 통한 작업환경 개선에 투자하지 않아 "이황화탄소 중독 직업병 참사"라는 사건으로 폐업할 수밖에 없었다.

원진레이온 기계 중국 수출

원진레이온 공장은 한복과 양복의 안감으로 쓰이고 있는 최고급 인견사의 부드러운 촉감과는 영 딴판으로 인견사 생산과정에서 발생되는 이황화탄소 때문에 36년간 한국의 대표적인 공해 업체로 손꼽혀 왔다. "직업병 공장" 원진레이온 기계를 수출하는 구체적인 내용은 매일경제신문(1994. 04. 22.)에 보도가 되면서 알려졌다. 나전모망(사장 남재우)은 4월 21일 "원진레이온 법정관리인인 한국산업은행 공개입찰에서 54억 1,000만 원에 일괄 낙찰받았다. 원진레이온 방사 기계의 생산설비 일체를 중국으로 이전하고 여기에서 생산된 비스코스 레이온 중 50%(5천 톤)를 나전모방이 수입하여 한국에 공급하는 조건으로 중국 국단동시 화학섬유공업공사에 매각하기로 했다."라는 것이다.

중국으로 수출되는 방사 기계는 원진레이온이 보유한 비스코스 레이온 생산설비 일체로 비스코스 필라멘트 및 스테이플 파이프 생산설비, 이황화탄소(CS_2) 생산설비 등이다. 당시 김영삼 정부와 자본가는 돈 몇 푼 받고 "직업병 공장"의 살인적인 기계를 중국으로 수출하는 만행을 저지른 것이다.

이에 맞서서 1994년 5월 1일 원진비상대책위원회 박인도 위원장은 원진 기계 중국 수출 반대에 대해 중국대사관에 항의 방문하여 서한을 전달하는 등 투쟁을 전개했다.

원진비상대책위원회, 박인도 위원장은 정부 관계 부처에 항의 방문했다. 당시 상공부 관계자는 "물품 수출입에 관한 사항은 대외무역법 제18조의 규정에 따르고 있어서 원진 기계의 중국 수출 계획을 철회할 수 없다."라고 말했으며, 외무부 인권사회과 관계자는 "이미 정부가 원진 기계를 중국에 수출하기로 했던 사항을 어떻게 막을 수 있느냐."라고 답변했다. 또한, 법무부 인권과 관계자는 "직업병 환자를 발생시키는 살인 기계라고 할지라도 중국 이전을 막을 수는 없다."라며, "언론기관에 제보해서 여론을 확산시키는 방법밖에 없다."라고 말했다.

원진비대위, 박인도 위원장은 "원진 기계 중국 수출 반대"라며 구호를 외치고 여론을 전개하며 싸웠지만 끝내 막을 수 없었다. 결국 원진레이온 기계는 컨테이너에 실려서 인천부두를 거쳐서 중국 동북부 공업 도시 단동으로 팔려 갔다.

팔려서 간 '원진 기계' 중국 노동자 생명권 위협

팔려서 간 원진 기계로 인하여 중국 동북부 단둥시 노동자들의 생명권 위협받고 있다. 원진 기계가 중국으로 팔려 간 지 벌써 30여 년이 되었다. 중국 당국은 이황화탄소(CS_2) 직업병 환자가 몇 명 발생했는지 명확히 밝혀야 한다. 만일, 직업병 환자를 은폐하고 있다면 국제사회로부터 비판받을 것이다.

한겨레신문(1999. 08. 04.)은 "중국 노동자는 그것이 한국에서 온 것임을 모두 알고 있었다. 그 기계란 지난 1993년 7월 원진레이온 폐업과 함께 중국 동북부 공업 도시 단둥으로 팔려 간 '직업병 기계'다. 이 레이온 기계는 60년대 초 일본에서 한국으로 넘어와 30여 년 동안 수많은 노동자를 이황화탄소 중독에 빠뜨렸다. 그리고 1994년 5월 1일, 당시 원진 노동자들이 중국대사관 앞에서 '살인 기계 수출 반대'를 외치는 가운데 중국에 팔려서 갔다."라고 보도했다.

이날 신문은 "참여연대 국제인권센터(소장 채수일, 신윤환, 이정옥) 관계자 발언을 인용 '지구촌 좋은 이웃 되기' 프로그램의 하나로 단둥을 찾은 것은 지난 7월 중순. 기계가 중국에 간 지 약 6년 만의 첫 한국 비정부기구(NGO)가 찾은 것"이라고 전했다.

그러면서 신문은 "7월 21일 오후 4시 30분. 압록강을 사이로 북한 신의주와 마주한 단둥 중심부의 '화학섬유공사'에서 수천 명의 노동자들이 쏟아져 나왔다. 노동자 수 3만 명의 단둥 최대 공장인 화학섬유가 바로 원진레이온 기계를 가동 중인 공장이다. 24시간 가동 중인 공장에서 낮 당번을 마친 노동자들의 발걸음은 그리 멀리 이어지지 않았다. 아파트를 비롯한 주변 주거지역이 바로 이들의 목적지다. 화학섬유가 노동자들에게 '공급'한 것들이다. 높은 실업률, 화학섬유 '생산성 높은 기업'임을 방증한다."라며 국제인권센터 관계자 말을 인용해 전했다.

신문은 "'한국에서 온 기계 말이죠. 예, 한국에서 문제가 있었다는 소리는 들었습니다.' 공장 앞에서 만난 40대 남성 노동자는 화학섬유 안 4개 공장 중 원진레이온 기계가 가동 중인 제2공장에서 일하고 있었다. 부인과 함께 공장에 배치됐다는 그는 그러나 그 '문제'가 얼마나 심각한 것인지는 모르는 듯했다."라며 "마스크 같은 건 쓰지 않습니다. 환기 시설도 큰 관심 없고요.' 몇 명의 노동자에게 질문을 던져도 대답은 똑같았다. 이런 '태평한' 대답은 원진레이온 기계뿐 아니라 화학섬유 제조를 위해 가동하는 다른 기계도 결국 '화학섬유 제조 기계'라는 데서 비롯된다. '한국 기계'가 위험하면 얼마나 더 위험하겠느냐는 것이다. 화학섬유 위험성은 주거단지에 들어서자 곧 확인됐다. 유난히 중풍을 앓는 노인들이 자주 눈에 띄었다. 60대 할머니한 명도 30대 며느리의 부축을 받으며 힘겹게 발을 떼고 있는 것을 목격했다."라고 보도했다.

한겨레신문은 "'공장에서 일하고 3년 전 정년퇴직을 했지. 또래에 중풍이 많고 모두들 공장에서 생긴 것이라고 얘기하지만, 치료를 해 달라고 나서는 사람은 없어.' 하지만 중국 당국은 원진레이온 기계가 직업병 위험을 가속화할 것임을 모르지 않았다. 이름을 밝히지 말아 달라는 한 관리는 '위험성은 충분히 안다.'라면서도 '중국에서는 지금 당장 먹고사는 문제가 더 중요하다.'라고 원진레이온 방사 기계 가동의 불가피성을 밝혔다. 그가 밝힌 대책은 아이를 낳지 않은 여성은 채용하지 않고, 나이가 든 노동자는 3년 정도 일하면 다른 부서로 작업 전환시킨다."라며, 중국 노동자 말을 인용해 전했다.

이처럼 1994년 원진 기계가 중국 단둥시에 들어갔다. 2023년 현재까지 공장 기계 가동 기간은 30년이 되었다. 중국 노동자들도 우리나라 원진 노동자와 똑같이 이황화탄소(CS_2) 직업병으로 고통받고 있을 것이다. 그러나 중국 이황화탄소(CS_2) 직업병 환자가 몇 명이 발생되었는지 아직까지 소식이 없다. 중국은 경제성장률을 담보로 하여 중국 노동자의 생명권을 위협하고 있으므로 매우 심각하다. 또한, 중국 측은 "노동자 몇 명 죽어도 괜찮아." 하며 "이황화탄소(CS_2) 직업병 환자를 은폐하고 있다."라고 한다. 이는 국제사회로부터 비판받을 것이다.

원진레이온(주) 연혁

64.	일본 도레이온사 방사 기계 도입 착수
66. 12. 15.	미금시 도농공장 준공식 화신백화점 회장, 박흥식 씨 흥한화학유(주) 이름으로 회사 설립
67. 07. 15.	시험가동 5개월 20여 일 만에 15톤 인견사(비스코스) 생산 시작
72. 04.	정영삼 씨 회사 인수 세진레이온으로 상호 변경
79. 05. 24.	이원천 씨 회사 인수 원진레이온으로 상호 변경
80. 10.	원진레이온 2공장, 인견면 1일 50톤 생산 공장 증설 완료
81. 01.	산업은행인가 법정관리(81년 1월부터 95년 1월 8일까지)
83. 02.	원진레이온 2공장, 인견면 및 인조견사 공장 폐쇄
84. 01.	전창록 씨 취임(공군 소장)
88. 01.	백영기 씨 취임(육사 12기 육군 소장 출신)
91. 08.	방사과 1공장 폐쇄
92. 01.	우은형 씨 산업은행 출신 사장 취임
92. 12.	전순덕 씨 한국투자금용 부사장 취임
93. 03. 29.	김영삼 정부 경제수석실 원진레이온 폐쇄 결정(신경제 100일 계획)
93. 05. 16.	방사과 화재안전진단 등을 이유로 휴업 공고 5월 16일 휴업 돌입
93. 06. 08.	민자당 정책조정실장 주재하에 관계 부처 장관회의를 통해 폐업 결정
93. 07. 05.	산업정책심의회를 통해 폐쇄 결정
93. 08. 04.	원진레이온 회사 파산선고 신청(서울지방법원 의정부지원)
93. 11. 09.	노조, 사용자 회사 측, 노동부 등 폐업 관련 노사정 3자 합의서 체결
93. 11. 28.	원진 직업병 관리 재단 설립(노동부 공익재단법인)
94. 04. 21.	원진 방사 기계 남재우 나전모방 54억 1,000만 원 중국 단둥 수출 발표
94. 05. 01.	원진비대위 원진 기계 중국 수출 반대 중국대사관 항의 방문 서한 전달
96. 02.	원진 공장 부지(15만 4,000여 평), 부영건설에 매각(3,670억 원) 산업은행 원진 부채 제하고(1,600억) 차액 이득
97. 04. 24.	원산협와 산업은행 원진 재단 기금 출연 합의서 체결(93년 150억 원 외에 산재전문병원 건립을 위해 206억 원 출연)

2장
인견사 생산공정

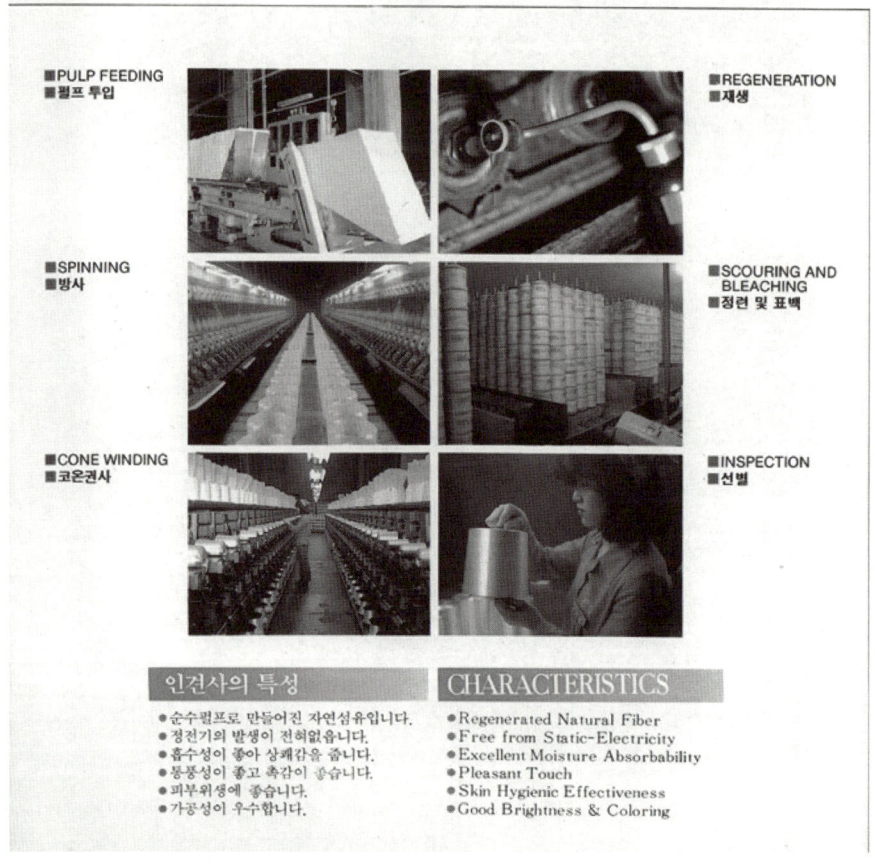

▲ 위 사진 생산공정 첫째, 원액과에서 펄프 투입한다. 둘째, 방사과에서 재생한다. 셋째, 후처리과에서 케이크 포장/운반하여 12단계 표백과 건조하고 콘선별 제품으로 출하한다.

인견사 생산공정 도표

1. 이탄과

$C + S_2 \rightarrow CS_2$

2. 원액과

1. 혼합
Pulp를 17.5% 가성소다에 침지시켜 alkali cellulose로 만든다.

2. 압착
묽은 죽 같은 상태의 알칼리셀루로스를 프레스로 압착시켜 가성소다를 짠다.

3. 분쇄
압착된 알칼리셀루로스를 분쇄하여 bulky 상태의 clumb으로 만든다.

4. 노성
clumb을 일정 온도에서 산소와 반응시켜 종합도를 저하시킨다.

5. 황화
노성이 끝난 알칼리셀루로스를 이황탄소와 반응시켜 xa-nthate 화합물을 만든다.

6. 용해
이황화탄소와 반응이 끝난 xanthate를 묽은 가성소다 용해하여 비스코스액을 만든다.

7. 숙성
비스코스에 시간과 온도를 부여하여 안전화시키면서 점도를 조절한다.

8. 날포 및 여과
비스코스 중의 공기제거를 위하여 탈포한 후 미용해 섬유 및 불순물 제거 위해 여과한다.

3. 방사과

방사, 산조정
비스코스는 방사욕을 통과하면서 산과 만나 실로 재생된다. 이 과정에서 이황화탄소가 발생된다.

$$2C_6H_9O_5 = SC + H_2SO_4 \rightarrow 2C_6H_{10}O + NA_2SO_4 + 2CS_2$$
$$SNA$$

4. 후처리과

1. 포장/운반
방사과에서 제조된 실 cake를 포장/운반하여 후처리과로 가져온다.

2. 정련, 표백
재생된 실을 세척하고 각종 약품으로 처리한 후 Oil 처리 위해 실에 유연성을 부여한다.

3. 건조
정련 처리가 끝난 실을 약 70~80시간에 걸쳐 전조한다.

4. 제품
cake, cone, hank 태의 제품을 winding한다.

인견사 생산과정

인견사의 광택은 실크와 같이 매우 부드러운 촉감으로 유수하다. 인견사는 첫째, 의류용으로 한복, 양복 안감, 속옷 등으로 사용한다. 둘째, 산업용으로 벽지, 타이야코오드, 고무사피복 등으로 사용한다. 셋째, 장식용으로 커튼, 침구, 카펫, 레이스 등으로 사용한다. 넷째, 기타 자수사, 방염사, 완구, 타월 등의 다용도로 사용한다. 이에 따라서 한문으로 인견사(人絹社)라고 불리고 있다. 인견사는 통풍성이 양호하여 땀의 흡수와 배출이 빠르다. 인조견사 면에 비하여 1.5배 정도 빠르다.

인견사의 생산공정은 이탄과 → 원액과 → 방사과 → 산회수과 → 후처리과 → 포장/운반 → 정련/표백 → 콘온권사 → 선별/포장 → 제품 출하의 순으로 이루어진다.

그 구체적인 작업 내용을 살펴보면 이탄과에서는 탄소와 유황을 이용하여 이황화탄소를 제조한다. 원액과에서 인견(레이온: Rayon)의 원료 펄프(Pulp)를 셀룰로스 형태로 유입하여 가성소다(NaOH)에 담근다. 이것을 압축하여 알칼리셀룰로스를 만든다. 이 알칼리셀룰로스를 분쇄한 다음 일정한 온도에서 며칠간 노성을 시킨다. 유화기로 보내진 셀룰로스를 이황화탄소와 혼합하여 용해용 소다에 용해한다. 이것이 바로 비스코스(Viscose)가 원액이다. 비스코스는 여과되고 며칠 동안 일정한 온도와 습도에서 숙성된다. 숙성된 비스코스는 다시 한번 여과되어 원액이 된다. 비스코스를 황산 속에서 방사하면 섬유소 성분(펄프의 주성분)이 기타 성분과 분리되면서 인견사로 재생되어 나온다. 방사과 재생과정에서 악취 및 직업병의 원인이 되는 이황화탄소(CS_2) 및 황화수소(H_2S)가 발생하게 된다.

방사과의 공정을 나누면, 기수작업자는 방사기의 황산액 속에서 분사되는 비스코스 원액으로부터 재생된다. 방사 기계의 스크린 창을 열고 실을 걸어 주고 완성된 케이크를 꺼내는 작업(도핑 작업)을 하며, 조장은 도핑 작업 중 방사 기계의 이상 발견 시 수리하여 방사기 추의 중심을 잡아 주는 작업을 한다. 순회작업자는 담당 구역을 순회하면서 실이 엉키거나 끊어진 경우 불량한 케이크를 꺼내고 다시 실을 걸어 주는 작업을 하였다.

PM 정비 작업은 방사 기계 하부의 회전 전기모터 소손 정비 또는 기계 이상 발생 시 수리하는 작업이었다. 포장 작업은 방사 기계에서 완성된 케이크를 꺼내서 상판 위에 놓고 현장에서 직접 포장한다. 운반 작업은 포장된 케이크를 트롤리(손수레)에 싣고 모노레일 따라 후처리과 정련 및 표백 처리반으로 운반하는 작업이다.

산회수과의 공정은 무수망초산 생산 및 방사과로부터 황산용액을 회수하여 질산아연으로 산도를 조정한 후 방사과로 또다시 보내는 공정이며, 정련과는 방사과에서 운반된 케이크를 대차파이프에 200개씩 싣는다. 수산화나트륨, 표백제 등 12단계 과정을 거치며 세척한다. 탈수를 통해 물기를 깨끗이 제거하면 건조실 이동한다.

방사과 남성 노동자는 방독면 등 개인보호장구를 착용하지 않고 방사 기계 스크린의 판넬을 열고 안쪽으로 머리를 숙여 완성된 케이크를 꺼내 놓고, 다시 실거리 작업을 했다. 이때 눈앞으로 뽀얗게 스며 나오는 이황화탄소(CS_2)를 호흡을 통해 들이마시게 되어 직업병 환자가 발생했다. 또한 작업장 안의 내부가 습해서 호흡기와 피부 점막을 통해 이황화탄소(CS_2)가 체내에 들어옴에 따라 이황화탄소 중독 직업병 환자들이 발생하였다.

이 밖에도 후처리과 여성 노동자가 방사과 안으로 출입하여 케이크를 기계에 하나씩 넣어서 포장하고, 남성 노동자 2인 1조 케이크를 나무 판자에 담아서 트롤리에 40개씩 싣고 운반하는 과정에서 호흡을 통해 이황화탄소(CS_2)가 인체로 흡입되어 직업병 환자가 발생했다.

또, PM 정비 남성 노동자가 방사과 안으로 출입하여 방사 기계 하부 회전 전기모터 소손을 정비하는 작업 과정에서 개인보호장구를 착용하지 않고 작업하다 보니 호흡을 통해 이황화탄소 인체에 흡입됨으로써 직업병 환자가 발생하였다.

그렇다면 왜 이황화탄소를 '유해 물질'이라고 말하는가. 도대체 인조견사를 제조하는데, 왜 이황화탄소와 같은 유해 물질은 사용하고 있는 것인가. 이것은 일반인들은 도저히 납득할 수 없고 이해할 수 없다.

이황화탄소(CS_2)는 비스코스(Viscose)를 만드는 데 사용되고 있다. 이황화탄소(CS_2)는 순수한 상태에서 무색무취하며 상온에서는 휘발성이 높은 액체 상태이다. 기체 상태일 때 공기보다 무겁다. 방사과 작업장 내에서 장시간 폭로될 경우 직업병 환자가 발생할 수 있다.

황화수소(H_2S)란, 상온에서 공기보다 무거운 기체 상태이며, 특유의 악취는 달걀 썩는 냄새와 비슷하다. 극히 저농도에서 냄새가 감지된다. 자연계에 매우 널리 존재한다. (화산, 광산, 정화조, 하수구 등 자연계 냄새)

그렇다면 이황화탄소는 어떻게 몸에 흡수가 되는 것인가. 작업자가 작업 과정에서 숨을 쉴 때마다 흡입을 통해 이황화탄소가 인체에 들어감으로써 직업병 환자가 발생하였다. 또한, 작업 과정에서 이황화탄소가 묻은 손을 깨끗이 씻지 않을 경우, 음식을 먹을 때 눈과 피부 그리고 입을 통해 몸으로 들어가 직업병 환자가 발생한 것이다.

이황화탄소(CS_2)와 황화수소(H_2S) 성분

구분	특성	비고
이황화탄소 (CS_2)	○ 순수한 상태에서 무색, 무취 ○ 상온에서 휘발성이 매우 높은 액체 상태 ○ 기체 상태일 때 공기보다 무거움 ○ 작업 과정에서 호흡을 통해 숨을 쉴 때마다 이황화탄소가 인체 속으로 흡입됨으로 직업병 환자가 발생하였다. ○ 이황화탄소 묻은 손으로 음식을 먹을 때, 피부, 입을 통해 몸으로 들어갈 경우 회복할 수 없는 직업병 환자가 발생하였다.	작업장 법정 허용 기준농도: 시간 가중 평균대인 폭로 농도 (10ppm) 노동부 고시 88-69호
황화수소 (H_2S)	○ 상온에서 공기보다 무거운 기체 상태 ○ 특유의 악취 발생(달걀 썩는 냄새와 같음) ○ 극히 저농도에서도 냄새가 감지됨 ○ 자연계에 매우 널리 존재함(화산, 광산, 정화조, 하수구 등 자연계 냄새)	

원진레이온 매출 현황

원진레이온 총자본금 50억 원으로 전액 산업은행에서 출자했다. "공기업"이라고 불렸다. 시설 규모는 경기도 남양주시 도농공장(도농로34), 토지 52만 5,610제곱미터(㎡) 규모였다. 그리고 경기도 용인시 용인공장의 면적 13만 8,490제곱미터(㎡) 규모였다.

원진레이온이 폐업하기 전까지 매출 현황을 살펴보면 정상 조업 시 남양주시 도농공장의 1973년 당시 인조견사 1일 생산량은 22.2톤(월 666톤)이었다. 1974년에는 1일 생산량이 32.2톤(월 900톤)에 이르렀다. 1976년에는 인견사 1일 33톤(월 990톤), 인조견면 1일 77톤(월 2,310톤)이었다. 1980년에는 1일 50톤으로 생산량이 늘어났지만, 인견면은 경영난으로 부채가 증가하면서 1982년 들어 생산을 중단했다. 1992년에는 1일 6.5톤으로 인조견사의 생산량이 줄어들었다.

원진레이온 도농공장은 방사1과, 방사2과, 방사3과 등 3개의 공장 순서로 되어 있었다. 방사과 기계는 총 500대이다. 방과1과의 기계는 1956년 일본 도레이사에서 사용했던 것이다. 1966년 들여와 사용되었으나 1991년 4월 이황화탄소(CS_2) 직업병 환자가 사회적인 문제로 이슈화되면서 임직원들의 이직(移職)으로 인력이 감소되었다. 결국 그해 8월에 가동 중단되었다. 방사2과와 방사3과 기계는 일본 제품과 미국 제품으로 각각 1975년과 1978년에 수입해서 들여왔다. 인견면을 생산하던 기계는 1956년 인도에서 제작된 기계와 1970년도 미국에서 제작된 기계이며, 경기 용인공장의 계기는 1975년 국내에서 제작된 것으로 1일 11,000야드 인견사 직물을 생산했다.

원진레이온 부채의 규모는 1981년 산업은행의 법정관리가 개시되는 시점에서 799억 원, 1992년 12월 31일까지 1,418억 원으로 증가했다. 폐업 시점에 부채는 증가하여 1993년 9월 말 1,702억 원으로 나타났다.

원진레이온 임직원 수는 1960년부터 1970년까지 10년간 3,000명에 이르렀던 것으로 나타났다. 1980년대에 들어 인견면 공장의 폐쇄 등과 함께 경영정상화를 위한 집단해고가 이루어졌다. 1983년에 들어와서 1,500여 명 근무했다. 1987년 1,440여 명, 1990년 1,684여 명, (도농공장: 1,534명, 용인공장 150명) 근무하고 있었다.

1991년 9월 30일 원진레이온 임직원 수는 1,209명(사무직 159명, 생산직 1,050명)이었고 생산부서 중 방사1과는 가동이 중단된 상태였다. 이후 직업병 문제가 언론을 통해 보도되면서 1992년 4월 1,244명(도농공장: 1,164명, 용인공장: 80명), 1993년 7월 10일 폐업 당시에는 임직원 모두 811명 근무했다.

당시 '비유해 부서'라고 불렸던 후처리과, 원액과, 이탄과, 원동과, 산회수과 등은 각각 3조 3교대 근무 형태였다. 교대조별 근무 시간은 주/후/야 순으로 주간반 07:00~14:30, 오후반 14:30~21:30, 야간반 21:30~익일 07:00였다.

당시 '유해 부서'라고 불렸던 방사과는 4조 4교대 근무 형태였다. 교대조별 근무 시간은 주/후/야/야 순으로 주간반 07:00~13:00, 오후반 13:00~19:00, 야간반 19:00~익일 01:00, 야간반 01:00~07:00였다. 작업 형태는 방사1과의 경우 56분 작업, 47분 휴식을 취하였다. 방사2과(150반)는 56분 작업, 44분 휴식, 방사 3과(120반)는 56분 작업, 29분 휴식에 이어서 평균 56분 작업, 36.5분 휴식을 취하였다.

원진레이온의 이황화탄소 중독 직업병 환자 발생 현황을 1987년부터 1994년까지 연도별로 살펴보면 다음과 같다.

1987년 이전 5명, 1988년 25명, 1990년 34명, 1991년 45명, 1992년 서울보건대학원에서 전현직 대상으로 한 역학조사 결과 143명으로 나타났다. 그동안 이황화탄소(CS_2) 관련 건강진단은 고려대병원에서 실시해 왔다. 원진 노동자들은 이황화탄소(CS_2) 중독의 증상이 있어서 고려대병원에서 건강진단을 받았는데도 불구하고 직업병 판정을 받지 못했다. 고려대병원에 대한 신뢰성이 떨어지고 불신이 많이 쌓여 있었다. 노동부 측에 원진이 폐업했으므로 이제부터 고려대병원 외에 다른 산재의료기관에서 건강진단을 받을 수 있도록 해 달라고 요구했다.

　1993년 7월 폐업 관련 후속 조치로 노사정 3자 잠정 합의서 규정에 따라 고려대병원, 경희대의료원, 순천향대병원 등 세 곳으로 각각 나누어서 전현직 노동자 건강진단을 실시했다. 이들에 대한 직업병 판정은 4인으로 구성된 자문위원회에서 했다. 그 결과 238명이 직업병 환자 판정을 받았다. 그다음 해 1994년 46명이 직업병 환자로 판정받았다. 이로써 직업병 환자는 모두 542명으로 집계됐다. 이 외에도 이황화탄소(CS_2) 중독으로 사망한 자는 1988년부터 1994년까지 모두 16명이다.

원진레이온 매출 현황

구분＼년	80년	81년	85년	87년	88년	89년	90년	91년
매출액	426	434	384	426	429	403	410	214
순이익	-94	-165	-59	45	49	-42	-62	-198

이황화탄소 중독 직업병 발생 현황

구분＼년	87년 이전	88년	89년	90년	91년	92년	93년	94년	합계
직업병 환자	5	25	11	29	45	143	238	46	542
사망자		7	2		2	2	3		16

3장
원진레이온 노동조합 연혁

▲ 위 사진 전국섬유노동조합연맹 흥한화학섬유 노동조합이 1966년 11월 설립 되었다. 이후 원진레이온 노조 1993년 6월 원진비상대책위원회 등 노조 명 칭을 변경했다.

노조설립과정

　노조설립과정 살펴보자. 1966년 11월 경기도 남양주시 도농동 1번지(도농로34), 흥한화학섬유 노동조합이 설립되었다. 한국노총 섬유노련 산하 흥한화학섬유 노동조합 지부가 출범했다. 조합원 총회를 열고 초대 지부장으로 박덕윤 씨가 맡았다. 곧바로 박덕윤 노조지부장은 박흥식 사장과 "노동조합 가입은 유니온 숍(Union shop)으로 한다"라며, 단체협약을 체결했다. 노조는 단체협약 규정에 따라 유니온 숍(Union shop)의 형태로 운영되었다.

　우리나라 노동조합의 가입 형태는 몇 가지가 있다. 우리나라에서 대표적으로 오픈 숍(Open shop)과 유니온 숍(Union shop)을 들 수 있다. 오픈 숍(Open shop)은 말 그대로 자유로이 노조에 가입과 탈퇴를 하는 것을 말한다. 유니온 숍(Union shop)은 회사와 노동조합 간의 단체협약을 통해 "단체협약에 조합가입 대상으로 되어 있는 직급의 사람들에 대하여 사용자는 노동조합 가입 의사가 있는 사람을 채용하고 조합에 가입하지 않을 시는 채용할 수 없다. 노동조합 가입 대상자가 노조에 가입하지 않을 시는 해고한다."라고 규정해 노동자들에게 노동조합 가입을 강제하는 제도이다.

　1968년 10월, 흥한화학섬유의 제1차 경영난으로 산업은행 법정관리를 받았다. 1972년 4월, 정영삼 씨가 회사를 인수했다. 정영삼 씨는 곧바로 흥한화학섬유를 세진레이온으로 상호 변경했다. 이에 따라 "흥한화학섬유 노조"를 "세진레이온 노조"로 변경했다. 1976년 6월 이원천 씨가 회사를 인수했다. 회사 이름도 자신의 이름을 따 세진레이온에서 원진레이온으로 변경했다. 이어서 "세진레이온 노조"를 "원진레이온 노조"로 변경했다.

　노사 단체협약 규정에 의거해 회사 입사와 동시에 노동조합에 가입했다. 1966년부터 1981년까지의 조합원 수는 3,000여 명이었다. 1981년 원진레이온(주)의 제2차 경영난으로 산업은행 법정관리를 받았다. 1983년 인견면 공장을 전면 가동 중단하면서 구조조정을 했다. 조합원 1,700여 명 정도로 감축되었다. 남성 조합원과 여성 조합원의 비율은 7 대 3이었다. 보통의 노사분쟁은 노동조합과 사측의 대립 양상인 데 비해 원진레이온 직업병 투쟁은 먼저 퇴사한 노동자들과 사측의 갈등으로 촉발되었다. 사건은 1988년 원가협의 1차 투쟁으로부터 시작되었다. 이후 이황화탄소 중독의 심각성이 언론보도를 통해 점차 알려지기 시작했다.

민주노조 대표 단체협약 직권조인

1987년 7월에서 9월까지 경남 울산에서 사업장 총파업에 돌입하여 부산, 대구, 광주, 대전, 청주, 서울, 경기 수도권 지역의 사업장까지 동시다발적으로 총파업 투쟁이 전개되었다. 1987년 7월, 8월 2개월간 3,000여 건 이상의 노동쟁의가 발생했다. 이에 따라 노동조합 조직화가 급속히 증대되었다. 그동안 민주노조 건설을 열망하고 있었다. 전국적인 총파업 투쟁의 회오리 바람은 울산, 광주, 대구, 대전 등을 거쳐서 서울 경기 수도권 지역 원진레이온(주) 사업장까지 몰아쳤다.

조합원 직선제란, 조합원이 직접 위원장을 뽑는 선거 제도이다. 1966년 11월 노조설립 이래 최초로 1988년 조합원 직선제 투표를 통해 제8대 민주노조 집행부가 출범했다. 이후 민주노조 집행부는 과거와는 달리 현장 중심으로 활발하게 노조 활동을 전개했다. 그동안 민주노조 건설을 열망했기 때문에 노동조합을 민주적으로 운영한다는 것에 대한 조합원들의 관심과 참여, 기대심리가 상당히 높아지고 있었다.

그래서인지 민주노조 집행부 출범으로 조합원들의 임금인상과 노동조건 개선 요구사항이 많았다. 민주노조 집행부 출범으로부터 그다음 해 1월의 단체협약은 실무회의 및 본회의를 여러 차례 거듭하다가 난항을 겪으면서 결렬됐다. 1989년 1월 18일 오전 9시부터 민주노조 집행부는 전 조합원 전면파업 투쟁에 돌입했다. 노사 간의 단체협상이 길어지면서 회사 측 제시안에 대해 노동조합 위원장이 조합원의 사전동의 없이 단체협약에 직권조인 하는 사건이 발생하였다.

당시 전면파업 투쟁이 장기전으로 이어지면서 회사 측 인견사 생산에 차질이 빚어지고 있었다. 전면파업 투쟁이 장기전으로 접어들면서 조합원들의 피로감도 많이 쌓이는 상황이었다. 조합원들은 '더 많은 희생을 막기 위한 어쩔 수 없는 선택'이라며 노조 대표자가 직권으로 단체협상안에 대해 조인했다는 것이다. 노조위원장은 조합원의 현장 복귀를 선언했다. 이에 따라 전면파업 투쟁은 중단됐다. 조합원들은 허탈한 표정으로 작업장으로 속속 복귀하였다. 전면파업으로 생산 차질을 빚어 왔던 인조견사 공장은 조합원들의 현장 복귀 이틀 만에 정상적으로 가동되기 시작했다.

그러나 언론을 통해 직업병 문제가 부각되고 있었다. 이에 따라 재직 조합원들 "우리의 소원은 건강, 꿈에도 소원은 건강"이라며, 구호를 외치며, "작업환경을 개선해야 한다."라고 주장했다. 직업병 문제에 대한 인식은 점차 바뀌어 갔다. 1990년 1월 11일과 12일에 걸쳐서 원진레이온 구내식당 실시한 "산업재해와 직업병에 관한 공청회"에 김명수, 한근환, 이홍주 등 3명은 조합원들에게 전단지를 배포하며, 적극적인 참여를 홍보했다. 그러나 사용자 측 3명은 "업무방해를 종용했다."라는 이유로 해고 통보받았다.

이와 같은 내용으로 사용자 측 3명에게 업무방해 혐의로 고소고발장을 접수한 것이다. 그러나 노동조합 집행부는 당시 회사 측의 부당노동행위에 대해 노동위원회에 구제신청서를 제출하는 등 법적조치를 취하지 않고 수수방관하며 팔짱만 끼고 손을 놓고 있었다.

이후 제8대 민주노조 집행부는 2년간의 임기를 몇 개월 앞두고 개인 사정으로 총사퇴했다. 그리고 1990년 5월 16일 조합원 선거를 통해 전광표 씨가 제9대 노조위원장으로 당선됐다. 전광표 위원장은 5월 31일 원노협과 사용자 측의 합의서 체결에 입회인으로 참석하는 등 노동조합 집행부는 서서히 사용자 측과 거리를 두기 시작했다.

노동조합 위원장 사퇴와 선거 반복

1991년 5월 김봉환 노동자 사망사건으로 비롯된 137일간의 장례투쟁으로 전광표 위원장은 유가족과 사측의 합의에 참석했다. 이후 전광표 위원장은 1991년도 임금 16.5% 인상 등 9개의 항목에 대해 노사 잠정 합의안에 서명 날인했다. 그리고 임기를 몇 개월 앞두고 전광표 위원장과 집행부 간부들은 개인적인 사정으로 인하여 총사퇴했다.

그리고 보궐선거를 통해 서경춘 위원장이 당선됐다. 곧바로 조합원 총회를 거쳐서 상급 한국노총을 탈퇴하고 민주노총에 가입했다. 서경춘 집행부는 조합원 대상으로 낮은 농도에서도 직업병이 발생할 수 있고 주로 퇴직 후에 발생한다는 점 등을 교육하면서 원가협, 원노협 피해자 단체와의 적극적인 연대투쟁을 모색하기에 이른다.

그러나 원진 폐업 전까지 노동조합과 피해자단체 간의 구체적인 연계 사업은 모색되지 못했다. 또한, 서경춘 노조위원장은 91년도 임단협 사측과 맺은 잠정 합의서에서 현직 조합원들에 대한 작업환경측정 및 건강검진, 노조가 추천하는 전문가에 의한 산업안전보건교육의 실시 등 보상뿐만 아니라 재직자들에 대한 산업안전보건을 일정 정도 이바지했다.

그리고 서경춘 위원장은 1992년 7월 3일 오후 9시 20분 92년도 임단협 쟁의 기간 중 당시 서울시 종로구 관철동, 삼일빌딩 한국산업은행 본사 건물 1층 로비에서 항의 방문 농성을 하는 등의 업무방해 혐의로 구속됐다.

이와 같은 업무방해 혐의를 적용하여 최승용 산업안전부장은 의정부지방법원에서 집행유예를 선고받았다. 서경춘 집행부는 노사 간의 임단협, 합의안에 대해 성과를 도출해 내지 못하고 총사퇴하게 된다.

1992년 7월 조합원 선거를 통해 황동환 씨가 제10대 노조위원장으로 당선되었다. 원진레이온(주)은 직업병 문제로 사회적 이미지가 땅끝까지 추락해 있었으며, 경영 정상화에도 큰 타격을 받았다. 그동안의 언론보도를 통해 원진레이온의 민영화 또는 정치권에서 공장 폐업 문제가 본격적으로 논의되기 시작했다.

황동환 노조 집행부는 원진이 폐업한 해 1993년 6월 21일, 원가협, 원노협 등 피해자단체와 조합원 및 관리직 사원까지 이르는 원진비상대책위원회(이하 원진비대위)로 전환하여 출정식을 가졌다. 그리고 곧바로 황동환 위원장은 조합원과 함께 대정부 투쟁을 돌입했다. 그해 11월 4일 폐업 관련한 후속 조치로 황동환 위원장과 원진레이온 대표 사장, 노동부 등 노사정 3자 잠정 합의안을 이끌어 냈다. 이를 원진레이온 구내 강당에서 조합원 총회를 통해 추인받았다. 그리고 1993년도 폐업 투쟁은 매듭을 지었다. 황동환 위원장과 원진비대위 지도부는 개인 사정으로 총사퇴하게 된다.

제2의 원진비상대책위원회 지도부 출범

1993년 12월 11일(토) 오후 2시 구리시 수택동 체육관, 원진비대위 조합원 500여 명이 참석한 가운데, 1993년도 원진 폐업투쟁보고대회가 열렸다. 1993년 원진 폐업투쟁을 정리하고 이후 1994년에는 산재종합병원 설립과 정부 투자기관 재취업 등 2차 투쟁을 준비하면서 새 원진비대위, 위원장과 지도부가 선출되었다.

이날 조합원 선거를 통해 박인도 씨가 제2대 원진비상대책위원회의 위원장으로 당선됐다. 이날 부위원장으로 배기수 씨, 사무처장 겸 정책실장으로 박상봉 씨, 대내외협력실장으로 오성규 씨, 산업안전국장에 최승용 씨, 후생복지국장으로 오명섭 씨 등 각각 지명하여 만장일치로 제2대 원진비상대책위원회의 지도부가 구성됐다.

경기 남양주시 도농동 1번지(도농로34)의 원진레이온(주) 건물에 노조 사무실이 입주해 있었다. 그러나 원진레이온(주) 법정관리인인 산업은행 측에서 "노조 사무실을 이전하라."라고 요구했다. 이에 따라 노조 사무실을 경기도 구리시 수택동 2층의 신축건물로 이전했다. 곧바로 원진비상대책위원회 사무실 앞에 나무 현판을 부착하고 새롭게 출발했다.

박인도 위원장은 원진 폐업 관련 노사정 3자의 합의서 이행을 촉구하는 투쟁 과정에서 단기간 내에 성과를 거두지를 못했다. 이에 따라 원진비대위 지도 간부의 투쟁 방향과 전략 전술 등으로 노노갈등이 있었다. 결국 박 위원장은 개인 사정으로 사퇴했다.

이후 1994년 7월 노조 사무실에서 조합원 총회를 통해 이홍주 씨가 원진비상대책위원회, 위원장으로 선출됐다. 이홍주 위원장은 노사정 3자의 합의서 이행 촉구를 위한 대정부 투쟁을 이끌어 왔다. 1995년 11월 이홍주 위원장은 서울도시철도(서울교통공사) 차량 정규 직원으로 재취업했다.

그리고 또다시 박인도 씨가 위원장 바통을 이어서 받는다. 박인도 위원장 4년간 "원진 폐업 관련 노사정 3자의 합의서 이행하라."라며, 노동부, 서울시청, 서울도시철도(서울교통공사), 국회의원회관 등 정부 관계 부처에 항의 방문을 하는 등 나 홀로 투쟁을 전개해 왔다. 그는 노동부, 서울시, 서울도시철도(서울교통공사) 관계자와 협의를 통해 마침내 2000년 서울도시철도(서울교통공사) 기술 직원으로 재취업을 할 수 있었다.

이로써 전국섬유노동조합연맹 산하 흥한화학섬유 노동조합은 1966년 11월 설립되어 나무 현판 내걸고 출범했다. 노조 설립 이래 1972년 세진레이온노조, 1976년 원진레이온노조에 이어서 1991년 7월 한국노총을 탈퇴했다. 그리고 곧바로 민주노총 산하 원진레이온노조로 거듭나며 상급단체의 명칭을 변경했다. 1993년 원진비상대책위원회 등 명칭이 몇 차례 바뀌었다.

그리고 34여 년간의 노동조합 나무 현판 아래 위원장 임기 중 사퇴를 반복하고 또다시 위원장 선거를 여러 차례 반복하였다. 그리고 회사 측에서 제시한 1989년 1월 임단협 잠정 합의안에 노조 대표가 직권조인을 했다. 이에 따라 조합원들의 큰 저항에 부딪혔다. 직권조인의 역사는 조합원들의 자주적인 권리를 확장해 나가는 과정이기도 하다.

당시 1989년 임금협약 체결 과정에 발생한 직권조인을 마지막으로 더 이상 직권조인은 발생하지 않았다. 이것은 노조 집행부가 조직 내부에서 이와 같은 일이 또다시 되풀이되지 않도록 뼈아프게 반성했으며, 노조의 민주주의가 실현되고 있음을 보여 주는 것이다.

이처럼 민주노조 집행부는 투쟁의 전술 전략 이념과 노선은 각각 다르겠지만, 그래도 선거를 통해 바통을 이어받는다. 민주노조 집행부는 군사독재 정권, 대정부, 대자본의 대상으로 대동단결, 대동투쟁을 주도하며, 전개해 왔다. 그리고 34년간 이어 온 노동조합의 깃발을 내리면서 원진레이온 노동조합, 노조의 연혁은 이것으로 일단락되었다.

제2부

이황화탄소(CS_2) 유해 물질이란?

1장
이황화탄소의 제조역사

이황화탄소, 노란 액체 신경성 독성물질

 이황화탄소 중독으로 많은 원진 노동자들은 불행에 빠지고 고통에 시달리고 있다. 그렇다면 '독가스'라고 불리고 있는 이황화탄소(CS_2)는 도대체 어떠한 유해 물질인가? 어느 누가 이황화탄소(CS_2)를 개발했는가.

 이황화탄소를 발견한 것은 독일의 화학자 Lampadius이다. 1796년 황철광과 숯을 혼합했을 때 생성된 액체 형태로 처음 발견된 혼합물인데, 19세기 들어 용해제로서 공업에 널리 이용되기 시작했다. 이황화탄소는 비스코스 레이온 섬유산업에 가장 긴요하게 사용되고 있다. 그러나 작업 과정에서 고농도 이황화탄소에 중독될 위험이 있다. 이황화탄소에 중독되면, 급성일 때 극도의 자극 예민성을 보이며 환각 증세와 편집성 자살 경향을 나타내는가 하면, 정신발작 증세를 일으키면서 심장마비로 죽음에까지 이르게 된다. 만성인 경우에도 불안감, 무력감에서 시작하여 우울증 기억상실증, 언어장애 증상, 근육과 지각 증상, 정신병적 증상 등을 일으키게 되고, 남성의 경우 성기능장애 증상과 여성의 경우 자연유산, 조산 등의 증세가 나타난다.

 이황화탄소 중독으로 노동자들의 고통은 얼마나 참담한 것인가. 직업병에 시달리다가 우울증으로 자살하여 삶을 마감한 세 사람이 있다. 이 사람들이 생생하게 증언해 주고 있다. 1977년 회사에 입사하여 1985년까지 8년간 방사과 인견사 생산 공장에서 근무하다가 손과 발이 떨리고 호흡장애와 정신분열증세가 심해져 회사 측으로부터 강제로 퇴직당한 권경룡 씨는 1991년 4월 12일 "회사 측와 싸우고 노동부와 싸우고 싸워라."라며 2장의 유서를 써서 남겨 놓고 자택 방안에 연탄불을 피워 자살했다.

 이 밖에도 고정자 씨는 78년부터 14년간 후처리과에서 근무하다 1992년도 8월 이황화탄소 중독 증세를 보여 특수건강검진을 받고 그 결과를 기다리면서 자택에서 요양하고 있었다. 그해 5월 23일 새벽 목욕탕의 1.2미터 수도꼭지에 스카프로 목을 매어 스스로 목숨을 끊었다. 그리고 정현산(58세) 씨는 88년 직업병 판정을 받았다. 그는 이황화탄소 중독 직업병 정신분열증으로 원진녹색병원에서 입원과 퇴원을 반복했다. 마침내 그는 2006년 3월 29일 경기도 남양주시 자택에서 스스로 목숨을 끊는 극단적 선택을 했다. 이로써 이황화탄소 중독 정신분열증을 앓다가 자살하여 삶을 마감한 사람은 모두 3명이다.

이처럼 이황화탄소 중독은 한번 발병하면 호전 없이 정신분열증에 시달리는 등 계속 악화된다는 점에서 무섭다. 급성중독이란, 이황화탄소 고농도 40~50ppm 환경에서 작업할 때 급작스럽게 많은 양을 호흡 통해 흡입하게 되는 경우 나타나는 증상으로 알코올, 클로로포름 등의 마취 작용과 비슷하고, 통상 흥분 상태를 거쳐 마비 상태가 되며 중독이 심하면 호흡곤란을 일으켜 사망까지 할 수 있다.

만성중독은 이황화탄소 농도 10ppm 정도의 환경에서 오랫동안 지속적으로 호흡을 통해 들이마시며 작업할 경우에 나타난다. 이때의 중독 증상은 쉽게 드러나지 않는다. 그러나 1년에서 20년 정도의 상당한 기간이 지나서 전신권태, 두통, 현기증, 건망증, 가슴 답답하고 밤에 잠을 못 이루는 불면증과 신경증(노이로제), 신경염 등이 나타난다. 또한, 팔다리가 피곤한 상태와 가벼운 빈혈, 동맥경화증 등의 중독 증상이 나타나고 있어서 더욱더 심각하다.

이황화탄소는 1796년 Lampadius에 의해 발견된 의약품 마취제로서 이황화탄소의 우수한 용매 작용은 공업에 널리 이용되기 시작하였으며 고무공업이나 비스코스 레이온 공업 등에서 대량으로 사용하게 되었다. 이황화탄소는 고약한 냄새가 나는 노란 액체로, 휘발성이 강한 뇌 신경을 자극하는 '독성의 가스'라고 불리고 있다.

사람이 이황화탄소에 중독되면 체내로 흡수되는데 이때 흡수의 주 경로는 호흡에 의한 것이며 피부로도 다소 흡수되지만, 다른 경로는 별로 중요하지 않다. 이황화탄소에 중독된 뒤 1~2시간이면 호기와 흡기 내의 이황화탄소 농도의 평형이 이루어지며, 이때 이황화탄소 40~50%가 흡수되어 혈류를 통해 온몸으로 퍼져 나간다. 혈중 이황화탄소는 혈구와 혈장에 2대1로 흡수된다. 이황화탄소는 인체의 모든 기관 및 조직과 친화력이 강하며 지방질에 쉽게 녹고 아미노산 및 단백질과 결합하므로 혈류에서 급속히 사라진다.

이와 같이 흡수된 이황화탄소 중 10~30%는 호흡기로, 10% 미만은 오줌으로, 그리고 나머지 70~90%는 대사산물 형태로 생물학적 형태를 거친 후 오줌으로 배출된다. 이런 과정에서 이황화탄소는 신체에 여러 가지 독성 작용하게 된다. 그 결과 신체는 중독 증상에 시달리게 되는 것이다. 이황화탄소는 전형적인 공업용 중독 화학물질로 이에 대한 노출은 예외 없이 사업장 노동자에 국한되며, 특히 비스코스 레이온 생산 노동자들만이 건강에 위험을 미칠 만큼 높은 농도에 노출되며, 이황화탄소의 사용에 의해서 직업병으로 발생했다.

최초의 이황화탄소 중독에 대한 의학계의 임상적 관찰은 1856년 Auguste Delpech에 의한 것으로 알려졌다. 1850년대 말 이황화탄소 중독을 당시의 의사들은 "그 근원을 알 수 없는 이상한 정신성 질환"이라고 기술하였다. 1863년 Delpech는 인도의 고무공장 노동자들에게 발생하여 이황화탄소 신경증 환자 80명을 조사 및 보고하였다.

독일에서도 1899년 고무 경화 공장에서 50명의 이황화탄소 중독환자를 보고하여 여론화되었다. 1900년대 초 미국에서도 많은 중독의 예가 속속 보고됨에 따라 작업환경 개선의 필요성이 인정되었다. 고무 경화 작업에 의한 집단적 이황화탄소 중독환자 발생은 20세의 기초에 종결되었다. 이와 같은 시기에 발전된 비스코스 레이온 산업은 점점 널리 확산하였다. 이 산업 내에서 이황화탄소 중독은 1900년에서 1903년의 사이에 산발적으로 나타났으나 심각한 문제로 취급된 것은 1930년대였다.

이황화탄소 중독에서 처음부터 문제가 되었던 것은 급성중독이었다. 이것은 고농도의 흡입에 의해 발생하는 것으로서 그 증상으로 정신장애가 많다. 즉 신경쇠약 상태에서부터 의식장해 히스테리 혹은 내인성정신병과 유사한 상태를 나타났다. 나아가서 코프나코프 증후군(술에 취한 상태와 같은 것), 치매 상태를 노정하고 신경의학적으로도 뇌신경 증상, 추체로 증상, 소뇌 증상, 자율신경 증상 등의 다채로운 증상을 보이며 소위 외인 반응형의 정신병적 상태나 광범성기질장애 혹은 다발 신경염 증상 등이 나타나고 있다. 이황화탄소 급성중독은 법적 기준의 강화와 각종 보호장구 등이 마련되면 거의 사라지게 된다. 이에 따라 이황화탄소에 소량으로 장기간 노출될 때 발생하는 만성중독의 상태가 주로 나타났다.

일본의 이황화탄소 중독 사례

이황화탄소 중독에 관한 학문적 연구에 있어서 일본에서는 위에 언급한 Tokuhara의 보고 이후에 1951년에서 1953년 사이에 Toyama와 Sakura가 평균 40~50ppm의 이황화탄소 농도에 노출된 집단의 70%에서 정서장애 등의 증상이 생김을 발견하였고, 1965년

5~15ppm으로 줄인 이후에는 거의 아무런 증상이 관찰되지 않았음이 보고되었다. 사회적으로는 1960년대의 초반 레이온사 생산 공장에서 이황화탄소 피복 직업병 환자가 잇따라 발생하여 큰 사회문제가 되었다. 1964년에 일본 정부는 이황화탄소 피복을 직업병으로 판정하는 기준을 마련하였다. 이 기준은 한국에서 인정 기준을 만드는 데 지침으로 사용되었다. 일본에서는 12개의 레이온사 공장에서 51명의 이황화탄소 중독환자가 나왔으며, 이 가운데 가장 많은 35명의 환자를 발생시킨 공장은 구마모토(熊本)현에 있던 공장이었다고 한다.

일본의 이황화탄소 피복의 전문가는 구마모토대학 의과대학 교수 하라다 마사츠미(原田正純) 교수라고 하는데, 그는 1956년 구마모토현 미나마타시에서 발생한 '미나마타 수은 중독환자' 치료에도 처음부터 참여한 바 있으며, 1991년 11월 '원진레이온 직업병 대책협의회'(이하 원대협)의 초청으로 우리나라를 방문한 바 있다.

한국의 이황화탄소 중독 사례

우리나라의 경우 업무상 재해 인정 기준이라는 법적인 부분부터 살펴보면, 1963년 11월 5일, 법률 제1438호로 산업재해보상보험법이 제정되었고, 1981년 12월 31일에는 법률 제3532호로 산업안전보건법이, 1982년 8월 9일 대통령령 제10889호로 산업안전보건법 시행령, 1982년 10월 29일 노동부령 제17호로 산업안전보건법 시행규칙이 제정되었으며 업무상 재해 인정 기준은 1982년 8월 27일 예규로 처음 등록되었다.

그런데 여기서 한 가지 문제점을 발견하게 된다. 그것은 1983년 5월의 산업안전보건법 시행규칙을 살펴보면 제44조 제2항과 관련된 특수건강진단 검사항목 23에 '이황화탄소 또는 동 물질의 5% 이상 함유하는 물질을 제조 또는 취급하는 업무에 종사하는 근로자'를 대상으로 1, 2차 항목이 아래와 같이 기술되어 있다.

1차

1. 작업경력의 조사
2. 두중/두통/불면/현기증/초조감/하지권태/식욕부진/위 이상 증상/안통증/신경통 등의 자각증상 조사
3. 자살 경향/우울감/환상/정신 이상 등 정신의학적 검사
4. 롬벨 씨 증상/발 및 수지 경련 증상의 유무 조사
5. 혈구용적 또는 혈색소 검사
6. 요중 유로비리노겐/단백 및 당 검사

2차

1. 작업조건의 조사
2. 안저검사
3. 신경의학적 검사
4. 필요시 간 기능 검사 또는 신장 기능 검사 등이 있다.

이와 관련하여 근로기준법 제78조 제2항의 규정에 의한 시행령 제54조(업무상질병의 범위)에도 유화탄소(이황화탄소)로 인한 중독 및 그 속발증이 있음에도 불구하고, 이황화탄소 중독에 의한 업무상 재해 인정 기준은 1991년에 가서야 처음으로 등장하고 있다.

이러한 불일치는 정부 내, 특히 노동부 내에 산업안전을 담당하는 부서와 재해보상을 담당하는 부서 간에 상호 커뮤니케이션이 전혀 없음을 나타내 주고 있으며 관련 업무에 대한 조정 기능도 없음을 반증하고 있다. 또한, 1980년대 초반 원진레이온의 작업환경 측정과 특수건강진단을 담당하였던 기관들이 이러한 법률적인 내용에 조금만이라도 관심이 있었다면 원진레이온 노동자들의 이황화탄소 중독 증세는 더 일찍 발견될 수도 있었다. 1980년도 이후에 원진레이온에 입사한 노동자들의 이황화탄소 중독증은 대부분 피할 수 있었다. 그러나 정부 관계자들의 무감각과 의료기관의 무신경이 직업병 피해자들의 증가를 방관하였다.

우리나라의 이황화탄소 중독증에 관한 진단과 연구는 1987년부터 본격화되기 시작하였다고 볼 수 있다. 1987년 정근복 씨 등 4인은 청와대에 진정서를 제출했다. 이는 노동부에 이첩되었다. 당시 의정부 지방노동사무소(현 의정부고용노동지청)가 이들의 건강검진을 고려대학교 환경의학연구소에 의뢰함으로써 우리나라에서의 공식적인 이황화탄소 중독증에 관한 연구가 시작되었다. 산업보건에 대한 전문 연구기관인 고려대 환경의학연구소는 원진레이온에서 발생한 환자들이 이황화탄소에 의한 중독증임을 최초로 밝혀내었다.

1980년대 후반에 가서야 이황화탄소에 의한 중독증을 밝혀내게 된 것은 우리나라에 인조견

사 제조공장이 원진레이온 하나밖에 없었기 때문이다. 그나마 이황화탄소에 장기간 중독되었던 노동자들의 증상 역시 고혈압이나 당뇨병 등 있었다. 이 밖에도 이황화탄소 중독증 환자들만이 아닌 일반인들에게서도 흔히 나타나는 특이한 증상들이 많이 나타났다.

또한, 이들 건강검진에서 임상 양상 또한 매우 다채로웠다. 하지만 앞서 언급한 바와 같이 일본에서는 이미 1960~70년대에 레이온사 공장에서의 이황화탄소 중독환자가 보고가 계속됐다.

1970년대 후반과 1980년대 초반에 이황화탄소 중독에 관한 임상 양상이 집중적으로 보고된 것을 보면 우리나라 산업보건계가 해외, 특히 일본의 정부와의 이론 수집에 매우 소극적이고 수동적이었던 것으로 보인다. 원진레이온의 폐업 이후 1993년 8월 24일 기준의 직업병 요양 신청자들의 재직 기간별 현황을 보면, 진찰 중인 자들은 제외하고 당시 직업병 확진을 받은 사람들 중 10~20년 근무자가 64.2%, 5~10년 근무자가 18.4%로 환자의 대부분을 차지하고 있었다.

한국과 일본의 이황화탄소 중독 비교 분석

1989년부터 1990년까지 우리나라에서 이황화탄소(CS_2) 중독환자의 임상 양상에 대한 연구 결과는 중추신경계장해, 말초신경계장해, 안저소견이상 등 모두 고전적인 이황화탄소 중독의 임상 양상을 보이고는 있었다. 안저소견이상과 신장해소견은 일본에서 보고된 바와 같은 소견을 보였다.

이와는 달리 구미에서 보고된 이황화탄소 중독환자의 임상 양상의 발현 빈도는 관상동맥질환, 말초신경계장해, 안저소견이상, 행동장해 등이 주요 소견으로 나타나고 있다. 안저장해 중 미세동맥류는 일본에서 처음 보고된 것이며 우리나라 환자 사이에서도 다수 발견되었다. 구미의 경우는 미세동맥류에 대한 보고가 거의 없는 실정이다.

이러한 임상 양상의 차이는 이황화탄소 피폭 농도와 폭로 기간의 차에 따라 나타났다. 그리고 영양 또는 인종의 차이에 의한 것이라는 견해가 있으나 정확한 기저는 밝혀져 있지 않았다.

중추신경장해와 말초신경장해를 주요 증상으로 하는 전형적인 중독 증상 이외에도 안저소견이상과 신장해소견을 보이고 있는 우리나라의 이황화탄소 중독의 임상 양상은 서구 유럽의 문헌 보고보다는 일본에서 보고된 임상 양상과 유사한 경향을 보이고 있다.

그러나 이러한 내용들이 일본과 동일하다고 볼 수는 없기 때문에 일본의 상황과는 다른 우리나라의 상황을 고려한 연구는 계속되어야 한다. 일본의 경우 이러한 연구가 1970년대에 집중되었다. 10년대의 의학적 기술을 가지고 연구되지 못했다. 우리나라에서 계속되고 있는 퇴직노동자들에 대한 판정과 현재 이황화탄소 중독에 관한 연구는 앞으로 근거를 제시해 줄 수 있을 것이다.

퇴직자의 지속적인 건강관리 필요

1991년 7월 30일, 원진레이온 노사합의서 규정에 따라 노조가 추천하는 서울대 보건대학원 김정순 교수와 회사 측은 2억 6,000만 원 용역계약 체결했다.

1992년 4월 30일, 서울대 보건대학원 김정순 교수 역학조사반은 지난해 8월부터 올해 2월까지 7개월간 원진레이온 전현직 노동자를 대상으로 역학조사를 실시한 결과 32명이 이황화탄소 중독 직업병 환자이며, 88명은 중독 의증으로 나타났다고 발표했다. 원진레이온 전현직 노동자 1,160명과 이황화탄소 중독 증세를 호소하는 퇴직자 210명 및 이황화탄소 작업장에서 전혀 폭로된 적이 없는 타 회사의 182명 등 총 1,552명을 대상으로 자기공명촬영(MRI), 신경학적 검사, 심전도 검사, 망막변화 안과검사, 콩팥장애 검사 등 8개의 항목에 대해 조사한 결과를 연구진들이 비교해서 분석해 본 결과 이황화탄소에 폭로된 노동자는 두통 및 현기증, 시력저하 등의 호소율이 비폭로군인 타사 작업장 노동자들보다 높은 것으로 나타났다.

이 외에도 호흡곤란, 가슴 통증, 구역질 및 감각과민증과 감각둔화 등의 말초신경계 증상의 호소 역시 폭로군에서 높게 나타났다. 특히 중추 및 말초신경계의 종합검사에 있어서 폭로군 남성이 49%의 이상의 비율을 보이지만 대조군 남성은 16%만이 이상의 비율을 보였고, 폭로군 여성은 32%의 이상의 비율을 보여 이황화탄소에 폭로되었을 경우 중추와 말초신경계에 발병의 가능성이 높은 것으로 드러났다.

이번의 원진레이온 역학조사 보고서는 이황화탄소에 의한 직업병을 예방하기 위한 대안으로 이황화탄소를 발생시키는 전 공장을 밀폐시키는 한편 보호구 착용의 효과를 제고시켜야 한다고 밝혔다. 그리고 퇴직자의 지속적인 건강관리와 동시에 직업병 환자의 추적, 관찰해야 한다고 했다.

원진레이온 작업환경측정

1981년에 연세대학교 산업의학연구소에서, 1984년과 1985년에는 경희대학교 부속병원에서 작업환경 측정을 실시하였다. 건강진단은 1983년에 인천산업병원에서, 1984년과 1985년에는 경희대부속병원에서 작업환경측정과 건강검진을 형식적으로 실시했다. 1986년부터 고려대학교 환경의학연구소가 원진레이온(주)을 담당하게 된 이후 이황화탄소에 대한 환경조사와 건강진단이 실시되기 시작했다. 그러나 유해 부서인 방사과 노동자들을 대상으로는 작업환경측정과 매년 상반기와 하반기 연 2회 특수건강진단을 실시했다. 후처리과, 정비과, 공무과, 원액과, 산회수과, 원동과 등 '비유해 부서'라며, 이들에 대해서는 매년 1회 일반건강검진을 실시했다.

그러나 고려대학교 환경의학연구소 측에서 맡아서 작업환경측정과 건강검진을 해 왔으나 중독환자를 조기에 발견해 내지 못했으며 작업환경 개선을 통한 직업병 예방 교육도 아무런 힘이 되지 못한 것으로 나타났다. 이것은 노동자에게 어떠한 힘이 되는 것이 없었으며, 결국 비용만 낭비했다는 것으로 볼 수밖에 없다.

1986년도부터 작업환경 측정 이황화탄소 농도가 10ppm을 초과하는 수치를 보이고 있었다. 방사과 기계 스크린을 개방할 경우 20ppm을 초과하는 수치를 보였다. 1986년도 이전에는 방사과 기계 스크린(창문)을 개방한 채로 근무했다. 방사과 실내가 안개가 낀 것처럼 자욱한 환경이었다. 이런 점을 감안할 때 1986년도 이전 방사과의 이황화탄소 농도는 10ppm을 훨씬 초과했을 것이다.

원액과, 이탄과, 산회수과 등은 방사과보다는 훨씬 낮은 농도의 이황화탄소에 노출되었다고 판단된다. 이탄과의 경우 원료를 꺼내는 작업에서는 단시간에 고농도의 이황화탄소에 폭로되었지만 보호장구를 착용하지 않고 작업해 왔다. 후처리과 소속이지만, 유해 작업장으로 불리고 있는 방사과 실내로 들어와 인조견사를 포장 및 운반 작업을 하는 남성, 여성 노동자들 이황화탄소 상당한 시간 노출되고 있었다.

원진레이온(주) 측은 이황화탄소 이용하여 인견사를 생산했다. 이황화탄소는 유해 물질에 속한다. 이황화탄소 중독은 급성중독증, 만성중독증으로 구분되어 있다. 산업안전보건법 제31조 및 동 시행규칙 제33조 등에 의거하여 사업주는 임직원에게 산업안전보건교육을 정기적으로 실시하여야 한다. 유해 물질 취급에 대해 안전 수칙을 작업장 내에 부착하지도 않았다. 그리고 회사 측은 임직원 대상으로 분기별로 산업안전보건교육 한 번도 실시하지 않았다.

이와 관련 1991년 5월 25일 노사합의서를 체결했다. 회사 측은 산업안전보건 노사 합의서 규정에 따라 노조가 추천하는 전문 강사에 의해 산업안전보건을 분기별로 3시간 이상 유급으로 실시하기로 했다. 이후 회사 측은 1991년 6월 7일, 8일, 12일 3일간 걸쳐서 임직원 대상으로 산업안전보건 유급 교육을 실시하였다. 이후로도 계속해서 산업안전보건교육은 진행되었다.

이황화탄소(CS_2) 안전 수칙

이황화탄소(CS_2) 급성중독증	이황화탄소(CS_2) 만성중독증
이황화탄소(CS_2) 급성중독증은 작업 과정에서 호흡을 통해 한꺼번에 많이 흡입하게 되는 경우 발생하며 심장마비, 호흡마비로 사망까지 할 수 있다. 1. 얼굴이 붉어지고 숨이 막힌다. 2. 눈앞이 흐려지고 속이 매스껍고 토한다. 3. 환각 등의 정신장애가 나타나며, 근육의 경련운동장애가 나타난다. 4. 이황화탄소 액체를 만지면 피부에 화상을 입는다. 오랫동안 이것을 만진 사람은 손가락에 지문이 없어지게 된다. 5. 눈에 들어가면 눈이 충혈되고 따갑다. 6. 머리가 아프고, 정신을 잃게 되며, 심한 경우 전신발작을 일으키면서 심장마비, 호흡마비로 사망하게 된다.	이황화탄소(CS_2) 만성중독증은 작업 과정에서 호흡을 통해 적은 양이라도 오랫동안 마시게 되는 경우에 나타나나 증상이 쉽게 드러나지는 않는다. 대부분 상당한 기간이 2년에서 30년까지 지나야만, 하반신 마비 등으로 나 자신이 중독에 걸렸다는 사실을 알게 된다. 1. 잠이 잘 안 온다. 눈에 핏발이 서고 시력이 떨어진다. 2. 몸이 나른하고, 입맛이 없고, 체중이 빠진다. 3. 팔과 다리에 힘이 없어진다. 4. 신경질적으로 되며, 우울증에 빠진다. 5. 실어증, 기억상실증에 빠진다. 6. 성 기능이 떨어진다. 나중에는 성 불능이 된다. 남자의 경우 정자의 형성이 잘 안되고, 여자의 경우 생리불순, 자연유산, 미숙아 출산도 나타날 수 있다. 7. 고혈압 증상이 나타난다.

※ 유해 물질 취급근로자의 법상 의무

▲ 사진, 1993년 5월 10일 원진레이온(주) 방사과에서 뽑아내는 이황화탄소(CS_2)로 인하여 건물 옥상에 설치해 놓은 입간판 시설물을 부식시키면서 글씨가 떨어졌다.

제3부

이황화탄소 중독 직업병 사건의 발단

1장
직업병 사건의 발단 과정

국내 최초 공장 주변 피해 속출 언론보도

원진레이온에 관한 최초의 언론보도는 1977년 6월 10일 자 한국일보 기사로, 원진레이온에서 뽑아내는 이황화탄소(CS_2), 유화수소, 아황산가스 등이 인근 경기 남양주시 도농동 도농역의 각종 시설물을 부식시켜 중앙선 전철의 안전을 위협하고 있다는 내용이 보도됐다.

이어서 1981년 4월 2일 자 동아일보에 따르면 당시 행거는 2만 5,000볼트의 고압의 전류가 흐르는 전차선과 조과선 사이를 일정 간격으로 유지하기 위해 10m마다 팽팽하게 매어 놓은 철선이 1개만 삭아 끊어지면 그 옆의 다른 행거도 연쇄적으로 끊어지게 돼, 전선이 내려앉게 되고 열차에 닿으면 집단 감전 사고를 일으킬 우려가 있으며 레일에 닿을 경우에는 차량 운전 사령실의 중앙집중제어장치(CTC)가 송두리째 타 버려 전철의 전 구간 마비될 위험도 있었다. 또 청량리 → 충북 제천 간 중앙선 전철이 개통된 것은 1973년 6월 1일로, 하루에 90회의 열차가 왕복하고 있는데 다른 지역의 전선은 당초 예상한 수명 20년을 지탱하기에 거뜬하나 유독 원진레이온의 독가스가 스치는 이곳의 전선은 시설한 지 1년도 채 되지 않아 부서졌다.

행거와 아연도 강연선뿐만 아니라, 전차선 지락도선도 2~3년밖에 수명을 예상할 수 없는 형편이었다. 유독가스 악취를 배출하는 원진레이온은 한강의 수질도 오염시키는 대표적인 공해업소로, 이는 인조견사를 제조하는 과정에서 적절한 방지 시설을 설치하지 않았기 때문이다. 당시 유해가스에 닿으면 덩어리가 큰 철제들은 표면부터 녹이 슬어 천천히 부식하지만, 전선같이 가느다란 철제물은 그 부식 속도가 빨라 피해가 훨씬 컸다. 공장의 이황화탄소를 뽑아내는 배기덕트 또한 부식되어 있다.

이 밖에도 원진레이온 공장 앞에 있는 경의중앙선 도농역 내의 철도 피해가 큰 것은 공장이 레일과 나란히 서편으로 있기 때문이며, 북서-남서풍 계열의 바람이 불기 때문에 공장에서 나오는 오염물질의 70%가량이 일단 역 구내를 스친 다음 도농리 마을로 퍼지기 일쑤기 때문이라는 것이다. 당시 철도청장은 이와 같은 피해를 막아 줄 것을 보건복지부에 요청하여 공해이동검사차가 출동했으나 "유해 물질 배출이 허용 기준치에 미달한다."라는 아리송한 통보를 받는 데 그쳤다. 이 같은 증세가 더욱 심해져 밤 9시에서 다음 날 새벽 4시까지는 역의 직원들이 가스의 냄새 때문에 역사 밖으로 나가길 꺼릴 정도였다.

또 원진레이온 공장이 세워진 이후 130여 년 된 느티나무가 말라서 죽는 것을 비롯하여 수십 년이 된 미루나무와 각종 과일나무가 말라서 죽었다. 도농역 구내에 있는 35년생 향나무를 비롯한 2백여 그루의 관상수가 이미 죽었거나 죽어 가고 있으며 가스가 바람을 타고 마을의 뒷산까지 날아가는 바람에 이 일대 소나무들이 시름시름 시들어 갔다.

유해가스로 인해 가정에서 사용하는 쇠붙이까지 녹슬고 썩기까지 하였다. 공장 주변 가정집에서 사다가 놓은 지 1개월도 안 된 남자 허리띠 벨트의 버클, 사무실 서류 집게 따위가 녹이 스는가 하면 옥외 세워 놓은 TV 안테나가 6개월도 안 돼 부식되어 버렸다. 경기도 남양주시 도농동 일대의 밀집된 주택가 한복판에 있는 인견사 제조공장인 원진레이온에서 내뿜는 유독성의 가스(H_2S, 황화수소)로 대기가 크게 오염되어 공장 주변 일대의 나무들이 말라서 죽고 반경 1km 이내 3만여 주민들이 호흡기 장애에 시달리고 있으며, 농도가 높을 때는 심한 악취로 호흡조차 곤란했다. 15만 평 대지에 지난 1965년에 준공된 원진레이온 공장은 연간 1만 1,000여 톤의 인견사를 생산하고 있는데, 공장 일대 7개의 마을 3만여 주민이 호흡곤란을 겪고 달걀 썩는 냄새의 악취가 10년을 두고 매일 계속돼 만성두통에 시달려 왔다. 이 같은 악취는 저기압일 때는 더욱 심해 여름철에도 창문을 완전히 밀폐하고 지내야만 하는 곤욕을 치르고 있다. 원진레이온 공장 인근 주민들이 피해를 당하고 있다는 언론보도가 있었다.

공장 인근 주민의 환경 피해 보상 소송 제기

1982년 12월 10일 자 경향신문에 따르면 당시 서울통합변호사회(회장: 이택규)가 제34회 세계인권위원회 주간을 맞이하여 인권위원회 사업의 하나로 공해 구제 사업을 펴기로 했다. 인근 주민의 공해 피해에 대한 법적 해결 방안을 마련하기 위해 원진레이온의 공해 실태에 대한 보도가 있었다. 이러한 보도들은 이 당시 이미 원진레이온에 의한 주변 지역과 주민들의 피해 사례가 있었음을 나타내 주고 있었다는 입증의 증거가 된다.

서울통합변호사회는 산하 인권환경위원회(위원장: 금우영 변호사)의 설문조사 결과를 토대로 그해 2월 29일 서울지법 의정부지원에 손해배상 및 위자료를 청구하였다. 이는 민사법 사상 처음으로, 공해 피해에 대한 주민들의 소송이 진행되었다.

이어서 환경피해 청구 소송에서 이황화탄소 가스를 분출로 인하여 공장 주변 주민들이 두통, 구토를 비롯해서 각종 신체장애를 일으키고 TV 안테나 등이 6개월도 안 돼 부식되는 등 생활환경에 대한 행복권을 상실했다고 주장했다. 이 소송과 연계하여 서울통합변호사회는 1983년 1월 13일, 최초의 원진레이온 이황화탄소 중독 직업병 환자로 기록되고 있는 홍원표 씨의 손해배상 및 위자료 청구 소송을 맡아 서울지방법원의정부지원에 손해배상 및 위자료를 청구하는 소송을 제기하였다.

서울지방법원 의정부지원의 손해배상 및 위자료 청구 소장에서 홍 씨는 "원진레이온 공장에서 근무하다 이황화탄소 중독증으로 신체 불구가 되었으므로 회사는 300만 원의 손해배상 및 위자료를 달라."라고 주장하였다. 인근 주민 47명의 공해 피해 소송과 함께 이 소송을 맡은 용태영 변호사는 "홍 씨가 원진으로부터 500만 원을 받고 합의한 사실이 있으나 이는 홍 씨의 무경험, 경솔로 인한 행위였으므로 그 합의는 취소한다."라고 말했다.

이 소송은 이후 원고 측의 소 취하로 계속 진행되지 못하였다. 이에 대해 소송을 담당하였던 용태영 변호사는 "소송 제기 이후 3, 4차례 소송 관련 업무가 진행되다가 오히려 원고 측의 비협조와 소 취하 요청으로 소송 진행이 불가능하여 서울통합변호사에게 보고 후 소송을 취하하였다."라고 하였다. 그에 의하면 홍원표 씨의 원고 측 증언은 입증자료가 되지 못하기 때문에 인근 주민들의 입증해 줄 만한 증언이 있어야 했다.

이 사건과 관련 환경 피해 소송을 제기하였던 원고 당사자들조차도 법원에 증인으로 출석하지 않는 등 모두 비협조적이어서 소 취하는 불가피했다. 그들이 그렇게 비협조적일 수밖에 없었던 이유는 소송 원고들에 대한 원진레이온 회사 측의 유무형의 압력 때문이었다고 주장했다.

원진레이온(주)에 생계를 걸고 있는 사람들, 가족, 친척과 친지들을 동원해서 원고에 대한 회유와 협박이 있었을 것으로 추정된다. 또한, 당시 5공화국 전두환 독재정권 초기의 사회적인 분위기와 맞물렸다. 청와대 측에서 임명한 공군 소장 출신 인사(당시 대표 진칭록 씨), 육군 소장 출신 인사(당시 전무 백영기)들이 원진레이온(주)을 경영했다. 청와대 관계자들 막강한 경찰 공권력을 동원해서 마을주민들을 억압하면서 원고 측에 "민사소송을 즉각 취하"하라고 영향력 행사가 있을 것으로 보인다.

국내 최초 이황화탄소 중독 직업병 환자 판정

홍원표 씨가 원진레이온 최초의 직업병 환자로 인정받았다. 1981년 8월 8일 국립의료원의 판정에 의해서이다. 그 당시의 판정은 소위 원진레이온 직업병이라 불리는 이황화탄소 중독에 의한 직업병이 아니라, 아황산가스 중독에 의한 직업병으로 판정받았다. 1980년 9월 이 회사에 입사한 홍 씨는 공장 내 방사 3과에서 방사과 기능공으로 근무하던 중 같은 해 10월과 81년 1월 및 3월 3차례 가스에 중독되어 입원 치료를 받았고 결국 1981년 7월 24일 작업 중 중독으로 전신마비 증세를 일으켰었다.

서울시 중구 을지로6가 국립의료원에 입원, 아황산가스 중독으로 판명된 홍 씨는 3개월간 치료 후 퇴원하였으나 여전히 오른손 마비, 언어장애 등 불구상태로 있다. 홍원표 씨가 이황화탄소 중독증 환자가 아니라, 아황산가스 중독환자로 진단받은 것은 이황화탄소 중독증 환자가 우리나라에서 발견되지 않았던 전례와 법령 및 관심 부족 등으로 인한 판정 결과였다. 홍원표 씨는 민사 보상을 위해 고려대학교 부속병원에서 다시 검진받고 1989년 8월 이황화탄소 중독증 환자로 정식 판정받아 민사 보상 5등급의 추가 보상을 받게 되었다.

이후 직업병 피해자단체와 퇴직 노동자 가족들은 1980년 12월 16일 사망한 이종구 씨도 1966년 원진레이온에 입사하여 산회수과에 근무하다가 1975년 두통, 손발 저림, 비뇨기장애, 우울증 등의 증세로 퇴사한 후 정신착란 증세를 보이다가 사망하였다고 주장했다. 이종구 씨 역시 이황화탄소 중독에 의한 직업병 피해자로 1988년도에 신고하고 보상을 요구하였다. 그러나 법적으로는 직업병 신고 당시 "사망했다."라는 일자로부터 3년이 경과되어 산업재해보상보험법상 청구소멸시효가 완성되었고 사인을 입증할 수 있는 의학적 소견이 없어 산재 유족 보상이 불가능하다는 판정을 받았다. 1988년 민사 보상을 위해 노사 양측에서 추천한 의사 3인씩으로 구성된 6인 판정위원회에서도 같은 결론을 내렸다.

1차 직업병 피해자 진정서 제출 사건

원진레이온에서 14~18년 이상 방사과에서 장기 근무했던 정근복 씨, 서용선 씨, 김용운 씨, 강희수 씨 등 4명은 이황화탄소 중독 초래된 것으로 보이는 증세들로 회사를 퇴직하였다. 이후 개별적으로 이 병원 저 병원 전전하면서 치료받아 오다가 "자신들의 병명만이라도 알고 싶다."

라며 1987년 1월경 노동부와 청와대에 진정서를 제출하는 사건이 발생하였다. 정근복 외 3명은 노동부와 청와대 두 곳 모두에 진정서를 제출했다.

노동부 본부의 처리 명령을 받은 당시 의정부 지방노동사무소(현 의정부고용노동지청)는 그해 2월 14일 본부 산업안전과, 본부 재해보상과에서 각각 관할 행정기관인 의정부 지방노동사무소에 이첩했다. 진정인(김용운, 정근복)의 진술조서와 참고인(당시 방사과장 이규성, 인사과장 박규탁)들에 대한 조사를 마친 후 1987년 3월 5일 원진레이온에 대하여 노동자 특수검진 및 작업환경측정 지시를 내리고 고려대학교 환경의학연구소에 역시 특수검진 및 작업환경측정에 대한 협조를 의뢰하게 되었다.

이 사건을 의뢰받은 고려대학교 환경의학연구소는 1987년 3월 6일부터 4월 20일까지 정근복 외 3명의 진정인에 관한 직업병 여부에 대해 조사했다. 고려대 환경의학연구소가 노동부 작업환경 특별조사단과 합동으로 1987년 3월 원진레이온 방사과 작업장에 대한 작업환경측정을 실시했다. 이 특별조사단은 고려대 의대 교수를 단장으로 역시 고려대 의대의 염용태, 김광종, 송동교 고려대 공대의 김호영 교수, 가톨릭 의대의 이광묵 교수, 보건대 교수 7명의 전문가로 구성되었다. 이황화탄소, 황화수소에 대해서 측정을 실시했는데, 이황화탄소 측정 결과 방사과의 경우 평균 8.30ppm이나 그 범위는 3.2~22.5ppm이었고, 방사과의 경우 평균 8.13ppm 그 범위는 2.8~23.1ppm이 측정되어 고농도의 노출 가능성을 보였다. 고려대학교 환경의학연구소는 정근복 외 3명의 진정인의 개인별 임상검사 결과와 앞에 기술한 작업환경측정 결과 등을 참고하여 이들에 대한 직업병 여부에 대한 확인 결과 보고서를 1987년 4월 20일 의정부 지방노동사무소(현 의정부고용노동지청)에 제출하였다.

강희수 외 3명 이들이 근무했던 작업환경측정 보고서는 아래와 같다.

1. 개인별 임상검사 결과
2. 진정인들의 과거 근무 사업장에 대한 환경조사 결과
3. 진정인들의 직업병 여부에 대한 종합 소견

강희수, 서용선, 정근복, 김용운(이상 4명)에 대한 임상검사 결과와 이들의 과거 근무 사업장에 대한 환경조사 결과를 종합 판정한 결과는 다음과 같다.

1. 원진레이온(주) 방사과 이황화탄소 농도가 평균 8.1~8.3ppm으로 허용농도 10ppm에 못 미치고 있으나, 방

사기 개방 시에는 20ppm을 넘는 고농도의 이황화탄소 오염도를 나타내고 있어 이로 인한 직업병을 유발시킬 수 있는 환경조건이 인정된다.
2. 정근복 외 3명의 진정인의 원진레이온 방사과 근무 경력은 13년~18년으로 모두 이황화탄소로 인한 직업병이 발생할 수 있는 충분한 폭로 기간이 인정된다.
3. 상기 4명의 임상검사 결과
1) 강희수, 서용선, 김용운, 정근복의 4인에서 중추 및 말초신경계장애 자각증상이 공통적으로 호소되고 있다.
2) 뇌파검사, 컴퓨터 단층촬영(대뇌), 신경의학적 검사 결과 중추신경 및 뇌신경장해가 4명 모두에게 나타나고 있다.
3) 안저검사 결과 망막혈관장애가 상기 4명에서 모두 인정된다.
4) 근전도검사 결과 말초신경장애가 김용운을 제외한 3인에서 모두 인정된다.
5) 강희수, 정근복 2인에서는 경계역 고혈압이 인정된다.
6) 정근복에서는 신부전증과 고지혈압이 인정된다.

상기한 작업환경측정 결과와 직업력 조사 그리고 임상검사 결과 등을 종합할 때 직업성 질환에 이환된 것으로 추정된다. 단, 상기 4명에 대한 임상적 추정 진단 질병들이 모두 직업성 원인에 의하여 발생한 것이다.

4. 상기한 질병인들에 대한 치료 대책으로는 현재 특수요법이 개발되지 못한 상태이므로 필요에 따라 물리치료 등 보조적 치료를 실시할 것이며, 질병 예후에 관한 판정을 위하여는 추적조사가 요구된다.
5. 본 건과 관련된 예방 대책의 일환으로 현재 방사과에 근무하고 있는 260명 노동자 전원에 대한 근전도 검사, 안저검사, 신경의학적 검사, 간 기능 검사 등의 정밀검사가 요구된다.

우리나라 최초의 공식적인 이황화탄소 중독에 의한 직업병 판정을 하였다. 이때의 각종 임상검사의 종류와 그 결과가 후일 민사 보상을 위한 이황화탄소 중독증의 판정과 산업안전보건법상의 특수 건강진단 검사의 종류 개정의 기초를 세우게 되었다.

정근복 외 3명, 이들은 이황화탄소에 의한 중독증임을 밝히기 위해 고려대학교 부속 구로병원의 김순덕 교수가 직접 건강검진을 실시하고 조사를 담당했다.

이는 1987년 4월 23~24일에 이루어졌다. 이들 중 총 54명이 이황화탄소 중독 자각증상과 간 기능 이상이 있는 것으로 1차 진단되어 이들에 대한 정밀검사가 필요하다는 진단 결과 소견서가 고려대 환경의학연구소에 의해 1987년 5월 25일 의정부 지방노동사무소에 제출되었다. 이후 원진레이온의 이황화탄소 중독증 환자들에 대한 건강검진이 본격화되기 시작하였으며, 1987년 11월 25일 고려대 환경의학연구소가 원진레이온 회사 측에 제출한 1987년 6월 5일부터 그해 9월 1일까지 3개월간 방사과 근무자를 대상으로 실시했다.

1987년 원진레이온 방사과 특별검진 결과

원진레이온(주) 방사과 노동자 중 임의 선택된 108명을 대상으로 근전도검사, 신경전도검사, 망막 및 안저검사, 소변검사, 혈액검사, 전문의 면담을 실시한 결과를 요약하면 다음과 같다.

1. 108명의 대상자 중 34명이 다발성 말초신경염의 소견을 보였으며, 이 중 7명이 망막혈관장해를 합병하고 있었다.
2. 직업성 이황화탄소 중독의 초기 병변으로 알려진 다발성 말초신경염 및 망막혈관장해 소견을 보이는 유소견자는 근속연수 5년 미만의 노동자에게서는 나타났고, 나머지는 모두 5년 이상 근무자였으며, 10년 이상 근무자에게서는 50%가 유소견자로 판명되었다.
3. 유소견자 34명 중에서 간 기능 이상자가 2명 있었으며, 신장 기능 이상자는 발견되지 않았다.

건의: 상기한 유소견자의 분포를 감안할 때 다음과 같은 후속 조치가 요구된다.
1. 작업환경 개선
2. 장기근속자에 대한 작업 전환
3. 개인보호장구의 착용
4. 5년 이상 근속자에 대한 주기적 특별검진 실시

원진레이온 회사 측 민사 보상 지급

고려대 환경의학연구소의 4인에 대한 보고서를 접수받은 당시 의정부 지방노동사무소(현 의정부고용노동지청)은 1987년 4월 23일 진정인들에게 요양신청서를 제출할 것을 통보하고 그 해 5월 2일 이를 접수하여 5월 11일 요양 결정을 통보하였다. 이들은 고려대학교 부속 구로병원에서 1개월간 요양 치료를 받았으며, 1987년 6월 23일 장해보상청구서를 접수받아 산재요양을 종결하고 1~8등급의 산재등급에 따라 장해보상금을 지급하였다. 그러나 장해보상금을 지급받은 이후에 이들이 다시 자신들의 질병을 치료하기 위해 산재요양 신청을 냄으로써 보상금을 지급받은 것이 문제가 되었다.

산업재해보상보험법상 장해급여 및 장해보상금 법 제9조의 5 및 노동부 예규 제1호 '장해등급 판정요령' 규성에 의거 근로사의 업무상 부상 또는 질병이 요양으로 완치되었음에도 영구적 신체 장해가 남게 되는 경우에 지급하는 보험급여이기 때문에, 보상금을 이미 지급받은 원진레이온 근로자들이 계속적인 치료를 필요로 하게 되어 요양급여를 다시 지급하게 되는 상황은 법적으로 문제가 되는 것이었다. 이러한 실수는 그때 당시만 해도 이황화탄소 중독에 의한 직업병의 판정이 처음이었고 이황화탄소 중독증이 지속적인 치료가 요구된다는 사실을 잘 알지 못하였던 시기이었기 때문에 충분히 발생할 수 있던 일로 보인다. 장해보험급여는 정근복 외 3명, 이들 이외에도 1988년도 8월 초까지 이황화탄소 중독에 의한 직업병으로 판정받은 9인 등 모두 13명에게 지급하였는데, 이 이후에는 지급하지 않게 되었다. 이에 따라 1990년에 들어 이황화탄소 중독증으로 판정받은 환자들 중 일부가 노동부에 장해보상금의 청구를 요구하는 민원을 제기하게 되었다.

산업재해보상보험법에 의한 장해급여와 요양급여, 휴업급여와는 별도로 회사 측은 서용선 씨에게 700만 원, 강희수, 정근복, 김용운 씨에게 각각 600만 원씩의 민사배상금을 지급하고 합의서를 공증하기도 하였다. 1988년 민사 배상에 관한 합의서가 있었음을 확인한 위 4인의 가족들은 정상적인 판단 능력을 상실한 환자가 가족들도 없는 상태에서 회사 측의 일방적 강요에 의해 합의가 이루어진 것이라고 주장하였다. 이 문제를 계기로 원진레이온 직업병 피해자 및 가족협의회(이하 원가협)의 구성 등 본격적인 직업병 환자와 가족들의 보상 투쟁이 시작되었다.

이후 회사와 원가협 간의 합의에 의해 서용선, 정근복 씨는 민사 보상 1등급으로 1억 원씩, 김용운, 강희수 씨는 민사 보상 4등급으로 7,900여만 원의 보상금을 다시 지급받았으나, 이들 중 정근복 씨는 1989년 11월 26일 13시 49분 서울기독병원에서 사망함으로써 우리나라 최초의 이황화탄소 중독에 의한 사망자로 기록되었다. 이어서 강희수 씨 역시 1992년 2월 5일 서울시 동작구 사당동, 사당의원에서 사망하였다.

원진레이온 19억 원 투자 작업환경 개선

정근복 외 3인의 진정서를 계기로 원진레이온 방사과 노동자들에게 방독마스크, 보호안경, 모자, 고무장갑 등을 지급하고 매년 1회 작업환경측정과 특수건강검진 신체검사를 실시했다. 1980년에서 1986년까지 18억 600여만 원을 들여 방사기계 스크린창 보완, 급기 설비 보완, Degasser 설치, 배기 Blower 증설 등 방사실 내 작업환경을 개선하였다. 1987년 3월, 작업환경이 현저하게 개선이 진행되었다. 1987년에서 1990년까지 품질향상 및 작업환경 개선을 위해 19억여 원을 계속 투자하여 Acid Filter 설치, 급배기시설 보완, 방사기 주기 보수 계획이 마련되었다. 그리고 1987년 4월, 노동부 고시에 의해 이황화탄소의 법정 허용농도는 20ppm에서 10ppm으로 낮아졌다.

2차 직업병 피해자 진정서 사건

1988년 1월에 접어들었다. 또 하나의 진정서 사건이 있게 된다. 1967년 8월 20일 원진레이온에 입사하여 정비과에서 방사과 인조견사 생산라인 기계의 전기모터 고장 교체 보수를 지원 근무하다가 1984년 6월 15일 퇴사한 함병화 씨는 1988년 1월 14일 당시 의정부 지방노동사무소(현 의정부고용노동지청)에 진정서를 제출했다. 1975년 11월 4일 입사하여 방사과에서 근무하던 중 이황화탄소 중독 증세로 팔다리 마비가 오는 등 고통에 시달리고 있었다. 1987년 7월 16일 회사 측으로부터 강제로 퇴사를 당했다. 그리고 곧이어 정명섭 씨는 "이황화탄소 중독 증세로 고통을 겪고 있다."라며, 노동부 본부에 별도로 진정서를 제출했다. 정명섭 씨의 진정서는 1988년 1월 22일 노동부 본부 보건보험국에서 당시 의정부 지방노동사무소(현 의정부고용노동지청)에 이첩되어 두 건의 진정이 함께 처리하게 되었다.

이첩된 사건 의정부 지방노동사무소 측은 그해 2월 22일 이들 2인에게 고려대학교 부속 구로병원에서 특수검진을 받도록 지시하고 그 특수건강검진 결과 소견서를 4월 접수하고 직업성 질환 여부를 다시 검토한 후 두 사람에 대한 요양 승인을 할 예정이었으나 행정적인 서류보완 문제로 지연되어 그해 6월 2일 요양 결정을 당사자들에게 통보하였다.

이들 역시 장해보상금을 신청하였다. 의정부 지방노동사무소는 자문의사(염공섭 정형외과원장)의 자문을 득한 후 1988년 7월 20일 함병화 씨는 장해등급 3급, 정명섭 씨는 장해등급 5급으로 결정되어 장해급여를 지급하였다. 이들 역시 민사 보상을 위한 등급판정을 다시 받아 함병화 씨는 4등급, 정명섭 씨는 3등급의 민사 보상금을 받았다.

1988년 5월 11일 온도계 제조회사 당시 서울시 영등포구 양평동4가(현 영등포구 선유로43길) 소재 협성계공(주)에서 근무하던 당시 15살 문송면 군이 입사 두 달 만에 수은 및 시너에 중독되어 요양 중이라는 보도와 함께 직업병에 관한 사회의 관심이 높아지면서 진폐, 석면, 톨루엔, 안티몬, 수은중독 등 직업병과 작업환경에 관한 사실이 언론의 보도를 통해 대대적으로 보도됐다.

이러한 사회적 분위기 속에서 그해 7월 1일 자 각 일간신문에는 6월 30일에 발표된 노동부의 1987년도 '산업재해 통계 자료'를 인용하여 우리나라 산업재해자(직업병 포함)가 14만 2,500명에 이르고 이 중 사망자가 1,700명, 불구자가 2만 2,500명에 이르고 있다고 보도했다.

이와 같은 산업재해로 인한 재산 손실이 1987년 한 해만 1조 원(한국산업안전공단통계)에

달하는 세계 최고의 '산재왕국'이라는 불명예스러운 내용들이 보도되었다. 그해 7월 2일에는 수은중독으로 요양 중이던 문송면 군이 우리나라 최초의 수은중독에 의한 희생자로 여의도 성모병원에서 사망하였다는 보도와 함께 산업재해와 직업병에 대한 언론보도가 7월 한 달간 집중되면서, 이들 2인에 관한 내용이 뒤늦게 1988년 7월 22일 동아일보, 그다음 날 7월 23일 한겨레신문, 조선일보 등 사회면에 각각 보도되었다.

특히 한겨레신문 사회면에서는 서용선 씨, 정근복 씨 등에 관한 내용을 함께 보도함으로써 원진레이온에서 발생하고 있는 직업병에 관한 사회 일각의 관심을 증폭시키기 시작하였다. 또한 원진 직업병 피해자들과 그 가족들도 이러한 직업병에 관한 사회적 관심과 원진레이온 직업병에 대한 언론보도 등에 힘입어 더 적극적이었다. 조직적인 직업병 피해보상을 촉구하며 투쟁에 나서게 되었다. 직업병 피해자 가족협의회(모임) 결성하고 회사 측과 일대일(1:1) 협상을 벌여 피해보상금의 지급 합의 등의 성과를 거두게 된다. 이러한 언론의 집중적인 보도와 직업병 피해자들의 적극적 활동은 6공 노태우 군사정권 들어서면서 일기 시작한 민주화와 언론자유, 활발한 노동계의 활동, 특히 생산직이나 기능직 현장 노동자들의 대우와 지위, 분배에 대한 의식구조가 바뀌면서 그 힘을 더하게 되었다. 언론자유와는 그동안 언론의 사각지대였다. 3공 박정희, 5공 전두환, 6공 노태우 군사정권은 '경제개발 5개년'이라는 경제개발 초기부터 산업 성장에 급급한 나머지 직업병에 대한 대책은 외면한 채 30여 년간 방치했다. 그리고 이들은 그늘에 묻혀 왔다.

지금 우리나라가 이만큼이라도 살게 된 것이 누구의 힘으로 이룩된 것인가를 깊이 생각했다. 그동안 원진 노동자의 피와 땀으로 일구어 놓은 산업 발전의 결실이다. 이제는 원진 노동자에게 우리가 받은 혜택을 되돌려줘야 한다.

▲ 사진, 1992년 9월 5일 원진레이온(주) 사내 강당에서 원가협, 원노협, 조합원 등 전현직 노동자 200여 명이 참석한 가운데, 원진 직업병 피해자협의회 창립 총회가 열리고 있다.

# 제4부

원진 직업병 피해자단체 결성

1장
피해자 지원대책위원회 구성

직업병 문제 언론보도 연대투쟁 돌입

 1988년도 원진 직업병 피해 진정인인 함병화 씨, 정명섭 씨 등이 노동부로부터 산재요양 승인을 받았다. 이후 1987년도 4인 진정서 사건의 서용선 씨 등 4인 이들은 직업병 증상이 악화되었다는 이유로 1988년 7월 노동부에 재요양 신청을 내게 된다. 그러나 이들은 산업재해보상보험법에 의해 장해급여를 이미 지급받았다. 이로 인해 법적, 행정적으로는 이들에 대한 모든 조치가 종결된 상태였다.
 이에 따라서 이들의 재요양 신청은 당연히 이들이 이미 지급받았던 산재보상금의 반납 등 법적 행정적인 문제가 뒤따르게 되었다. 이러한 문제 등으로 재요양이 어려워지자 이들 4인은 당시 경기도 구리시의 평민당지구당을 찾아가 이에 관한 청원을 제기하였다. 평민당 구리지구당 위원장이자 이전에 구리노동상담소장을 지낸 권운상 씨의 소개로 1988년 7월 19일 정근복 씨, 서용선 씨 등 환자 2인과 가족 등 7명이 구리노동상담소를 찾아가 도움을 요청하게 됐다. 박무영 구리노동상담소장은 이들에 대해 한겨레신문 제보했다.
 1988년 7월 17일 한겨레신문 사회부 취재진은 "회사 측부터 강제 퇴사당해 걸음조차 제대로 걷지 못해서 자택 방바닥에서 드러누워서 지내고 있다."라는 소식을 듣고 경기도 남양주시 미금동 정근복 씨 자택을 찾아갔다.
 이날 집 안에 있던 정 씨와 그의 아내, 그리고 노모가 있었다. 강 씨는 한사코 사진 찍기와 증언을 거부했다. 강 씨는 "며칠 뒤 회사로부터 자신의 병과 관련해 민형사상 어떠한 문제도 제기하지 않기로 하고, 각서를 써 주고 600만 원 보상금을 받게 돼 있다."라며, "언론에 보도가 나가면 돈을 못 받게 될 것이라."라며, 거절했다. 그러나 취재진은 이것이 세상에 알려지면

600만 원이 아니라, 6천만 원 이상도 받을 수 있다고 설득한 끝에 사진 촬영과 함께 인터뷰를 할 수 있었다.

이들에 관한 기사가 서용선 씨의 사진과 함께 1988년 7월 22일 자 한겨레신문 1면에 보도되었다. 원진레이온 이황화탄소 중독자 12명 발생, 유해환경 놔두고 산재 환자 강제 퇴사, 언어장애, 팔다리 마비, 고용노동부는 팔짱만, 인조견사를 생산하는 원진레이온 (경기도 남양주시 도농동) 공장에서 신경독성 물질인 이황화탄소 중독환자가 잇따라 발생, 말과 몸 움직임이 부자유스러운 중증마비 상태에 이르러 회사로부터 강제 퇴직당한 사람이 86년 이래 12명이나 되는 것으로 밝혀졌다.

이황화탄소 용액으로 녹인 펄프에서 인견사를 뽑아내는 방사과에서 발생했는데, 퇴직자 중 서용선(46) 씨, 한병화(52) 씨 등은 팔다리가 완전히 마비되고 말을 못 하여 대소변도 못 가리는 심한 장애에 빠져 있다. 정근복(49) 씨, 정명섭(46) 씨 등 정상적인 사회 활동이 어려운 상태이다. 이황화탄소 유해작업장에서 현재도 약 200여 명의 노동자가 일하고 있는데, 방사과 안은 배기덕트 시설도 없었다. 배기덕트를 설치하지 않아서 유독가스를 뽑아내지 못해 늘 코를 찌르는 고약한 냄새가 나며, 작업장 안이 습해 호흡기와 피부 점막을 통해 이황화탄소에 쉽게 중독될 수 있다는 것이다. 기사가 보도되면서 지원대책위원회와 원진 직업병 환자 및 가족들의 본격적으로 연대투쟁에 돌입하기 시작되었다.

박무영 구리노동문제상담소장과 '노동과 건강연구회'(약칭: 노건연), '산재노동자연맹', '인도주의실천의사협의회'(약칭: 인의협), '공해문제연구소' 등의 보건의료계와 노동단체들이 연대하여 이들에 대한 지원 대책을 논의하고 진상 파악을 위한 자체적인 조사 활동에 들어가게 되었다. 참여 시민단체의 수는 점차 증가하여 1988년 8월 8일 원진 직업병 피해자들에 대한 지원대책위원회를 구성한 시점에서는 25개 단체가 참여하게 되었다.

이와 같은 모임을 계기로 원진레이온 직업병 피해자들에 대한 구제 활동은 민사 보상에 초점이 맞추어지게 됐다. 이른바 "원진레이온 보상 투쟁"이 시작되었다. 지원대책위원회의 대표는 노건연 김은혜 씨가 맡았다. 의료학술자문부문은 김록호 사당의원 원장이 맡았다. 그리고 민사보상 및 법률 부분은 1973년 서울대 법대에 입학했으나 학생운동활동에 참여하다가 긴급조치 위반으로 두 차례나 옥고를 치르고 1987년에야 졸업하였다는 박석운 노동인권상담소장이 맡았다. 각각 팀원을 구성해서 본격적으로 지원 활동을 하였다.

노동부 특별 근로감독

한겨레신문의 보도 이전에 이미 직업병에 관한 행정지도를 강화해 나가기 시작한 노동부는 1988년 7월 2일 원진레이온에 대한 당시 의정부 지방노동사무소(현 의정부고용노동지청)의 특별 근로감독을 실시했다. 이어서 7월 22일에는 상병 상태가 호전되지 않고 요양을 더 실시하여야 한다는 의학적 소견이 있을 경우 재요양 조치를 취할 것을 결정하고 원진레이온에 공문을 보내 "서용선 씨 등 6인의 상병 상태가 호전되지 못하여 재요양 시 민형사상의 합의에 불문하고 재해자들이 행정적인 절차 요청 시 신속히 처리하여 민원의 소지가 발생하지 않도록 할 것"을 협조 요청하였다.

1988년 7월 29일부터는 원진레이온에 대한 노동부 본부의 특별 근로감독이 실시되고 그 결과가 그해 8월 3일 발표되었다. 이 감독조사 결과 원진레이온이 산업안전보건법 9개 항목을 위반하고 근로기준법도 위반한 사실을 적발해 내었다. 대표적인 위반 사실 등으로 유기용제인 이황화탄소, 유화수소 취급부서 노동자에 대한 특수건강진단도 연 829명, 1985년 252명, 1986년 233명, 1987년 344명을 누락시켰다. 산업안전보건법 규정에 의거 전담 보건관리자를 배치하지 않고 배치한 것으로 허위 보고했다는 것이 밝혀졌다.

평민당 국회의원의 현장 진상 조사

1988년 8월 4일 박영숙 평민당 부총재와 민주당 노무현 의원, 서울시 구로의원의 김양호 원장 등은 '원진레이온 직업병 발생 진상 조사반'을 구성하여 원진레이온 현장을 방문해 진상 조사를 벌였다. 이 조사반은 일부에서 주장하는 것과 같은 국회 차원의 공식 국회 진상 조사단은 아니었으며, 단지 당시 여소야대 정국에서 야당 의원과 인의협이 함께 조사 활동을 벌인 것이다. 따라서 조사 결과의 발표도 국회가 아닌 서울 구로의원에서 진행했다.

이 조사에서 이들은 1980년에 사망한 이종구 씨 역시 원진 직업병으로 사망한 것으로 밝혀냈다. 원진 근로자 31명을 대상으로 한 16개 항의 설문조사에서 42%에 이르는 13명이 이황화탄소 중독 증세를 호소했다.

1988년 8월 6일 서울종로성당에서 원진 직업병 피해노동자, 산재노동자연맹, 공해연구소, 노동과 건강, 인의협, 건강사회실현 약사협의회, 청년치과의사회 등 보건의료운동 단체와 시민단체 등이 참석한 가운데 원진레이온 이황화탄소 중독에 대한 진상 보고 대회를 가졌다.

원진레이온의 이황화탄소 중독환자의 문제가 언론에 대대적으로 보도되면서 사회문제로 여론을 조성되기 시작했다. 원진 피해자 가족들의 민원의 강도가 증폭되어 가자, 관할 행정기관인 의정부 지방노동사무소는 1988년 8월 6일 원진레이온에 "이황화탄소 중독자 특별검진 실시 및 안전교육"을 실시하라는 공문을 보내 전현직 노동자의 직업병 발생에 따른 실태 파악을 촉구하고, 현직 노동자에 대하여는 특수검진 결과와 사내 홍보를 통하여 이황화탄소 중독 의증 환자를 신속히 파악하고 즉시 특수검진 및 요양을 받도록 조치를 지시하고, 퇴직 노동자에 대하여는 신문광고에 의해 신고를 받도록 지시하였다.

원진레이온에 대하여 직업병 환자 대책반의 구성을 권고하고 특별검진 실시 및 홍보에 따라 특진 등 요양을 신청하는 직업병 환자에 대한 신속한 조치를 할 수 있도록 대비할 것을 요망하였다. 이에 따라 노동부 본부의 특별 근로감독에서 발견되었던 박치성 씨 등 5명의 특별검진이 1988년 8월 5일부터 고려대학교 구로병원과 가톨릭의대 여의도 성모병원에서 시작되었다. 당시 원진레이온(주) 백영기 사장은 1988년 8월 17일 자(수요일) 한겨레신문, 조선일보, 동아일보 등에 각각 '사과의 말씀'이란 광고를 실었다.

그리고 광고 후 이튿날 그해 8월 19일 자 동아일보 "원진레이온(주) 사과의 글귀가 진정한 참회에서 우러난 것이기를 기대하기 때문이다. 그 뉘우침이 다시는 과오가 되풀이되지 않은 장래의 출발일 수 있기 때문이다"라며, 사설기사 보도되는 등 원진레이온(주) 임직원 일동 한편의 신문광고가 눈길을 끌었다.

원진레이온(주) 사과의 말씀

이번에 저희 會社로 인하여 社會的 물의를 야기시킨 데 대하여 재해를 당한 당사와 가족, 지역주민, 또한 저희 회사의 發展을 지켜보신 여러분께 진심으로 사과의 말씀을 드립니다.

저희 會社는 국내 유일의 버스코스 레이온사 생산업체로서 창설 이래 계속되는 경영부실과 특히 1979년 법정관리 개시 이래 회사 갱생 노력하는 과정에서 환경 개선에 미진한 점이 있었습니다.

그러나 1,200여 종업원의 각고의 노력으로 86년부터는 경영이 점차 호전됨에 따라 근로자의 작업환경 개선과 환경오염방지 시설에 투자를 집중시켜 왔으며 금년에도 이를 위해 34억 원을 추가 투자할 계획이어서 머지않아 작업환경과 주변 환경이 크게 개선될 것으로 확신하고 있습니다.

앞으로 저희 회사는 직업병으로 판정된 환자에 대하여는 법적 보상이 끝난 분이라도 도의적인 측면에서 적극적으로 지원할 것이며 재요양 등 최선의 노력을 다하겠습니다. 또한 퇴직자 중에서도 몸에 이상이 있는 분은 특수검진을 실시하여 직업병으로 판정될 경우 산업재해보상법의 절차에 따라 신속히 산재요양을 받도록 조치할 것이오니 신고하여 주시기 바랍니다.

이번 일을 계기로 저희 회사는 노동자들이 안심하고 생산활동에 전념할 수 있도록 배전의 노력을 기울일 것을 다짐하고 거듭 사과의 말씀을 드리며 여러분의 끊임없는 지도와 편달을 부탁드립니다.

1988. 8. 19.

源進레이온 株式會社 임직원 일동

신고처
○ 원진레이온(주), 노무부 보건담당: 전화 433-0114-7(교환)271
• 노동조합 조합장실: 전화 433-0114-7(교환)680
○신고요령: 아래 양식에 의거, 직접방문, 전화, 우편으로 신고 바랍니다.
성명, 주소, 주민등록번호

2장
직업병 피해자 원가협 결성과 투쟁

⚙

원진 직업병 피해자 가족협의회 결성

원진레이온 직업병에 대한 지속적인 언론 보도와 노동운동단체, 보건의료단체의 참여로 힘을 얻은 원진 직업병 피해자와 가족들은 점차 조직적인 투쟁 활동을 벌였다. 1988년 8월 8일, 25개 지원 시민단체의 "원진레이온 직업병 지원대책위원회의" 1차 회의에 함께 참여한 피해자와 가족들은 11일 과천정부종합청사 3층의 고용노동부에 항의 방문했다. 이날 근로기준국장 등을 면담하고 정부의 대책 마련을 요구하였다. 그해 8월 16일에는 평민당 이해찬 이상수 의원의 주선으로 당시 평민당 총재인 김대중 씨를 면담하여 야당의 관심을 촉구하기도 하였다. 또, 매일 원진레이온 회사를 항의 방문하여 보상을 요구했다.

회사와의 협상에 있어서 더욱더 조직적으로 대동단결, 대동투쟁 하는 힘의 과시와 결집의 필요성을 느낀 퇴직 노동자 중심의 원진 직업병 피해자와 가족들은 1988년 8월 18일 최소로 피해자단체인 '원진레이온 직업병 피해자 및 가족협의회'(약칭: 원가협)를 구성하기에 이른다. 처음 17가구가 참여하여 결성된 원가협 최초의 대표자는 1988년 9월의 합의를 이끌어 낸 정웅섭 씨였다. 이후 1990년 김영진 회장과 박치성 총무를 거쳐서 1990년 하반기 이후 정현산 씨, 1992년 상반기 정광부 씨, 1992년 6월부터 이천훈 씨가 회장을 맡았다. 이후 원가협 참여 가구수는 32가구로 증가하였다가 한때 40여 가구까지 이르렀다. 1993년에는 30가구가 참여하고 있었다.

88년 올림픽 성화봉송 저지 투쟁 선언

원진레이온 직업병 피해자의 산고 및 접수를 받는다는 (한겨레, 동아일보) 신문광고를 보고 비슷한 증상을 갖고 있다고 신고한 원진 직업병 의증 환자들에 대한 특수검진과 현직 노동자들에 대한 검진이 계속되고 있는 가운데, '원가협'은 회사를 상대로 별도의 민사 보상을 위한 투쟁을 벌였다. 회사 측에서는 쌍방 간 변호인을 선임하고 (피해자 측 선임 변호사 비용은 회사가 부담) 협의안의 수용을 제안하였으나 원진 직업병 피해노동자 지원하는 보건의료단체에서 동의 시기를 미루었다.

1988년 8월 16일 노무현 의원이 피해자 측 변호인으로 박용일 변호사를 선임한 후 회사 선임 변호인(노재승)과의 협의를 제의해 오자 회사 측도 이를 수락하고 피해자 측과의 협상을 추진하였으나, 지원대책위원회에서 이를 거부하고 노무현 의원과의 직접 협상을 요구함으로써 이는 결렬되었다. 회사에서 이러한 내용을 노무현 의원에게 통보한바, 외형적으로는 노무현 의원이 직접 협상하는 것으로 하고 실제의 협상은 피해변호인으로 선임된 박용일 변호사가 하는 것으로 하자는 제의에 따라 1988년 8월 20일 노무현 의원 사무실에서 협상키로 하였다. 당일 노무현 의원은 부재중인 노 의원 사무실에서 회사 측의 김한봉 전무, 김정수 총무부장, 노재승 변호사, 피해자 측의 박용일, 박승민 변호사, 피해자 측 가족대표 5명, 지원대책위원회 2명(구로의원장, 구리노동상담소장), 대책위원회 대표 1명 등이 참석한 가운데 협상을 벌였으나 결렬되었다. 1988년 8월 24일 김한봉 전무와 피해자 측 가족대표 5명만이 참석한 가운데 다시 협상이 진행되었으나 이 역시 결렬됐다.

원진레이온와의 협상 결과 이렇다 할 성과는 없었다. 그리고 곧바로 1988년 9월 9일 원진레이온 사장을 항의 방문한 뒤, 평민당 구리지구당 사무실을 점거하고 철야 농성을 돌입했다. 원가협 회원들은 대책 회의를 열고 투쟁의 전략 전술 계획수립을 위해 토론했다. 이들은 "88년 올림픽 성화 봉송로를 실력으로 저지하여 전 세계에 원진 직업병 실태를 폭로하겠다."라고 투쟁의 전략 전술 계획을 수립하였다.

88년 올림픽 성화봉송 주자들은 강원특별자치도 춘천시에서 46번 국도(경춘로)를 따라서 경기도 남양주시 도농동 1번지(도농로34), 원진레이온 회사 앞을 거쳐서 서울시청 광장으로 도착하기로 예정되어 있었다.

이와 같은 사실을 알게 된 직업병 피해자들은 88년 올림픽 성화 봉송로에 장애인 휠체어, 손수레, 농기구 등을 이용하여 바리케이드를 설치할 계획을 세우고 하나씩 착실하게 투쟁을 준비했다. 이런 투쟁 준비 과정을 경기도 남양주경찰서 정보과에서 알게 되었다. 경찰서 정보과는 고용노동부, 문화체육관광부, 청와대 등 정부 관계 부처에 서면으로 보고했다. 그러자 정부 당국은 88년 올림픽 성화 봉송로를 취재하는 외국 언론 등에 이 사실이 보도될 것을 우려했다.

고용노동부는 1988년 올림픽 성공적 개최를 위해 원진 직업병 피해자 대표와 25개 지원대책위원회 대표를 불러서 요구사항을 청취했다. 노동부는 "직업병 피해자(원가협)들 요구 내용들을 중재를 통해 조속히 해결될 수 있도록 노력하겠다."라고 입장을 밝혔다. 이로 인해 야당 박영숙 평민당 부총재의 중재를 통해 회사 측과 원가협 간의 협상은 급진전되고 합의서를 아래와 같이 체결했다.

원가협과 회사는 1988년 9월 14일 국회의원회관 내 박영숙 평민당부총재의 사무실에서 합의서에 서명하였다. 이날 합의가 이루어졌는데, 하나는 원진 직업병 판정과 보상에 관한 내용이고 다른 하나는 원진레이온 현직 노동자들의 건강진단과 작업환경 개선에 관한 내용이었다. 그리고 이날의 합의 내용 중 직업병 판정과 관련하여서는 1988년 9월 28일 '산재보상판정위원회합의서'를 하나 더 작성하여 합의서에 서명 날인하게 되었다.

직업병 판정과 피해보상 합의서 체결

원진레이온 주식회사와 원진레이온에서 근무하다가 피해를 입은 피해자 간에 다음과 같이 합의한다.
- 피해자의 직업병 또는 장해가 업무로부터 기인하는지 여부 및 장해 등급의 판정을 위하여 피해자가 추천하는 의사 3인, 회사가 추천하는 고대부속병원 의사 3인, 도합 6인으로 "판정위원회"를 구성한다. 단, "산재보상보험법 및 근로기준법" 소정의 신체장해등급에는 업무로 인한 질병 또는 장해가 제대로 반영되어 있지 않은 상태에서 만들어진 등급이라는 점을 유념하여 피해 등급은 위 "산재보상보험법" 소정의 신체장해등급을 기초로 하되 업무로 인한 질병 또는 장해, 기타 제반 사항을 보정하여 판정하기로 한다.

- 장해등급은 1급에서 14등급까지 하기로 하되, 1등급은 사망자 및 계호를 필요로 하는 사람으로 하며 1등급의 경우 보상금을 1억 원, 14등급의 경우 보상금을 1천만 원으로 하고 그 외 등급의 보상금은 등급 간 비례에 의하여 정한다.

- 피해자들이 '산재보상법'에 의하여 받는 보상금은 (위 보상금과) 별도로 피해자가 직접 수령한다. 회사로부터 이미 지급받은 보상금은 위 보상금에서 공제한다.

- 피해자는 회사나 노동부가 지정하는 병원에서 치료받도록 협조하며 회사는 피해자들이 산재 보상금을 수령하는 데 필요한 모든 협조를 한다. 피해 등급 판정은 오늘(9월 14일)로부터 2개월 이내에 완료하는 것을 원칙으로 하며, 회사는 피해 등급 판정 1개월 이내에 위 손해배상금을 반드시 지급한다.

서명자

회사 측: 백*기(사장), 김*봉(전무), 이*환(공장장), 김*수(총무부장), 이*오성(산업안전과장)

원가협 측: 정*섭, 정*나(정*복 씨 딸), 박*영, 김*호, 박*운

입회인: 박*숙, 노*현, 이*수

현직근로자들에 관한 합의서 내용

- 회사 측은 피해자들이 지정하는 전문가들을 강사로 하여 회사에 재직 중인 근로자 전원에게 자유로운 분위기 속에서 3시간 이상의 산업보건교육을 1회 실시한다. 단 오늘(9월 14일)로 2개월 이내에 교육을 실시하되 구체적 일정은 회사 측에서 피해자 측과 협의하여 정한다.

- 회사 측은 작업환경 개선조치를 회사 책임하에 신속히 취하기로 하며, 작업환경 개선 계획 수립 완료 시 피해자 측의 의견을 듣기로 하며, 작업환경 개선조치를 취한 후 피해자 측에 확인시키는 절차를 갖기로 한다.

- 회사 측은 1988년 8월경 실시된 노동자 건강진단 자료를 피해자 측에 제공한다.
- 회사 측은 1988년 7월경 해고된 노동자 이상필 씨를 2개월 내로 복직시킨다. 이 합의는 상호 충분히 토론하여 도달된 합의이므로 차후 피해자 측은 회사 측에 가해자 처벌 등 무리한 행동이나 요구를 하지 않고, 회사 측의 명예를 회복시키는 데 노력하기로 한다.

서명자

회사 측: 사장 백*기

원가협 측: 정*섭, 김*호, 박*운, 박*영

입회인: 권*상

- 산재보상판정위원회 합의서 내용(민사 보상을 위한 직업병 판정 6인위원회) 원진레이온(주) 직업병 판정위원회 구성 및 의사결정 방법에 대한 합의서 주식회사 원진레이온과 원진레이온에 근무하다가 피해를 입은 피해자 간에 1988년 9월 14일 합의된 합의서에 의하여 피해자가 직업병 또는 장해가 업무로 인해 기인하는지 여부 및 장해 등급의 판정을 위하여 판정위원회를 다음과 같이 구성한다.

- 다음 -

6인 추천 의사 판정위원회 구성

양측은 피해자 측이 추천하는 의사 3인, 회사 측이 추천하는 의사 3인, 도합 6인으로 하고 4인의 서기가 동석한다. 양측이 지정하는 명단은 다음과 같다.

피해 측 추천 의사: 고*석(지방공사 강남병원), 김*호(구로의원), 김*호(사당의원)
회사 측 추천 의사: 송*빈(고대의대), 채*정, 김*규(이상 고대부속 혜화병원)

- 회의 성립 및 의사결정의 정족수는 양측 판정위원 각 2인 이상의 참석(합4인)과 의사 각 2인 이상의 찬성(합4인)으로 성립된다. 회의의 의장은 송동빈이 맡고 의사결정 시 투표권은 다른 위원과 동등하다. 판정위원회의 대변인 선정은 양측에서 1인씩 선정하여 대외적으로 판정 결과에 대한 설명 등을 대변인을 통하여 하도록 한다.

- 피해자 측 대변인: 김*호
- 회사 측 대변인: 송동빈
- 판정위원회의 운영 방법: 양측 대변인이 사전에 제반 작업을 협의하고 의사결정에 필요한 사항은 모아서 전체 회의에 상정한다.
- 회의록 작성 및 확인 절차
회의록은 원칙적으로 당일 작성하여 참석자들의 확인 서명을 받는다.
- 판정위원회의 심의대상
○ 대상 인원
1988년 9월 28일 현재 원가협 등록자
1988년 9월 28일 현재 노동부에 직업병 발생 신고자
1988년 9월 28일 현재 근무하고 있는 1983년 근로자 특수검진의 직업병 유소견자
그 밖에 1988년 10월 31일까지 유예를 두어 접수되는 추가 대상으로 한다. 상기 대상 인원 중 원가협 등록 제외한 대상 인원에 해당하는 근로자 또는 퇴직 근로자는 직업병 판정 대상 질환을 이황화탄소 중독에 국한하며 원가협 회원자의 경우는 경우에 따라 확대해석이 가능하도록 한다.
- 판정위원회의 존속 기간
회사와 피해자 양측의 판정위원회가 인정하는 시기로부터 1988년 10월 31일까지 신고된 상기 대상 인원 심의대상자에 대한 장해 등급 심의가 완료되는 시기까지로 하며 이후에는 자동 해체된다.

회사 측과 피해자 측은 이상의 판정위원회 구성 방법 및 의사결정 방법 등에 대하여 전적으로 동의하며, 판정위원회의 결정 사항에 대하여 승복할 것을 확인한다.

서명자
회사 측 대표: 사장 백*기
피해자 측 대표: 정*산(양측에서 추천된 6인 판정위원회 의사들의 서명)

6인 산재보상 판정위원회의 활동

민사 보상을 위해 회사와 피해자 측의 합의서에 의해 구성된 산재보상판정위원회는 약칭 6인위원회로 불렸다. 퇴직 노동자가 대부분인 이황화탄소 중독 의증 신고자들과 유해 부서 특수검진에서 직업병 증세가 있어 정밀검진이 요구되는 대상자들에 대하여 고려대학교 부속 여주병원(담당 의사: 송동빈)과 가톨릭대 부속 여의도 성모병원에서 특진이 이루어지고 있는 가운데 직업병 판정 6인위원회의 활동이 시작되었다.

그러나 활동 초기에는 이황화탄소 중독증의 판정에 있어 회사 측 추천 의사들과 피해자 측 추천 의사들 간의 이견이 많아 판정에 어려움을 겪었다. 이러한 갈등은 산업보건 전문가이면서 고려대 부속 여주병원에서 원진레이온의 이황화탄소 중독증 환자들의 특진을 담당하고 있던 예방의학 전문의 송동빈 교수가 중심이 된 회사 측 추천 의사들이 의학적인 기초 위에서 직업병을 판단하려고 하였던 반면 가정의학 전문의들이 중심이 된 피해자 측 추천 의사들은 피해자들이 주장하는 증상 호소에 의존한 판단으로 기초하였기 때문인 것으로 보인다.

이와 같이 판정상의 갈등을 해소하기 위하여 6인위원회는 신장조직검사를 처음으로 시작했다. 이는 회사 측 추천 의사의 한 사람인 고려대 부속 혜화병원의 내과전문의(신장 전문) 김형규 교수의 제안으로 이루어졌다. 김형규 교수는 직업병 환자들에게서 공통적으로 콩팥 사구체 혈관의 기저막이 두꺼워져 있음을 발견했다. 이러한 현상이 이황화탄소에 의한 중독이라고 할 수는 없지만, 만성중독에 의한 조직의 변화 가능성은 인정되어 이를 활용하게 된 것이었다. 이 신장조직검사에는 판정 의사들 간의 이견이 있었다.

이황화탄소 중독증의 증세가 비특정적이므로 이 신장조직검사는 매우 유용한 판정 기준이 되었다. 1990년 하반기에 들어 가톨릭의대 윤임중 교수 등 의학계 일부에서 모든 환자들에게 이 검사를 실시하는 것은 문제가 있으며, 일부 환자에 대하여 필요할 경우 실시해야 한다는 의견을 제기하였다. 1991년 이후 이황화탄소 중독증에 대한 업무상 재해 인정 기준이 확립된 후 이들의 의견과 같이 신장조직검사는 필요한 경우에만 실시하는 것으로 변경되었다.

당시 원진 직업병 판정에 있어 실질적인 문제는 신장조직검사에 의한 이황화탄소 중독증을 밝혀낼 수 있는 의학적 노하우가 고려대 부속 혜화병원에만 있어 모든 환자들이 혜화병원에 집중되어 검진에 상당한 시일이 소요된 것이다. 이로 인해 지속적인 민원이 야기되었다. 노동부는 이러한 민원을 해소해 보고자 국내 종합병원급 의료기관에 이들의 검진을 의뢰하지만, 의뢰

받은 병원들 모두 이황화탄소 중독증에 관한 의학적인 지식이 부족하여 기피하게 되었고, 환자들 역시 고려대 부속 혜화병원만을 선호함으로써 계속 이들의 특진을 담당하게 되었다. 1991년부터 1993년에 걸쳐서 이황화탄소 중독증에 대한 업무상 재해 인정 기준이 개정되어 확립되고 나서야 타 의료기관의 특진이 가능해졌다.

고려대를 제외한 타 의료기관들이 검진을 기피하는 또 다른 이유는 원진 직업병 환자의 판정에 있어 주요 이슈가 직업병 판정 여부보다는 원진 사건에 관여한 보건의료단체들이 밝힌 목적과 같이 민사 보상의 등급에 보상금 문제가 있기 때문이다. 원진 직업병 환자들 중 낮은 등급을 판정받자 의사들에게 이의를 제기하는 사례도 있었다.

'원가협' 회원들에 대한 특수검진과 직업병 판정은 신장조직검사 등의 문제로 예상기간보다 길어져 또 다른 원진 피해자 노동자협의회(이하, 원노협)가 결성되었다. 이들 '원노협' 대표는 회사 측과의 민사 보상 합의를 위한 협상이 계속되는 가운데도 진행되었다. 1990년 2월 검진이 완료되어 직업병 판정 결과가 고려대학교 혜화병원에서 당시 의정부 지방노동사무소(현 의정부고용노동지청)로 통보되었다.

원가협 회원에 대한 6인 판정위원회의 판정은 1989년 8월 21일 29명, 9월 12일 4명, 12월 28일 2명, 1990년 5월 29일 10명 등 모두 45명의 직업병 환자를 판정했다.

이후 1989년 8월 10일, 회사 측에서는 우은형 전무, 이정수 노무부장, 이오성 노무부 주임이, '원가협' 측에서는 정현산 회장, 조희경 부회장, 박치성 홍보부장, 정미나 대책부장이 서명하고 평민당 박영숙 부총재와 박석운 씨가 입회 서명한 보충 합의서를 작성하고 민사 보상금의 분할지급 등에 관하여 추가로 합의서를 체결했다.

원진레이온 작업환경 개선 56억 원

1988년 9월 14일 원가협과 회사와의 합의가 이루어진 후 양측 간에 특별한 갈등 국면은 없었다. 이종구, 천순길, 이영휘, 김성식, 이연성 씨 등 장기간 원진레이온 방사과에서 근무하다가 퇴직하고 이황화탄소 중독증에 의해 사망하였다고 주장하는 사망자 가족들이 이들에 대한 산재보상을 요구하며, 계속 농성을 벌였다. 이에 대해 회사 측은 6인 판정위원회에 이들에 대한 직업병 여부를 위임하기로 하고 이 내용을 6인 판정위원회에 회부하였다. 그 결과는 상기의 항의 내용과 같이 1990년 6월, 판정자료 미비로 인해 판정 불가로 결정되었다. 88년도 8

월 직업병 피해자 신고 시 접수된 사망자는 이종구, 천순길, 이영휘, 김성식, 이연성 씨 등 5명이었다. 이후 1989년도의 기록에는 이연성 씨가 제외되고 이광열, 이점복 씨가 신고되어 있었다. 이점복 씨는 생전에 직업병 피해자로 신고하여 검진 대기 중 교통사고로 사망하였다. 이영휘 씨의 가족은 이러한 결과에 따라 유족보상이 지급되지 않게 되자 노동부를 상대로 부지급처분 취소 청구 행정소송을 제기하였다. 위와 같은 이유로 1990년 3월 22일 노동부(피고) 승소 판결과 가족들의 상고 포기로 가족들의 요구는 인정받지 못하게 되었다.

원가협과 회사 측의 합의 이후에 원진 작업 현장과 노동자들에 대한 정기적인 작업환경측정과 일반 및 특수검진이 고려대학교 환경의학연구소에 의해 1992년 서울대 보건대학원이 역학조사를 진행한 때만 제외하고 폐업할 때까지 실시되었다. 작업현장에 대한 회사 측의 작업환경 개선조치도 이어지게 되었다.

1988년도 이후 이황화탄소의 배출과 폭로가 심한 공정과 기계의 사용을 중단시켰다. 방독면과 송기마스크를 지급하고, 근무 형태도 3개 조 2교대 근무를 4개 조 4교대 근무로 변경하여 근로시간을 1일 12시간에서 6시간으로 단축했다. 방사 2, 3과에는 국소배기시설을 설치하였다고 하였다. 1988년도에서 1990년 6월까지 투입된 작업환경 개선 비용은 56억 9,600만 원이며, 이 중 가스 배기 설비로만 31억 원이 투자되었다.

1988년과 1989년에 걸쳐서 계속되는 이황화탄소 중독증에 대한 특수검진과 판정을 제외하고는 특별한 사건은 없었으나, 1989년 11월 26일 13시 49분경, 처음으로 공식적인 이황화탄소 중독증 판정을 받았던 정근복 씨가 요양 중이던 서울기독병원에서 사망함으로써 우리나라 최초의 이황화탄소 중독증에 의한 사망자로 기록된 것이다.

1989년도에 있었던 가장 주목할 만한 사건이었다. 1989년 12월 16일 비유해 부서 후처리과에서 근무하던 이명희 씨도 이황화탄소 중독 증세로 사망했다. 이명희 씨는 부검까지 실시하였으나 사망원인을 밝혀내지 못했다. 1988년부터 1989년 11월 29일까지 1년간 근무했다. 이명희 씨는 비유해 부서인 후처리과 소속으로 방사과 출입하여 인조견사 포장 지원 근무를 했기 때문에 이황화탄소 중독 판정을 위해 특수건강검진을 받을 수 있었다. 그리고 건강검진 기록이 없었다. 사망에 이를 정도의 직업병 증세가 있있는데도 불구하고 왜 직업병 판정을 위한 특수건강검진을 받지 않았는지 이해할 수 없었다.

1989년 12월 5일 개정 예규 제167호에 의해 업무상 재해 인정 기준이 개정(시행일: 1990년 1일)되었으나 이때 역시 업무상 질병의 내용에는 이황화탄소 중독에 의한 질병은 등재되지 않았다.

대내외 홍보용 소책자 발행

회사 측은 1991년 11월 4일 자로 27쪽 분량으로 도서의 앞면 표지에 레이온 제조 공장 전경 사진을 넣었다. 이 외에도 도서의 표지 뒷면에 인견사 특성은 "첫째, 순수펄프로 만들어진 자연섬유입니다. 둘째, 정전기의 발생이 전혀 없습니다. 셋째, 흡수성이 좋아 상쾌감을 줍니다. 넷째, 통풍성이 좋고 촉감이 좋습니다. 다섯째, 가공성이 우수합니다."라며, 사진과 함께 '환경 및 보건관리'라는 가로 15.5mm, 세로 22.5mm의 규격으로 소책자를 다음과 같이 제작하여 대내외(對內外) 홍보용으로 수백여 부를 발행했다. 이와 같은 도서를 회사 측 홍보팀 임직원은 자부심을 가지고 청와대, 노동부, 산업은행. 언론사. 국회의원회관 등 각각 배부하였다.

인사 말씀

원진 사원 여러분!
안녕하십니까?
지난 상반기에는 직업병 문제를 비롯하여 91년 임금 협상 결렬로 인한 파업까지 겹쳐 사내외적으로 물의를 빚은 바 있으며, 이로 인하여 창사 이래 최악의 경영 상태에 이르렀습니다.
회사는 88년부터 각종 개인보호장구의 도입, 작업환경 개선과 환경오염 방지를 위한 집중 투자를 했음에도 불구하고 과거에 좋지 않았던 환경에서 근무한 일부 퇴직자와 재직자 중에서 직업병 증세를 호소하고 이를 처리하는 과정에서 검진기관(시설, 인력)의 제한과 제도 및 관행의 미비로 적지 않은 문제점이 제기되었던 것입니다.

따라서 이러한 제반 문제점을 조속히 합리적으로 개선하고 여러분의 이해를 돕기 위하여 환경 및 보건관리의 현황과 개선 방향을 소상하게 밝히고져 합니다.

사원 여러분!
현재 사내에 팽배해 있는 무력감에서 하루속히 벗어나 명랑한 분위기를 조성하고 "산재 없는 원진, 발전하는 원진"을 위하여 우리 다 같이 노력합시다.

여러분의 가정에 항상 건강과 행운이 함께 하시기를 기원합니다.

1991. 11.

원진레이온(주) 사장 백영기

작업환경관리에 관하여

1. 우리 회사의 환경문제는 방사 공정과에서 유해가스가 발생하는 비스코스 레이온 제조 공법상의 특수성과 조업의 많은 부분이 수작업으로 이루어지는 공정상의 한계성 그리고 유해가스가 인체에 미치는 유해성에 대한 인식 부족 등으로 과거에는 관리가 소홀했던 것이 사실입니다.

2. 그러나 최근 들어 유해가스의 유해성에 대한 인식을 새롭게 하게 됨과 아울러 환경오염에 대한 국민들의 경각심과 환경기준이 강화됨에 따라 환경 개선이 매우 절실하고 시급하다는 것을 깨닫게 되어 이에 대한 대책 수립 및 시행에 전력을 다하게 되었습니다.

3. 그리하여 1차적으로 1988년부터 1990년까지 3년에 걸쳐서 황화수소 제거 설비설치, 방사실 급배기 설비보완, 송기마스크를 비롯한 개인보호장구 지급 등으로 작업환경관리 수준이 법정 기준에 도달하는 상태에 이르렀고,

4. 앞으로도 법정 허용 기준보다 훨씬 나은 수준의 상태를 목표로 반드시 쾌적한 상태의 작업환경을 이룰 수 있도록 최선을 다하겠습니다.

산업안전관리에 대하여

산업안전보건문제는 근로자가 안심하고 일할 수 있는 작업환경조성을 위한 작업환경 측정과 건강진단(일반·특수)을 들 수 있습니다. 그동안 회사는 산업안전보건법등에 기초하여 위 사항을 충실히 수행코자 했으나, 특수건강진단에 있어서 전문 인력과 시설, 제도 등의 미비로 검진 및 판정이 지연된 사례가 있어 사회적으로 물의를 빚은 바 있습니다.

회사는 이러한 점을 고려하여 1991년 5월 25일 노사합의서 작업환경의 개선과 특수건강진단 항목 및 절차 등을 대폭 조정하기로 하였고, 또한 산업안전보건위원회를 더욱 활성화 하며 특히, 노조가 지정하는 전문가가 참여하는 작업환경특별점검 및 역학조사를 실시함으로써 노사가 함께 재해방지를 위해 공공으로 노력하는 기틀을 마련하였습니다.

산재 환자 직업병관리에 대하여

1. 1987년 7월 고려대학교 환경의학연구소에서 최초로 이황화탄소(CS_2)에 의한 직업병진단을 하기 전까지는 이황화탄소(CS_2)가 인체에 미치는 영향에 대해서 의학적으로 명확한 개념 정립이 미흡하였고 진단기술의 부족으로 이황화탄소(CS_2) 중독환자에 대한 정확한 진단이 불가능하였습니다.

2. 또한, 1988년 직업병에 대해 사회적 관심이 크게 고조되고 여론화됨에 따라 동년 9월 14일 산재 환자(원가협)와 회사 간의 노동부 산재보상 보험법을 기초로 한(6인 판정위원회) 구성 등 직업병 환자에 대한 배상 원칙을 최초로 합의하여 직업병 신고기간을 설정하고 접수된 인원에 대하여 건강진단을 실시 민사배상조치를 하였으며,

3. 그 후 1990년에 별도로 구성된 퇴직 근로자 단체인 원노협과 이미 합의된 원가협과의 합의 원칙을 바탕으로 동년 5월 31일 (4인 판정위원회)를 재구성키로 합의하였습니다.

마지막으로 맺음말

지금까지 작업환경관리 및 보건관리에 관한 현황과 개선방향에 대하여 설명하였습니다, 미흡한 점이나, 세부적인 사항에 대하여는 노사협의 및 산업안전보건위원회를 통하여 개선 발전시켜 나가겠으며, 이 기회를 통해서 다음과 같은 당부의 협조 말씀을 드리고자 합니다.

첫째, 산업평화 분위기 조성에 서로 힘을 모아야겠습니다.
노사관계는 적대 또는 투쟁 대상이 아니며, 손수레의 양 바퀴와 같이 서로 도우면서 공생하

는 관계로 발전되어야 하겠습니다. 작년 한 해와 올 상반기 동안 우리는 많은 것을 배우고, 경험하였기에 조합원의 요구 또는 불만 사항은 반드시 합리적인 절차와 방법으로 시간이 걸리더라도 평화적으로 해결하도록 협조해 주셔야 되겠습니다.

둘째, 회사갱생을 위해 매진해야 되겠습니다.

  91년 상반기 현재 우리 회사 제품의 품질은 우려할 정도로 저하되고 있습니다. 또한, 생산성 역시 극도로 저하된 상태입니다. 여러분의 제반 요구들이 수용되기 위해서는 우선 회사를 정상 궤도에 올려놓는 일이 중요하리라 생각됩니다.

끝으로 사원 여러분!

  회사는 여러분과 공동운명체로 묶여 있습니다. 성실한 작업규칙준수 등을 통한 생산성향상과 품질 회복만이 회사갱생을 위한 첩경임을 인식하여 한 올, 한 올에 정성껏 최선을 다해 주기를 거듭 당부를 드리는 바입니다.

源進레이온 株式會社

3장
삶과 가정을 망가뜨린 사건

▲ 강모 양이 노동부장관과 원진레이온 측에 보내는 호소문이다. 1988년 7월 27일 원진 직업병 피해자 및 가족협의회(원가협) 결성해 투쟁하는 과정에서 강희수 직업병 환자의 딸 강모 양이 노동부장관과 원진레이온 측 사장에게 보내는 대국민 호소문을 발표했다. 대국민 호소문 아래와 같이 언론을 통해 공개됐다.

강모 양, 노동부장관에게 보내는 편지

이황화탄소가 직업병 환자의 삶과 가정을 망가뜨린 사건이다. 직업병 환자 강희수 씨의 딸, 강모 양이 노동부장관에게 보내는 호소문이다.

1988년 7월 27일 원진 직업병 피해자 및 가족협의회(이하 원가협)를 결성해 투쟁하는 과정에서 강희수 직업병 환자 딸 강모 양이 노동부장관과 원진레이온 측 사장에게 보내는 대국민 호소문을 발표했다. 이와 같은 호소문 아래와 같이 언론을 통해 공개됐다.

저는 원진레이온(주) 방사과에 1973년 12월 13일에 입사하여 1987년 2월 5일 강제퇴사당한 강희수 씨의 첫째 딸 강모 양입니다.

우리 집 가족 소개를 하자면, 우리 집의 가장이신 아빠, 그리고 가사를 돌보시는 엄마, 그리고 나 밑으로 남동생 둘, 이렇게 단란한 다섯 식구입니다. 막냇동생의 재롱에 웃음이 그치지 않고 지내던. 가난하였지만 행복했던 우리 집, 서로 도왔고 그러면서 우리는 행복을 느꼈습니다. 여름철이면 더울세라 시원한 곳을 찾아 여행을 떠났습니다. 겨울철이 되면 추울까 봐 따뜻하게 해 주시던 아빠! 지금은 그 모든 것이 나의 기억 속에 생생히 남아 있는데 왜 지금은 그때와 같은 기분이 들지 않는 걸까요?

우리 식구는 경기도에 살다가 우리들 학교 문제 때문에 서울로 이사를 했습니다. 집에서 회사까지는 장시간이 걸렸지만, 아빠는 힘든 내색을 하지 않으셨고 매일 일을 나가셨습니다. 하루라도 빠지면 안 되는 것처럼 하루를 소중히 늘 나가셨고 한 달이 되면 월급봉투를 손도 안 대고 엄마의 손에 꼭 쥐여 주셨습니다.

나는 그 돈이 얼마나 힘들여서 벌어 온 돈인 줄 몰랐고, 피와 땀 그리고 병들어 가는 육체와 바꾼 돈일 줄은 꿈에도 생각 못 했습니다. 언제나 착하게만 살아오셨고 악이라는 것조차 모르셨습니다. 만약 아빠께서 악이 차 있었다면 병들지 않았을 것입니다. 우리 아빠의 욕심을 위해 나쁜 것을 해서 돈을 벌었을 것이고 그 더러운 돈으로 우리를 교육시켰을 것입니다. 하지만 우리 아빠는 그러지 않으셨습니다. 아니 우리에게는 너무도 떳떳한 아빠입니다.

그러던 어느 날 학교에 갔다 와 보니 아빠가 누워 계셨습니다. 엄마는 옆에서 울고 계셨습니다. 난 놀라 아빠를 불렀고 아빠는 그냥 괜찮다고 하셨습니다. 하지만 아빠는 말을 알아듣지 못했고 나는 그만 눈물이 핑 돌아 울고 싶었습니다. 하지만 아빠가 슬퍼하실까 봐 복받쳐 오르는 설움을 악물고 눈물을 참으면서 엄마에게 왜 그러냐고 물어보았습니다.

엄마는 아빠 몸의 반이 마비되어서 그렇다고 말씀해 주셨습니다. 그다음 날 엄마는 아빠의 병의 근원을 알아보기 위하여 아빠와 함께 이 병원, 저 병원을 전전하며 돌아다니셨습니다. 한약방, 한의원에서 '중풍'이라는 병명을 듣게 되었습니다. 그래도 엄마는 이상하다고 하시고는 계속 병명을 알아내려고 무척이나 애를 쓰셨습니다. 하지만 가는 곳마다 아빠의 병명은 "중풍이다"라고 했습니다.

엄마는 의사 선생님들이 야속하다고 하시면서 밤새도록 우셨습니다. 아빠는 자기의 병명이 중풍이신 줄 아시고는 고치시려고 무척 애를 쓰셨습니다. 엄마와 함께 침을 맞고 오시면 그날은 아빠의 신음 소리 때문에 잠 못 이루었고, 아빠의 고통스러운 모습을 보면 가슴이 무척이나 아팠습니다. 그러면서도 아빠는 저희들 앞에서 걱정하셨고, 죽음을 생각지도 않았던 저희들은 숨어서 얼마나 울었는지 모릅니다.

그때마다 아빠는 저희들에게 신경질을 내셨고 무척 짜증이 날 정도로 사람을 못살게 했습니다. 나는 그 소리가 듣기 싫었고 참다 참다 참지 못해 아빠에게 소리를 지르는 불효를 저지르게 되었습니다. 그렇게 소리를 지르는 저에게 아빠도 소리 지르셨고, 나는 참지 못하고 그 자리를 피하곤 했습니다. 옆집 사람이 아빠를 "미쳤다"라고 말을 할 정도로 신경이 날카로워지셨고 모든 일에 짜증을 내셨습니다. 일하고 돌아오시는 엄마에게까지 아빠의 짜증은 그치지 않았습니다.

일하지 않던 엄마는 생계를 유지하기 위해 직장을 급히 구하게 되었고, 그렇게 해서 얻은 직업이 주스(juice) 배달을 하는 직업이었습니다. 엄마는 생계를 유지하기 위해 하루도 빠지지 않고 나가셨고 돌아오시면 다리가 부어올라 있었습니다. 엄마는 그 아픈 다리를 이끌면서도 아빠를 위해 식사를 만드셨고 식사를 마치면 약 달이랴 아빠를 주물러 드리랴 조금도 쉴 틈이 없었습니다.

어느덧 엄마의 얼굴은 점점 수척해지고 야위어 있었습니다. 나는 "조금만 더 컸어도 엄마가 힘들게 일하지 않았을 텐데"라는 생각도 했습니다. 그런 가운데 엄마는 웃으시려고 애를 쓰셨고 우리들의 얼굴에 잃어버린 웃음을 찾아 주기 위해 애를 쓰셨습니다. 하지만 나는 보았습니다. 엄마가 웃을 때 눈에 맺히는 이슬을….

그러나 아빠는 엄마에게 소리를 지르셨고 짜증을 내셨습니다. 나는 아빠가 미웠습니다. 아빠를 위해 헌신적으로 희생하시는 엄마가 불쌍했습니다. 매일 우울해하고 있던 내게 친구들은 유혹을 해 왔습니다.

"우리 어디 가자. 거기에 가면 무척 재미있어. 집에 들어가 봤자 뭐 하니? 또 잔소리만 들을 걸" 하며 어떻게 알았는지 친구들은 날 이렇게 유혹했고, 나는 그 유혹을 뿌리치기엔 너무나 힘이 들었습니다. 친구들과 밤늦게 네온사인의 불빛을 받으면서 거리를 돌아다녔습니다.

그리고 그 순간만은 나만의 순간이었고 무척 즐거운 시간이었습니다. 길거리를 돌아다니다가 집에 늦게 들어가 엄마에게 거짓말을 하여 그 순간을 모면했습니다. 하지만 집에 돌아와 혼자 앉아 있으면 내가 참 한심하다는 생각이 들었고 죽고 싶은 생각도 들었습니다. 나 같은 것 죽어 봐야 슬퍼할 사람 하나도 없다고 생각했습니다. 왜 내가 이런 고통을 받아야 하나요. 수많은 사람 중에 내가….

원진레이온(주) 측 책임 회피 급급

내가 이렇게 고통받고 있을 때 아빠의 병이 회사 때문에 생긴 직업병이라는 것을 알았습니다. 너무도 기가 막힌 일이더군요. 왜, 직업병이라는 것 알면서도 회사 측에서는 쉬쉬 책임 회피를 했을까요? 아빠의 젊음, 아빠의 육체는 어디서 보상받을 수 있을까요? 그리고 우리 가족의 행복과 평화는 누구에게서 되돌려받을 수 있는 것입니까? 어린애들한테 어른들은 "어린아이들, 거짓말을 하면 나쁜 사람이다. 사람을 속이는 것도 나쁜 거다. 서로 돕고 살아라"라고 말씀하셨습니다. 이렇게 말씀하신 분은 어른이 아니신가요? 우리에게 그렇게 하면 안 된다고 자꾸 강요하면서 어른들은 왜 그걸 지키지 않을까요? 너무도 원망스럽고 어른들 모두가 미워지더군요.

아빠의 모든 것을 빼앗아 간 직업병 누가 나에게 가장 커다란 소원이 무엇이냐고 묻는다면 나는 아빠의 건강이라고 대답할 것입니다. 두 번째 소원이 무엇이냐고 묻는다면 나는 또다시 아빠의 건강이라고 대답할 것입니다. 지금 우리 가족이 간절히 원하는 아빠의 건강과 젊음을 되돌려주세요. 그러나 우리 아빠의 건강을 되돌려주지는 않을 것입니다. 원진레이온 사장님을 죽을 때까지 원망할 것입니다. 이것은 우리 아빠를 위해서가 아닙니다. 직업병에 걸린 가족들을 생각해서입니다. 그들도 나처럼 아빠를 살려 달라고 울부짖을 것입니다. 그리고 원진레이온 사장님을 원망할 것입니다. 자그마한 소녀의 음성을 들어 주십시오.

원진레이온 측 보상금 몇 푼 종결 처리

강희수 씨 가족은 그 후 1987년 1월경에 이황화탄소 중독 직업병 증세로 강제 퇴사를 당한 서용선, 정근복 등 4명의 동료와 함께 이황화탄소 폭로 직업병 판정을 받게 해 달라는 진정서를 청와대 대통령에게 제출했다.

강희수 씨는 1987년 7월경에 노동부로부터 이황화탄소 중독 직업병 판정을 받았다. 그러나 노동부는 가족(보호자)도 모르는 사이에 정신병 환자인 강희수 씨에게 책임을 전가하면서 장해 민사 보상금 600만 원씩 지급한다는 합의서를 만들어 와서 산재요양을 종결시켰다. 그는 산재요양 종결 후 휠체어에 오르지도 못 폐인이 되었고 직업병 증상이 점점 악화되어 산재요양을 신청하려고 당시 의정부 지방노동사무소(현 의정부고용노동지청)를 찾아갔으나, 재요양을 하려거든 보상금을 내놓으라고 했다. 그는 노동법을 몰라 구리노동상담소를 찾아가서 도움을 요청했다. 구리노동상담소(박무영 소장)에서 피해를 받고 있는 직업병환의 실상을 언론에 제보를 통해 1988년 7월 22일 자 한겨레신문에 보도되면서 비로소 사회적으로 큰 관심을 불러일으켰다.

이를 계기로 그는 동료와 함께 "원진직업병 피해 단체 및 가족협의회"(이하 원가협)이 결성되어 끊임없이 싸움을 시작했다. 강희수 씨는 이러한 싸움을 통해 당시 평민당 중재하에 원진레이온 측과 작업환경 개선 약속받았고 직업병 환자들의 권리보장을 위해 원진레이온 측 추천 의사 3인과 직업병 환자 쪽 추천 의사 3인을 포함한 6인 산재보상 직업병판정위를 구성하기로 합의했다. 민사 배상급 1등급에서 14등급으로 정하고 1등급에는 1억 원, 14등급에는 1,000만 원을 지급한다는 합의서를 체결했다.

그러나 이러한 합의는 그에게 그림의 떡에 불과했다. 아무리 피해보상금을 많이 받을지언정 그는 빼앗긴 건강을 다시 찾을 수 없었다. 그동안 병간호에 지친 부인은 "더 이상 같이 살 수 없다"라며, 1990년 12월 합의이혼을 했다.

이황화탄소 직업병 사망 첫 부검

강희수 씨 그는 서울기독교병원과 사당의원 등 이 병원, 저 병원을 전전하면서 치료받으면서도 "나는 이대로 절대 죽을 수 없다"라며, 강한 의지로 이황화탄소 중독 직업병의 병마와 싸웠지만 끝내 회복하지 못하고 하늘나라로 떠났다.

강희수 씨는 1992년 2월 15일 오후 3시께 서울시 동작구 사당동, 사당의원에서 입원치료를 받던 중 숨졌다.

서울대병원 병리학교실 김용일 교수 팀은 2월 18일 오후 2시께 이황화탄소 중독 직업병으로 숨진 강희수(46세) 씨에 대해 3시간여 동안 부검을 실시했다. 김교수 팀은 "이황화탄소 중독 직업병 환자 사망, 국내 처음으로 부검을 실시한 결과 강 씨는 만성 이황화탄소 중독 증세로 뇌경색증, 관상동맥경화증 등이 유발됐으며, 심부전증이 악화돼 숨진 것으로 나타났다"라고 밝혔다. 강희수 노동자는 원진 직업병 피해자 및 가족협의회, 원진직업병피해 노동자협의회, 조합원 400여 명이 참석한 가운데, 그달 2월 19일 오전 10시 원진레이온 본관 앞마당 영결식 행사를 마치고 발인했다. 그는 경기 남양주시 화도읍 창현리 산22-1 마석 모란공원 묘지에 안장됐다. 강희수 노동자의 자녀 삼 남매는 원진 직업병 환자 피해자단체의 도움을 받으면서 친척들이 얻어 준 셋방에서 생활하고 있었다. 지금은 자녀들 모두 성인이 되어 한 집안의 가장으로 생활을 하고 있을 것이다.

4장
원진 직업병 피해자단체 결성

원진피해노동자협의회 결성 과정

직업병피해자 가족협의회(이하, 원가협) 이외에 또 다른 1990년 5월 31일 '원진 직업병 피해 노동자 협의회'(이하, 원노협) 단체가 새롭게 결성됐다. 1988년 8월 19일 직업병 피해자 신고 및 접수(한겨레, 동아일보) 신문광고를 접하지 못했다. 회사 측에 직업병 피해자 신고 및 접수를 하지 못한 퇴직 노동자들은 뒤늦게 언론보도 통해 '원가협'의 투쟁 활동 소식을 듣고 한 사람씩, 한 사람씩 개인적으로 회사 측 산업안전과 찾아가서 산재요양신청서 발급을 요구하였으나, 원진레이온 측으로부터 거부당했다. 이들 수십여 명이 모여서 총회를 열고 '원노협'이라는 직업병 피해자단체를 새롭게 결성하게 된 것이다. '원노협' 회원은 최초 27명이 결성하였다. '원진 직업병으로 인한 사망자'라고 주장하는 이광열 씨의 처남인 김선화 씨가 초대 회장을 맡았다.

이후 1990년 5월에는 김종선 씨가 맡아 회사 측과의 합의서에 서명하였다. 1990년 10월에는 이정재 씨가 회장을 맡고 있었다. 그런데 이정재 씨는 1988년 9월 28일 자 가톨릭의대부속 여의도 성모병원의 특수진단 결과와 1990년 10월 11일 자 고려대부속 혜화병원의 특수진단 결과 모두 원진 직업병과 관련이 없는 것으로 판정이 났음에도 불구하고 계속 직업병 피해자단체에 관여하였다. 결국 이정재 씨는 무중독 판정으로 '원노협' 회장직에서 스스로 물러났다. 그리고 1991년 3월 김주석 씨는 회장, 구기일 씨는 총무를 맡았다.

원진피해노동자협의회 투쟁 전개

'원노협'의 주요 구성원인 퇴직 노동자들은 '원가협'과 회사 측의 합의 시 참여했던 구리노동문제상담소 소장 박무영, 박수천 씨 등과 함께 회사와 당시 의정부 지방노동사무소(현 의정부고용노동지청)를 항의 방문하여 특수검진 및 작업환경측정 의료기관인 고대부속 환경의학연구소를 타 종합의료기관으로 대체 지정 특수검진 결과 유소견자의 정밀진단 기간의 지체를 시정 특수검진 의료기관 외에 병, 의원급에서의 직업병 관련 검진 소견을 인정, CT촬영 외 자기공명영상(MRI) 촬영료를 회사 또는 산재보험에서 부담 등을 요구하며, 1990년 2월부터 지속적인 투쟁을 전개하게 된다. 투쟁이 계속되면서 요구사항 역시 계속 변경 및 증가하게 되는데 직업병 판정이 부정확하다는 민원을 제기하고 희망하는 병원에서의 입원과 치료, 직업병 판정은 '원가협'과 마찬가지로 원노협 추천 의사와의 공동판정 등을 계속 요구하면서 투쟁에 돌입했다.

이 사건은 회사 측 추천 의사 신장조직검사로 인한 검진 기간 지연을 방지하고자 신장조직검사의 생략 여부가 다시 문제화되었으나 당시로써는 이황화탄소 중독증의 비특이적 증상으로 인해 신장조직검사를 실시할 수밖에 없다는 결론에 도달하였다.

원노협은 "이황화탄소 중독되었으나, 직업병피해보상 받지 못하고 있다"라며, 야당 한광옥, 이상수, 이인제 의원 등 노동환경위원회 정치인들 만나서 호소했다. 1990년 3월 7일 제148회 국회 노동위원회(위원장, 한광옥) 제3차 회의가 개최되어 한국산업안전공단(이사장: 정동철, 기술이사: 박필수)의 현황보고와 질의 시에 평민당 소속 이협 의원과 이상수 의원의 원진레이온에 대한 질의가 있었으나 작업환경 개선 등에 관한 원론적인 수준의 질의응답이 있었을 뿐 특별한 이슈는 없었다. 그 당시는 6공 노태우 군사정권으로, 서울시장을 역임했던 최병렬 씨가 노동부장관이었다. 후에는 김영삼 문민정부에서는 노동환경위원장 역임했던 이인제 씨가 노동부장관을 맡았다.

원노협의 투쟁 과정에서 13명의 회원들에게 지급되었던 산업재해보상보험법상의 장해급여의 지급 문제가 민원 질의 형태로 1990년 5월 중순까지 계속해서 제기되었는바, 노동부는 고려대부속 혜화병원의 원진 직업병 특수검진을 담당하고 있는 내과 전문의 조원용 교수의 소견을 받아, 이황화탄소 중독증은 치료 종결(완치)이 불가능한 것으로 판정하고 산재보험 장해급여의 지급은 불가한 것으로 '원노협' 회원들에게 통보하였다.

산재보험 장해급여의 지급 불가 회신을 계기로 1990년 5월 21일부터의 원노협의 투쟁은

'원가협'과 같이 민사 보상에 중점을 두게 되는데, 원노협의 요구사항이 원가협과 다른 점은 원가협의 민사 보상은 일시금으로 지급하는 보상이었던 것에 반해 '원노협'은 '원가협' 소속 직업병 환자들에 대해 물가상승률을 감안해서 보상액을 인상과 직업병 환자들의 건강 상태가 악화됨에 따라 민사 보상 장해등급을 인상해 줄 것 요구했다.

1990년 5월 20일 이후부터 회사와 '원노협'이 주장하는 주요 요구사항을 정리하면 다음과 같다.

원노협 요구사항

1. 직업병검진 의료기관을 환자가 임의선정, 직업병 진단서를 받아 오면 민사 보상
2. 민사 보상 장해등급은 과거 원가협 수준으로 1급에서 14등급까지
3. 민사 보상 합의금은 원가협 합의금에 물가상승률 감안하여 인상한다.
4. 민사 보상을 위한 직업병 판정 4인위원회를 구성하되, 4인위원회에서 민사 보상까지 실시한다.
5. 장해등급 및 노동부 산재요양 한다.

이러한 '원노협'의 요구사항을 구체적으로 살펴보면 고려대부속 혜화병원의 검진 지연이 그 이유였다. 실제로는 원진레이온 근무자이면서 직업병 증세를 호소하는 사람들에게 6인 판정위원회에서 피해자 측 의사들도 인정한 내용이었다. 1990년 6월에 '원가협' 회원들에 대한 민사 보상 등급 결정 이전의 직업병 판정이 있었기 때문에 회사 측에서는 '원가협' 회원에 대한 민사 보상이 종결되지 않은 상태에서 금액을 인상하면 혼란이 있으므로 인상해 줄 수 없다는 입장이었다. 회사 측의 주장대로 '원노협'이 양보하여 합의하게 되었다. 이 경우는 직업병 판정과 산재요양의 행정적인 절차를 무시한 요구사항으로써 노동부의 입장에서 보면 직업병 판정 4인위원회는 순전히 민사 보상을 위한 한시적인 민사상의 합의사항일 뿐이지 4인위원회가 어떠한 법적, 행정적인 책임과 근거를 가진 기구가 아니어서 4인위원회의 결정 사항이 법률적 효력을 갖고 있지 않다며, 회사 측 의사들은 "이러한 요구사항 역시 수용할 수 없다"라고 말했다.

노동부 측은 "산재요양 결정 과정에서 4인위원회의 의견을 참고할 수는 있다"라고 밝혔다. 이러한 투쟁 과정들을 걸쳐서 1990년 5월 31일 회사 측과 원노협 측 간의 합의서가 체결됐다. 이 합의에는 구리노동상담소(박무영) 외에 다른 보건의료단체, 이상수 의원 등이 중재 역할

을 했다. 노태우 6공화국 시절에 역시 1890년 5월 22일 남양주시청 사장실에서 원진레이온 직업병 관련 유관기관 대책회의를 가졌으나, 원진레이온 백영기 사장은 "1990년 5월 직업병 피해자 농성의 배후 인물인 박무영 구리노동문제상담소장과 직접적인 피해자가 아닌 제3자 개입"이라며, 남양주경찰서에 고소·고발 조치하면서 협박했다.

이에 대해 원가협 김주석 씨는 회장, 구기일 씨는 구리노동문제상담소장 박무영 씨 고소·고발 취하를 요구하면서 원진레이온 본관 2층 사장실 점거 무기한 철야 농성에 돌입했다. 이들 무기한 철야 농성의 돌입으로 국회노동환경위원회 소속 이상수 의원은 회사 측에 "원노협 요구사항을 수용"하라는 권고를 했다. 원진레이온(주) 백영기 사장, 원노협 측과 대화를 통해 "원가협 수준으로 합의하겠다"라는 입장을 밝혔다.

회사 측과 원진피해노동자협의회의 합의 체결

(1) 회사 측과 원노협의 합의서 내용
원진레이온(주)와 동사에서 직업병으로 인하여 피해를 입은 피해자 간에 다음과 같이 합의한다.

- 다음 -

- 피해자의 질병이 업무로부터 기인하는지 여부를 검진하고 장해등급을 판정하기 위하여 피해자가 추천하는 의사 2인, 회사가 추천하는 의사 2인 도합 4인 판정위원회를 구성한다.
• 판정위원회 구성 및 운영방침에 대하여는 1990년 6월 20일까지 완료하여야 하며, 운영방침에 대하여는 4인 위원회에 위임한다. 단, 판정위원 중 불참자가 발생 시는 불참하는 측 의사가 권한을 위임하는 의사를 선정할 수 있다.
• 직업병 피해자에 대하여 판정위원회 구성 완료일 이후 2개월 이내에 검진 및 판정을 완료하여야 한다. 합의서 작성일 이전에 노동부로부터 직업병(CS_2중독) 판정을 받고 요양 중인 재해자에 대하여는 4인 판정위원회에서 장해등급을 판정한다.
- 무중독으로 판정된 자중 희망자는 4인 위원회의 재심에 회부한 뒤 4인 위원회에서 재검진이 필요하다고 인정 시는 요양신청서를 발급한다.
- 검진기관은 산업재해보상보험법에 의거 노동부에서 지정된 의료기관(특수검진 가능한 종합병원) 중에서 피해자와 노동부가 합의하여 결정한다.
- 유해 부서 근무한 자 중 검진 희망자에 대하여는 피해자가 검진을 요구 시 회사는 요양신청서를 발급한다. 비유해 부서에서 근무한 자는 특수검진기관(종합병원급)에서 검진 결과 이황화탄소중독이라고 판정되었을 때 회사는 요양신청서를 발급한다. (단, 검진항목은 4인 위원회에서 정한다.)

- 장해등급 및 손해배상금은 회사 측과 원가협의 합의사항 및 회사에서 발행한 환경 개선 방향(1990년 1월 22일 발행) 책자에 의한 등급 및 금액으로 결정한다.
- 판정위원은 산업재해보상보험법 및 근로기준법 소정의 신체장해등급에는 이황화탄소 중독 장해가 제대로 반영되어 있지 않은 상태에서 만들어진 등급이라는 점을 유념하여 피해등급은 위 산재보상보험법 소정의 신체장해 등급을 기초로 하여 제반사항을 보정하여 판정하기로 한다.
- 보상금 지급 시기는 현행대로 분할 지급한다. 피해자들에게 노동부로부터 지급되는 산업재해보상보험법에 의한 휴업급여, 보상금, 유족보상금, 장례비 등은 본 합의 내용 및 보상금액, 피해자 본인이 직접 수령한다.
- 회사는 피해자들이 상기 6개 항의 청구에 필요한 서류발급을 요구 시 발급한다(3일 이내).
- 노동부에서의 비급여항목에 대하여는 회사 및 피해자가 노동부에 반영될 수 있도록 적극적으로 노력한다.
- 회사 및 피해자들은 본 합의 내용을 성실히 이행하여야만 민형사상의 일체의 책임을 면한 것으로 하고 피해자 및 피해자 가족 기타 이해관계인들은 회사를 상대로 민, 형사상의 어떠한 이유로도 이의를 제기하지 못한다.

- 본 합의서는 원노협에만 적용하며 원노협 가입자 현황은 1990. 5. 31.까지 회사 측에 제출하여야 한다.
- 상기 합의 내용을 "증"하기 위하여 본 합의서를 2부 작성 공중을 필하고 각 1부씩 보관토록 한다.

1990년 5월 31일

서명자

회사 측: 사장 백*기, 이*성, 이*환
피해자 측 원노협: 김*선, 박*영, 강*준, 금*태
입회인: 전광표(당시 원진레이온 노조위원장)

이번 합의에서 특이한 사항이 눈에 띄었다. 전광표 노조위원장이 입회인 서명 날인을 한 것이다. 과거에는 직업병 피해에 대한 보상 투쟁은 퇴직 노동자를 중심으로 이루어졌다. 그리고 노동조합 집행부 간부는 직업병 피해자 보상 투쟁 지켜보고만 있었으며, 직접적인 개입을 하지 않고 있었다.

그러나 1990년 5월 16일 제9대 전광표 노조위원장은 "원진 직업병 문제를 해결하겠다"라며, 노동조합 산하 최승용, 배기수, 박상봉, 김영숙 등 특별산업안전보건위원회를 9명으로 구성하고 직업병 피해자단체와 함께 투쟁을 전개하게 되었다.

회사 측 원노협과 추가 합의서 체결

1990년 5월 합의서 11개 항의 합의 내용 중 일부는 원노협의 일방적인 주장에 의하여 일부가 파기되었다. 이러한 합의사항 수정을 위한 농성과 요구는 1990년 5월 원노협과 회사 간의 합의는 이정재 씨와 역시 박무영 씨의 주도로 이루어졌다.

첫째, 합의사항 1조 4항 관련 검진결과 무중독으로 판정된 자 중 재검진을 희망하는 자는 4인위원회의 재심에 회부한다. 검진결과 무중독으로 판정된 자 중 재검진을 희망하는 자에 대하여는 언제든지 요양신청서를 재발급한다.

둘째, 합의사항 3조 관련 유해 부서 근무한 자 중 검진 희망자에 대하여는 피해자가 검진을 요구 시 회사는 요양신청서를 발급한다. 비유해 부서에 근무한 자에 대하여도 요양신청서를 발급하여야 한다.

셋째, 합의사항 노동부에서 비급여항목에 대하여는 회사 및 피해자가 노동부에 반영될 수 있도록 적극적으로 노력한다. 회사는 정부 관계 부서 및 병원과 긴밀히 검진보상문제에 대하여 협의하여 검진보상 문제에 대하여 차질이 없도록 적극적으로 협조한다.

넷째, 합의사항 9조에 관련 회사 및 피해자들은 본 합의 내용을 성실히 이행하여야만 민형사상의 일체의 책임을 면한 것으로 하고 피해자 및 피해자 가족, 기타 이해관계인들은 회사를 상대로 민형사상의 어떠한 이유로도 이의를 제기하지 못한다를 회사 및 피해자들은 본 합의 내용을 성실히 이행하여야만 민형사상의 일체의 책임을 면한 것으로 간주한다.

1990년 5월 31일까지 회사 측에 제시된 원노협 가입 회원 명단을 보면 김종선, 강성준 씨 등 모두 43명이다. 원노협 전 회장 이정재 씨는 명단에 포함하지 않았다. 또 다른 요구사항들은 검진 지연 문제 개선과 산재보험에 적용받지 못하는 자기공명영상(M.R.I) 촬영비용 부담 문제 등이 있었다. 그러나 회사 측은 이들의 요구 일부를 받아들여 1990년 6월 15일 추가합의서에 서명하였다.

회사 측과 원노협 추가합의서
회사는 1990년 5월 31일 원노협과 회사 간에 이루어진 합의 이외에 다음과 같이 추가 합의한다.

- 다음 -

- 병실 병상 2개를 확보한다.
- 자기공명영상(M.R.I) 촬영비용에 대하여는 노동부가 지정한 검진의료기관 담당 의사의 처방(지시)에 의한 촬영 시는 노동부에서 지급한다.
- 90. 5. 31. 자 원노협과의 합의 시 42인의 원노협 추가회원에게도 원노협과 동일하게 적용한다.

서명자
회사 대표: 사장 백*기, 전무 우*형, 이*성
원노협 대표: 박*영, 이*재
입회인: 전*표(원진노동조합 위원장)

1990년 8월 21일 작성된 당시 의정부 지방노동사무소(현 의정부고용노동지청) 산재보험 의료수가에 등재되지 않은 자기공명영상(MRI) 촬영비의 부담 문제가 제기된 것은 사실이다. '원노협'의 입장에서 보면 자기공명영상(MRI) 촬영비(1인당 통상 40만 원)의 경우 민원을 제기할 수 있는 기촬영자의 숫자가 모두 본 합의서 작성 시점인 1990년 5월 31일 제출된 명단에 속해 있는 13명만이 해당됐다. '원노협'이 요구하였던 추가 합의의 주요 목표는 추가회원 42명에 대한 동일한 합의사항(민사 보상) 적용이 아니었다.

1990년 10월 8일에 '원노협'의 회원 수가 145여 명에서 1990년 11월 12일의 170여 명까지 증가했으나, 이와 관계없이 원진 직업병의 유소견자에 대한 검진과 판정은 계속해서 이어졌다.

직업병 판정 4인위원회 구성

원가협의 6인 판정위원회를 이어서 '원노협'의 4인 판정위원회의 특징은 합의서 내에 장해등급판정의 기준을 명시함으로써 회사 측과 피해자 측 추천의 사들의 합의 과정상의 갈등을 미연에 방지하고자 한 것이라 할 수 있다. 또한 이러한 판정 기준의 설정은 낮은 등급의 판정을 받지 않으려는 '원노협' 측의 의견이 피해자 측 추천 의사를 통해 반영된 결과라 하겠다. 그 합의서 내용은 다음과 같다.

직업병 판정 4인위원회에 관한 합의서

원진레이온(주) 이황화탄소 중독증 장해 판정 4인 위원회 판정위원회 구성 근거
회사 측과 피해자 측의 합의서 내용에 근거하여 구성하며 판정위원 명단, 판정위원회의 구성방법, 의사 진행 및 의사 결정 방법 등을 명문화하고 양측의 대표들이 판정위원회를 공식적으로 인정하고 그 결과에 대하여 이의를 제기하지 않을 것을 확인 서명하도록 한다.

판정위원회 구성방법, 의사 진행 및 의사 결정의 방법
• 회사 측 지정의 2인(명단), 피해차 측 지정의 2인(명단)으로 구성하며, 회사 측 지정 의사 중 1인은 서기를 겸임한다.
• 회의의 의장은 김형규가 맡고 의사 결정 시 투표권은 다른 위원과 동등하다.
• 회의 성립 및 의사결정의 정족수는 양측판정위원 전원 참석과 전원 찬성으로 성립된다.
• 회의 의사의 부결방법은 일단 부결된 것은 미결 처리하고 정식으로 부결을 상정하며, 양측 2인의 부결 찬성에 의하여 결정한다.
- 이의신청: 판정 결과에 대한 이의신청은 1회에 한하며, 판정 결과가 통보된 후 1개월 이내에 서면으로 제출한 이의신청에 대하여 판정위원 전원의 합의에 의해 재심을 할 수 있다.

- 판정위원회 대변인 선정: 양측 1인씩의 대변인을 선정하여 대외적으로 판정 결과에 대한 설명 등을 대변인 통하여야 한다.

회사 측 대변인: 김*규
피해자 측 대변인: 김*호

- 판정위원회 운영 방법: 양측 대변인이 사전에 제반 작업을 협의하고, 의사결정이 필요한 사항을 모아서 전체회의에 상정한다. 또한 회의는 비공개로 진행하며, 판정위원에 대하여 소정의 회의비를 지급한다.
- 회의록 작성 및 확인: 회의록은 원칙적으로 당일 작성하여 참석자들의 확인 서명을 받는다.
- 판정위원회 심의 대상
• 대상 인원
= 1990년 6월 29일 현재 원노협 등록자
= 원노협 등록자의 판정이 완료되는 시기까지 원노협 측과 회사 측이 의뢰하는 자로 유해 부서에 근무하여 이황화탄소 중독의 가능성이 있는 자로 한다.
• 대상 질병
상기 대상 인원에 해당하는 근로자 중 이황화탄소 중독증에 대해 심의한다.
- 판정위원회 존속 기간: 회사와 피해자 양측의 판정위원회가 인정하는 시기로부터 상기 대상 인원의 검진 및 판정이 완료되는 시기로 한다.
- 장해등급 판정의 기준
• 신장의 손상은 11급부터 적용한다.
• 근전도의 이상은 12급부터 적용한다.
• 청각 장애는 신경전도 장애만을 인정하여 13급부터 적용한다.
• 고혈압은 그 정도에 따라 11급부터 적용한다.
• 심전도상 관상 동맥 질환이 있는 경우는 7급을 적용한다.
- 안저소견상 미세동맥류가 있는 경우 11급을 적용한다.
- 정신과 검사상 장애는 Psychosis 등의 질병에 한하며 7급을 적용한다.
단, Soma-tization이나 Conversion 등 신경증에 해당하는 경우는 인정하지 아니한다.
• 중추신경 이상이 있는 경우 7급부터 적용한다.
- 합산 기준
• 흉부와 복부 장기의 손상은 합산하지 않고 중한 쪽의 등급으로 정한다.
• 그 외 신체장해가 둘 이상 있는 경우: 제5급 이상에 해당하는 신체장해가 둘 이상 있으면 3개 등급 이상
= 제8급 이상에 해당하는 신체장해가 둘 이상 있으면 2개 등급 이상
= 제13급 이상에 해당하는 신체장해가 둘 이상 있으면 1개 등급 이상
- 판정위원 명단
• 회사 측 판정위원
김*규: 고대 혜화병원 내과의사
조*용: 고대 혜화병원 내과의사

• 피해자 측 판정위원
김*호: 사당의원 원장
최*순: 인천의원

  이와 같이 증상에 따른 내용과 판정 급수를 사전에 선정해 놓음으로써 '원가협'의 6인 판정위원회에서 발생하였던 양측 추천 의사 간의 직업병 판정상의 논란을 불식시키고자 하였던 것으로 보인다. 1990년 10월에는 조원용 씨의 해외 출장 관계로 역시 고려대 혜화병원 내과전문의인 권영주 씨가 잠시 진단을 담당하였다. 그러나 4인 판정위원회에서 아쉽게 느껴지는 부분은 판정위원 중에 산업보건에 관한 전문의사가 한 사람도 없었다는 것이다. 당시 피해자 측 추천 의사들 모두 가정의학전문의이고, 회사 측 추천 의사 역시 원진 직업병 환자는 계속 진단하고 판정해 온 경험과 능력 있는 의사들이었지만, 역시 '내과전문의'라는 한계 때문에 임상 결과에 치중할 수밖에 없었던 것으로 보인다.

  내과전문의, 가정의학전문의 등 직업병에 대해 문외한인 6인 판정위원회 및 4인 판정위원회에서 이황화탄소에 의한 중독증 심의 및 등급 판정을 했다는 것이다. 회사 측 추천 의사나, 피해자 측 추천 의사나, 산업의학전문의 한 사람이라도 추천했더라면 진단기준 조기 확립이나, 직업병 치료 및 예방에 큰 역할을 할 수 있었을 것이다.

5장
원진 직업병 피해자단체 결성의 의미

검진 결과, 피해자 추천 의사의 판독 성과

원진레이온 직업병 피해자단체의 결성과 투쟁은 이황화탄소 중독증에 대한 보건의료계와 사회의 관심을 매우 높이고 정부 측의 직업병에 대한 예방 대책 개선에도 큰 영향을 주었다. 그러나 회사의 대응 자세는 소극적이었으며, 적극적인 작업환경 개선을 위한 투자 등은 이루어지지 않았다.

이황화탄소 중독증의 업무상 재해 인정 기준이 마련되지 않는 등 아직도 부처 간의 협조 체제가 미흡한 모습을 보였으며, 특히 노동부 본부에서는 원진 문제의 해결에 적극적으로 나서지 않고 이를 당시 의정부 지방노동사무소(현 의정부고용노동지청)에만 맡겨 버리고 보고만 받는 전형적인 관료주의의 모습을 보여 문제해결을 위한 시간만 소비해 버린 결과를 가져왔다.

원진 직업병 환자들의 계속되는 발생과 회사 측의 합의에 따른 검진, 진단, 판정 활동의 연속은 보건의료계의 체계적 정립을 도출하여야 할 필요성을 요구하였다. 그 결과 직업병 진단과 보상, 특히 이황화탄소 중독에 관한 세미나와 작업환경 측정, 검진 방법 등에 관한 산업안전보건관리공단과 '원노협' 지원 보건의료단체의 중심으로 활발하게 추진되었다.

원진 직업병 피해자단체의 결성에 의한 또 하나의 의의는 직업병 판정에 있어서 민사 보상을 위한 "4인 판정위원회"라고 말하지만, 특수검진기관에서 판독하는 것이 아닌 직업병 피해자 측 추천 의사와 사회 측 추천 의사 참여하여 직업병 환자를 판정하고 그 기준을 노동부는 인정하는 사례들, 선진국에서 찾아볼 수 없는 원진레이온 직업병 피해자들의 투쟁 성과라고 볼 수 있다.

특수건강진단의 개선

원진레이온 퇴직 노동자 중심으로 회사 측에서 지정하는 기관에서 형식적으로 실시하는 작업환경측정과 특수건강검진의 문제를 제기하기 시작하였다. 이는 원진레이온 퇴직 근로자들이 겪고 있는 원진 직업병의 심각성을 깨닫고 자구 노력을 시작한 것과 무관하지 않은 것 같다.

원진레이온 노조는 조합원의 특수검진에 의문을 제기한 계기는 고려대 환경의학연구소 특수검진 결과에는 D2(일반병)인 경추디스크 증세만 진단되고 이황화탄소 중독증에 대하여는 유소견자로 진단되지 않은 조합원 채의자 씨가 고려대학교 혜화병원의 정밀검사 결과에서 이황화탄소 중독에 의한 직업병 환자로 판명되었기 때문이다. 그 외에도 재직 중 발병자들은 D1(직업병: CS_2 중독증) 또는 적어도 C(직업병 의심)나 R(직업병 추적검사요)의 판정을 받은 사람들이었다. 그러나 회사 측에서 D1(직업병: CS_2 중독증) 직업병 의증 환자로 곧바로 작업 전환하지 않고 방치했다.

이에 대해 노동조합 집행부는 특수건강검진기관 고려대 예방의학교실 측에서 현직 노동자 대상으로 실시하는 특수검진 방법과 퇴직 노동자들에 대한 직업병 정밀검진의 방법이 다르기 때문에 발생한 것이므로 특수건강진단 방법의 개선할 것 요구했다.

당시 자료에 따르면 이러한 검진 방법상의 차이는 고려대 환경의학연구소의 특수검진의 경우, 직업병 관리 기준(산업안전보건법 시행규칙의 유해인자별 특수건강진단 검사항목)에 의한 이황화탄소 중독 검사 기준에 따라 시행하고 있었다. 이에 반면, 퇴직 근로자들의 직업병 확진을 위한 검진은 이러한 기준이나 비용에 상관없이 신장조직검사나 자기공명영상(MRI) 촬영을 실시할 수 없었기 때문이었다. 그렇다고 모든 현직 노동자들에게 신장조직검사를 시행할 수도 없는 현실에서 비록 제한된 검사 기준에 의하여 시행하고는 있지만, 이 기준에 의한 검진방법을 조금만 개선했다면 직업병 환자가 집단 발생이라는 '직업병 공장'이라는 오명은 없었을 것이다.

원진레이온 노조 현직 노동자들이 특수건강검진의 개선을 요구했지만, 노동부 내부의 부서 간 업무 협조도 잘되고 있지 않았다. 산업안전보건법 시행규칙상의 특수건강진단 검사항목의 선정에 있어 이황화탄소에 관한 기준도 원진사태가 1988년도에 본격화되기 시작하였음에도 불구하고 1990년 8월 11일(관보 제11598호) 시점에서부터 개정되기 시작하였다.

특수검진 방법의 개선에 관한 내용은 아니지만, 비유해 부서 근무자의 요양신청에 관련하여 노동조합 집행부가 의정부지방노동사무소 소장실 점거 철야 농성을 통해 검진 결과 근로자 재직 시 소속 부서에서 발생한 유해인자로 직업병이 발병한 것이 의학적 소견으로 판명되면 요양을 신청할 수 있다는 답변을 받아 냈다.

이에 대해 회사 측에서 "방사과 지원 근무자 비유해 부서 공무과(영선반), 계전과, 시험분석과 정비과에 대해서 요양신청서 발급 시 문제점이 없다"라며, "비유해 부서(간헐작업자 포함) 근무자는 자비 검진 후 이황화탄소 의증소견서를 제출하면 요양신청서 발급을 하겠다"라고 했다.

▲ 1991년 5월 21일 오전 10시 경기도 남양주시 도농동 1번지, 원진레이온(주) 본관 앞 광장에서 김봉환 노동자가 숨진 뒤 137일 만에 장례식이 진행되었다.

제5부

김봉환 씨 숨진 뒤 137일간의 장례식 사건

1장
노동운동사, 교훈을 얻은 사건

직업병 진단 및 제도 개선

김봉환 노동자 시신은 경기도 남양주시 도농동 1번지(도농로34), 원진레이온(주) 철제 문 앞 콘크리트 바닥에 안치해 놓고 위에는 비닐 천막을 설치했다. 137일간 장례위의 투쟁이 진행되었다. 이른바 고인은 죽어도 저승에 못 가고 구천에서 떠도는 영혼이 되었다. 이는 우리나라 노동운동사 역사에 길이 남을 사건이었다.

당시 장례위는 "직무 유기 최병렬 노동부 장관 구속하라." 그리고 "직업병 은폐하는 악덕 기업주 백영기 사장 구속하라."라며 구호를 외쳤다.

김봉환 노동자의 이황화탄소 중독 의증으로 사망했다. 그때 당시 회사 측에서 그의 죽음을 놓고 "그가 근무했던 원액과는 '비유해 부서'이다. 그는 술을 많이 먹는 사람이기 때문에 개인 질병으로 사망했다."라며, 유언비어를 퍼뜨렸다. 이 때문에 사망사건은 쉽게 해결되지 않았다. 그리고 많은 시간이 소모되었다.

그러나 그의 죽음은 하루아침에 빚어진 것은 아니었다. 이 사건의 원인은 바로 회사 측에서 "임직원들의 건강검진 비용을 절감하겠다."라며 원액과가 '비유해 부서'라는 이유로 불리하게 건강검진 비용을 적용했기 때문이다. 그리고 특수건강검진은 실시하지도 않았다. 나는 이 사건이 발생했을 때 워낙 급한 성격으로 인해 본능적으로 무엇인가를 찾아내야 한다는 욕심과 마음이 앞섰다. 원진레이온(주) 본관 건물 1층에 산업안전과가 있었다. 이곳에서 특수건강검진 관련 자료를 샅샅이 찾았지만 없었다. 그는 매년 1회 일반 건강검진 받았으나 특수건강검진 기록은 발견되지 않았다. 또한, 그가 이황화탄소 중독으로 이환되어 사망했다는 사실을 명확하게 뒷받침해 줄 단서와 물증이 발견되지 않았다. 다시 말하면 "그는 직업병이 이환되어 사망했다."라는 납득할 만한 구체적인 근거가 없었다.

그러나 마침내 사당의원에서 이황화탄소 중독 의증 소견서를 발급받았다. 그리고 "산재요양 신청서를 발급받기 위한 절차를 밟고 있던 중 사망했으며, 제도적인 문제가 있었다."라며, 언론을 통해 충격적인 뉴스가 대대적으로 보도되었다.

이에 따라 국회 노동환경위원회 소속 국회의원들이 현장 조사를 실시했다. 그리고 국회 환경노동위원회의 원진 직업병 실태 보고서가 발표가 되었다. 이로 인해 그의 죽음은 결정적인 평가를 받게 된 것이다. 이황화탄소 중독에 의한 직업병 판정과 그에 따른 유가족 보상을 받게 되는 과정인 동시에 원진 직업병 판정 대상 유해 부서의 확대와 작업환경측정과 감독 등 관련 제도의 개선 및 강화가 이루어졌다. 또한, 원진노조의 본격적인 투쟁에 많은 이들의 동참을 이끌어 내는 계기였다. 그동안 수차례에 걸쳐서 지적되었던 이황화탄소 중독에 의한 업무상 재해 인정 기준이 처음 마련되었다. 아울러 우리나라 직업병 예방과 진단, 작업환경의 개선 등에 대한 전면적인 재검토와 이에 따른 제도의 개정을 이끌어 냈다.

김봉환 노동자 사망한 직후 바로 구성된 '김봉환 노동자 장례위원회'에는 원가협, 원노협, 원진노조 등 직업병 피해자단체는 물론이고, 그동안 원진 직업병 관련 문제의식에 간접적으로 관여해 온 구리노동상담소 소장 박무영, 경기북부민족민주연합 대표 박수천, 구리청년회의소 간사 유양원, 구민교회 목사, 노동과 건강연구회(이하 노건연), 노동인권상담소 소장 박서운을 중심으로 인도실천의사협의회(인의협) 등 5개 보건의료단체들이 산발적으로 참여하여 30여 개 단체로 이루어진 '김봉환 노동자 장례위원회'가 구성되었다.

그해 4월 12일 원진레이온 방사과 김장수 씨는 자택에서 이황화탄소 직업병 증세로 하반신 마비가 진행되며 쓰러졌다. 원진레이온 측에서 산재요양서를 발급해 주는 조건으로 사직서 제출을 요구했다. 김장수 씨 배우자, 여동생 등 가족들이 산업안전과(이성호 과장)를 찾아가서 부당노동행위에 대해 강력히 항의했다.

그동안 이황화탄소 중독 직업병을 알고 있던 전현직 노동자가 계속해서 동시다발적으로 쓰러지고, 자살하는 사건이 발생한다. 그달 4월 24일 방사과 박수일 씨가 경기도 남양주시 지금동 자택 앞 공원에서 산책하던 중 하반신 마비와 언어장애가 발생하면서 쓰러져 있는 것을 배우자가 발견했다. 119 응급 차량으로 후송되어 고려대병원에서 입원 치료를 받았다.

그리고 방사과 권경룡 씨는 이황화탄소 중독 직업병 판정을 받고 이 병원 저 병원을 전전하다가 경기 고양시 덕양구 행신3동 자택의 방 안에 연탄불을 피워 놓고 "회사와 싸우고, 노동부와 싸워라."라며, 아들 앞으로 2장의 유서를 남겨 놓고 자살하는 등 동시다발적으로 원진 직업병 사태가 발생했다.

당시 원진 직업병 사태와 함께 5월 명지대 강경대 군 치사 사건으로 촉발된 정국을 맞았다. 1991년 4월 24일 명지대학교 총학생회장 박광철이 등록금 인하를 주장하며 연세대학교 집회에 참석한 후에 명지대학교 쪽으로 돌아오던 도중 사복 경찰에게 체포되었다.

그리고 26일 오후 5시 15분 강경대 군은 1학년 명지대 앞에서 "시위로 구금된 총학생회장 구출한다."라며 항의시위를 벌이던 중 '백골단'이라 불리는 사복 경찰 5명에게 체포되어 쇠파이프와 구둣발로 집단 구타를 당해 머리가 깨지며 피를 흘린 채 의식을 잃고 쓰러져 있었다. 이러한 광경은 곧바로 명지대 학생들에게 목격되었다. 그는 명지대 학생들에 의해 인근 성가병원의 응급실로 옮겨졌으나, 한 시간 만에 사망하였다. 강경대 군 치사 사건으로 인해 1991년 "노태우 정권 퇴진하라."라는 외침이 6월 민주화운동 항쟁으로 이어지면서 대정부투쟁이 본격적으로 전개되었다.

김봉환 노동자 사망사건 발단

김봉환 노동자는 1938년생으로 1977년 12월 22일 원진레이온에 입사하여 '비유해 부서'라고 불리고 있는 원액과에서 근무하다가 1983년 9월 20일 퇴사했다. 이후 건물 경비직 등을 거치며 생활을 하다가 1989년 8월 고혈압으로 쓰러진 병력이 있다.

1990년 4월 11일 김봉환 노동자가 서울 중랑구 면목동 기독병원에서 담낭절제술, 담낭결석 제거술, T-튜브 담관절제술을 받았다. 1990년 원진 직업병 문제가 세간에 알려지면서 김봉환 노동자는 자신의 고혈압 등의 증세 역시 이황화탄소 직업병에서 유래된 것이 아닌가 하는 의문이 있었다. 원노협에 가입하고 1990년 10월 30일 사당의원에서 초진 후 이황화탄소 의증 판정을 받고 1990년 11월 26일 자로 서울시 사당의원에서 발급한 소견서(서명 의사 김종구)를 11월 27일 김봉환 노동자를 대신하여 원노협 회장인 이정재 씨가 원진레이온(주) 산업안전과에 제출하고 산재요양신청을 접수했다.

그러나 원진레이온 측은 김봉환 노동자가 근무했던 원액2과는 '비유해 부서'이므로 1990년 5월 31일 원노협과의 합의서 제3항의 "'비유해 부서'에서 근무한 자는 특수검진기관(종합병원급)에서 검진 결과 'CS_2 중독'이라고 판정되었을 때 회사는 요양신청서를 발급한다. (단, 검진항목은 4인 위원회에서 정한다.)"라는 내용에 맞는 조건이 되어야만 요양신청서를 발급할 수 있다는 입장이었다. 이후 수차례에 걸쳐서 이정재 씨가 원진레이온(주) 산업안전과(이성호 과장) 요양신청서의 발급을 요청하였다가 계속 거부당하였다.

이에 원노협 회장인 이정재 씨가 1991년 1월 5일 오전 11시경 의정부 지방노동사무소 보상과를 방문하여 "김봉환 노동자에 대해 원진레이온 측 산업안전보건과(이성호 과장)에서 요양신청서의 사업주 확인을 거부하고 있으니, 노동부에서 검진받도록 대책을 세워 달라."라고 요구하였다. 의정부 지방노동사무소(현 의정부고용노동지청)에서는 김봉환 노동자가 원진레이온 퇴직 근로자라는 입증 서류(경력증명서)를 제출하면 회사 측의 요청 없이도 직권으로 특수건강검진을 실시하겠다고 약속하였다.

이에 회장인 이정재 씨가 김봉환 노동자의 경력증명서를 발급받아 다시 방문하겠다며 떠난 직후, 외동딸의 고교 입학금을 내고 돌아온 김봉환 씨는 오후 1시경 서울 중랑구 면목동 자택에서 쓰러져 가족들이 인근 부국병원으로 이송했다. 진단 결과 "소생 가망이 없다."라며 다시 서울 중랑구 상봉동 소재 제세병원으로 이송하여 응급치료를 받던 도중 이날 밤 10시 36분경 '고혈압, 뇌출혈'로 사망하였다. 고인의 시신은 곧바로 제세병원 영안실에 안치되었다.

경기도 의정부 지방노동사무소(현 의정부고용노동지청)가 직권으로 산재요양신청을 발급해 주겠다고 약속할 수 있었던 것은 그 이전에도 직업병 의증 환자들에게 그러한 조치를 취해 준 사례가 있었기 때문이다. 특히 서울사당의원 김록호 원장이 발급한 이황화탄소 중독 의증 소견서를 제출하여 노동부에서 요양신청서를 발급받은 사례가 있다. 1989년 12월 13일 박귀례 씨를 시작으로 1990년 3월 20일 의증소견서를 발급받아 황옥란 씨 등 모두 11명에게 당시 의정부 지방노동사무소(현 의정부고용노동지청)의 직권으로 요양신청서를 발급해 주었다.

이들은 모두 1990년 8월에서 10월 사이에 이황화탄소 중독 직업병 판정을 받은 사람은 6명, 나머지 5명은 무증상 판정을 받았다.

2장
김봉환 씨 장례위 투쟁 전개

회사와 유가족, 장례위 부검 합의

 김봉환 노동자가 회원으로 있던 원노협을 중심으로 '원진레이온 직업병 사망사건 장례위원회'가 구성되었다. 김봉환 노동자의 미망인 방희녀 씨를 비롯하여 원노협 회원 28명이 1991년 1월 7일 의정부 지방노동사무소(현 의정부고용노동지청) 보상과를 찾아갔다. 그들의 요구 사항은 첫째, 원진레이온에서는 김봉환 씨가 비유해 부서(이황화탄소 비유해 부서) 근무 경력자라는 이유로 검진용 요양신청서 발급을 거부하여 김봉환 노동자가 이황화탄소 가스 중독 여부 검진받지 못하고 사망하였으니 이에 대한 책임을 물어 사업주를 처벌해 달라. 둘째, 김봉환 노동자 사망에 대한 직업병 이환 여부를 국립과학수사연구소 부검하더라도, 이황화탄소 중독증 이환 여부를 판정할 만한 의료진이 없으니 노동부 측에서 부검 담당 검사에게 의뢰하여 직업병 장해등급 판정위원회의 노사 양측 의사 4인이 부검을 맡아 직업병 이환 여부를 판정토록 해 달라는 요구를 제시하고 귀가하였다.

 그해 1월 8일에는 장례위와 유가족이 원진 회사를 방문했다.

- 회사는 사장이 직접 고인을 문상하고 유족에게 사과한다.
- 회사와 유가족 장례위은 회사와 원노협 간에 합의한 4인 의사 판정위원회(회사 측 2명, 원노협 2명)에 부검을 위임하여, 상호 이에 대한 결과에 승복하며, 부검은 고려대학교 병리학교실에서 실시한다.
- 이황화탄소 중독이 판명될 시 회사는 보상금(민사유족보상금) 2억 원을 일시불로 즉각 유족에게 지급한다.

- 회사는 직업병 판정 여부에 따라 고인이 생전에 산재요양신청서 발급을 신청하였음에도 협조해 주지 않아 이렇게 사망케 된 데 대하여 모든 중앙일간지에 공개 사과문을 게재한다.
- 김봉환 노동자의 부검은 1991년 1월 9일까지 실시한다.
- 장례위에 대한 사항에 대하여 유가족이 요구하는 모든 비용과 편의를 회사는 제공한다.

위와 같은 요구사항을 내걸고 회사 측과 협상을 진행하여 다음과 같은 합의서를 작성하게 된다.

합의서

유가족이(김봉환 장례위원회), 사체 일부(직업병 이황화탄소 중독 판정을 위한 부분)를 고려대학교 병리학교실에 의뢰(기증), 정밀조직검사를 시행하며(4인 의사판정위원회 동참), 직업병 이황화탄소 중독 판정은 4인 의사 판정위원회(회사 측 2명, 원노협(대책위원회) 2명)에서 최종적으로 결정하며 이에 대한 결과에 원진 측과 유가족(장례위)은 승복한다. 직업병(이황화탄소 중독) 여부에 대한 정밀조직검사는 최단 시일 내에 한다.

서명자
회사 측: 백*기(사장), 우*형(전무), 조*기(기획실장), 조*섭(비상계획부장), 김*수(산업안전과장)
장례위(원노협): 이*재, 박*영, 오*곤(산재노동자협의회 사무국장), 박*천(경기북부민족민주운동연합 의장), 유족 대표 선*복

이와 같은 합의서에 기초하여 1991년 1월 11일 서울지방검찰청 북부지청 조정환 검사의 지휘하에 국립과학수사연구소에서 법의학 1과 의사 이원태 씨의 집도로 김봉환 씨에 대한 부검이 실시되었다. 이 부검에는 4인 판정위원회의 의사들이 모두 참여하지 않고 회사 측 추천 의사로는 고려대 혜화병원의 권영주 씨가, 그리고 노동자 측 추천 의사로는 사당의원 김록호 씨가 참관하였다. 기타 중랑경찰서 박원일 경장, 조선일보 사회부 기자, 유가족 등 참관하였다. 집도를 담당한 법의학박사인 이원태 씨는 "자체적으로는 직업병에 의한 사인 규명 여부가 어렵다."라며, 검사 허락하에 직업병 사인 규명을 위한 절취 사체 일부(대뇌, 소뇌, 간 조직 등)를 포르말린 병에 담아 김록호 사당의원 원장에게 인계하였으나 김록호 사당의원 원장은 이를 가지고 고려대 의대 병리학교실에 가서 감정을 의뢰하였다. 사회적 물의를 일으킨 사건인 점에 부담을 느낀 듯 검사시료에 대한 검찰의 확인 서명(담당 검사의 지시문서)이 없다는 이유로 감정을 거부하였다. 김록호 사당의원 원장은 모교인 서울대 의대에 감정을 의뢰하여 검사시료를 서울대 병리학교실에 보존하고 있다가 해부병리전문의 지제근 씨에 의해 조직검사가 실시되었다.

국립과학수사연구소의 김봉환 노동자의 사체에서 절취한 부검에 관한 공식보고서(의뢰기관인 중랑경찰서에 통보된 감정서)는 1991년 2월 6일 발송되었다. 이 부검감정서에서는 "김봉환 노동자의 사인은 우발성 뇌출혈로 사료된다."라고 밝혔다.

김봉환 노동자 직업병 인정 투쟁 돌입

김봉환 노동자 장례위와 유족들의 요청대로 김봉환 노동자의 사체에 대한 부검이 끝난 후 이제 관심사는 직업병 판정위원회에서의 김봉환 노동자의 이황화탄소 중독 직업병 이환 여부에 대한 판정이었다.

1991년 1월 23일 '원노협' 회원 30명이 "신속한 부검결과의 발표와 민사 보상을 위한 등급 4인 판정위원회에서 김봉환 노동자의 사인을 최종 판명해 줄 것"을 요구하면서 당시 의정부지방노동사무소(의정부고용노동지청) 보상과를 점거 농성을 벌였다. 1991년 1월 25일에는 원진레이온 본사 건물 2층 회의실을 점거하고 기물을 파손하는 등 농성을 벌였다. 1991년 1월 26일 노사 대표가 면담을 요구하였으나 결렬되었다. 1991년 1월 28일 백영기 대표의 각서를 받고 농성을 해제하였다. 각서의 내용은 다음과 같다.

각서

김봉환 노동자 사망에 관련하여 4인 위원회가 절차에 따라 이를 소집 결정하는 사항에 대하여 회사는 이의를 제기치 않겠음.

1991. 1. 28.

원진레이온 주식회사 관리인 대리 대표이사 백*기
입회인: 회사 측 전무 우*형
김봉환 노동자 장례위원회: 이*재

서울대병원, 병리학교실에서의 조직검사 소견이 나오자 의정부 지방노동사무소(현 의정부고용노동청)는 고려대 혜화병원에 김봉환 씨의 직업병 사망 여부 감정 협조 요청을 하고, 국립과학수사연구소 부검 집도의 이원태 씨에게 다시 김봉환 노동자의 사인에 관한 의학적 소견을 확인하게 된다.

이에 관한 회신 공문에서 이원태 씨는 "시체 감정 결과 직업병(이황화탄소 중독증)은 없었는지 아니면 귀 연구소에서 동 직업병 판정이 불가능하여 언급지 않은 것인지 김봉환 노동자의 부검 결과 심관상동맥경화, 뇌출혈, 신장(콩팥)의 병변 등을 보이나, 이황화탄소 중독에 의하여 발생한 병변인지의 여부는 판단할 수 없다. 즉 상기한 병변이나 변화들이 이황화탄소에 중독되어 초래되는 특이한 소견이라는 자료를 가지고 있지 아니하며, 이황화탄소 중독증의 부검 경험도 많지 않으므로 현재로서는 당 연구소에서 이러한 병변과 이황화탄소 중독과의 인과관계를 논할 수 없다."라고 밝혔다.

1991년 4월까지 회사 측의 무성의와 고의적 지연으로 소집되지 못한 것이 아니라 1991년 2월 12일 1차 회의를 시작으로 소집이 됐다. 이 사안의 중요성 때문에 판정에 큰 부담을 느낀 회사 측 추천 의사들이 판정 결과에 대한 이의 제기 불가 등 절차상의 사전 정지 작업을 위해 협의하는 과정에서 판정이 지연되었다. 이러한 상황은 원가협의 6인 판정위원회와 원노협의 4인 판정위원회의 위원들이 민사 보상을 위한 등급 판정에서 겪었던 일부 불만자들의 협박 등 일신상의 안위를 염려할 수밖에 없었다고 한다. 회사 측 추천 의사들은 곤욕스러웠을 것이다. 이에 대하여는 피해자 측 추천 의사들 역시 피해자 측의 입장에서 대변하려고 노력했으나, 반영되지 않고 있었다.

회사와 피해자 측 추천 의사 판정위원회 회의

- 1차 회의: 1991. 2. 12. 고대 혜화병원 내과
내용: 김록호가 김봉환 노동자의 사체에 대한 서울대 감정리포트 내용을 설명했다.
토론 제의 결과: 김형규가 망인의 사후 검사자료만 가지고 직업병 판정이 어려우니 서로가 연구할 시간을 갖자고 제의하여 산회했다.

- 2차 회의: 1991. 2. 19. 고대 혜화병원
내용: 김형규가 동 판정에 응할 수 없다고 주장하자 김록호가 판정해야 한다고 김형규를 설득했다. 김형규가 판정 조건으로 판정 결과에 이의를 제기치 않겠다는 노사 대표와 유족의 각서와 판정에 따른 수당을 요구했다.
결과: 동 각서와 수당 문제 해결 시까지 판정 보류키로 하고 산회했다.

* 회사 측에서 김형규에게 판정 결과에 이의를 제기치 않겠다는 각서 제출 수당도 별도로 지급하겠다고 통보했다.
* 원노협도 1991년 2월 22일 자 공문으로 판정 결과에 대해 원노협과 유족 민사상 이의를 제기치 않겠다는 내용을 4인 위원회 앞으로 제출했다.

- 3차 회의: 1991. 2. 26. 고대 혜화병원 내과

내용: 김형규가 4인 위원회의 본래 규정상 망인의 직업병 판정 의무는 없으니 망인의 직업병 판정은 특별위원회를 구성하여 처리하여야 하며 4인의 명의로 노사(유족 포함) 양측에 공문을 보내 특위 구성 요청 문서를 받은 후에 동 판정에 응하겠다고 제의했다.

결과: 노사 양측의 특위 구성 요청이 있을 때까지 판정 보류키로 하고 산회했다.

* 1991년 3월 6일 회사에서 "특위 구성은 4인위의 고유 권한이니 동 사항은 4인위 자체적으로 구성하여 주고 회사는 4인위의 어떠한 결정에도 따를 것이므로 조속한 판정 바란다."라는 요지의 공문을 4인위에 전달했다.

- 4차 회의: 1991. 3. 12. 고대혜화병원 내과

내용: 김형규 회사 측에서 특위 구성에 구체적 지시나 협의를 해 오지 않고 모든 책임을 4인위에 미루는 것 같아 "판정을 맡고 싶지 않다."라며, 기존 4인위 운영 규정과 같은 특위 규정을 제정하여 4인 위원회에 제시 바란다고 말했다. 이에 대해 김록호 원장은 "회사 측에서 망인의 직업병 판정에 대한 특별용역계약을 4인위에 의뢰하여야 할 것"이라고 요구했다.

결과: 위 사항에 대해 회사 측에서 구체적인 의견을 제시할 때까지 판정 보류키로 하고 산회했다.

* 회사에서는 4인위에서 요구사항을 공문으로 보내 주면 최대한의 협조를 하겠다고 하였으나, 4인위원회는 공문 발송을 거부했다. 또한, 회사 측에서도 4인위 요구사항을 수용하지 않았다.

- 5차 회의: 1991. 3. 28. 고대혜화병원 내과

내용: 망인에 대한 판정은 당분간 보류키로 하고 현 원노협 회원에 대한 판정만 협의 직업병 판정을 위한 4인 위원회의 진행 상황도 지연되고 보상 등에 관한 투쟁의 경과도 가시적으로 나타나지 않게 되자, 유족들의 좌절감과 시신 부패 등의 문제로 일단 장례를 치르기로 했다.

1991년 3월 31일 오전 10시. 사망 86일 만에 제세병원에서 고인의 시신을 인수했다. 장지로 향하던 이날, 운구 차량은 바로 장지로 향하지 못했다. 장례위원회와 유가족은 회사로 가자고 했다. 고인의 운구 차량은 원진레이온 정문 앞에 도착하였다. 원진레이온 본사 앞 광장에서 노제를 지내려고 진입을 시도했다. 그러나 회사 측은 공장 내로 진입하지 못하게 남양주시 경찰 병력 100여 명을 동원해서 방패를 들고 철제문을 가로막고 서 있었다.

이에 대해 장례위는 곧바로 운구 차량에서 김봉환 노동자 시신을 원진레이온 철제문 앞 콘크리트 바닥에 내려놓았다. 이날 박석운(노동인권상담소) 소장은 "고인의 마지막 가시는 길 노제까지도 가로막는 회사 측의 무성의한 태도에 분노를 느낀다."라며 "우리는 이러한 식으로 장례식을 도저히 치를 수 없으며, 고인의 직업병 인정과 회사 측의 공개 사과 등 우리의 요구사항이 관철될 때까지 무기한 '시신 농성'에 돌입한 것"이라고 입장을 발표했다. 그리고 노제하기 위해 사다 놓은 하얀 국화 꽃송이들도 모두 고인의 영정 앞에 바치지 못하고 시들시들해졌다.

그리고 그동안 4인 위원회의 판정을 기다리며 소강상태를 보이던 농성은 1991년 4월 1일 일간지 신문에 '시신 농성', '사체시위' 등 충격적인 내용이 보도되면서 다시 언론과 사회의 관심사로 부각되었다.

김봉환 노동자 장례위원회는 매주 오전 10시 남양주시 도농동 1번지(도농로34) 원진레이온(주) 정문 앞에서 '고 김봉환 동지 직업병 은폐 범국민규탄대회'라는 대규모 집회를 열었다. 그리고 원진레이온(주) 정문에서 출발하여 구리시 수택동 교차로(수택동 시민공원)까지 가두 행진을 하면서 "김봉환 노동자 직업병 인정하고 원진레이온 측 공개 사과하라."라며, 구호를 외쳤다. 그리고 이곳에서 마무리 집회를 열고 자진 해산했다.

이러한 김봉환 노동자 장례위원회의 투쟁이 전개되자 이를 해결하기 위해 1991년 4월 1일 오전 10시, 남양주시장, 의정부 지방노동사무소장, 남양주경찰서장, 안기부 지역조정관, 원진레이온 백영기 사장 등이 참석한 지역 관계 기관 대책회의가 열렸다. 원진레이온 직업병 4인 위원회는 본래 규정상 망인에게 직업병 판정을 내릴 수 없다. 그런데 4인 위원회에서 판정 시 노사 일방이 그 책임을 의사들에게 물을 우려가 있다며 용역계약 형식의 한시적 특별의사위원회의 구성을 4인 위원회에 요청해 줄 것을 강력히 요구하고 있는 것에 대하여, 회의 참석 기관장들은 원진레이온 경영진이 이러한 요구사항에 대해 미온적인 태도를 보여 판정 지연과 사체 농성 사태가 유발되었다고 하면서 원진레이온 경영진에게 4인 위원회의 특위 구성 요청에 적극적으로 협조하도록 강력히 요구했다. 원진레이온 경영진 역시 그동안 태도를 바꾸어 특별위원회 구성에 협조할 뜻을 비치고 당일 저녁 노사정 3자 회의 개최를 제안했다.

이날 저녁 노사정 3자 대책회의가 서울시 성북구 성북동 대원각에서 개최되어 원진레이온 (주) 백영기 사장은 특별위원회 구성에 찬성했다. 특별위원회 구성에 대한 구체적 방안을 김형규, 김록호 두 의사에게 제시할 것을 요구했다. 김형규, 김록호 의사는 노사 양측에서 4인위에 특별위원회 구성을 요청해 오면 4인 위원회에서 자체 내규를 제정하여 절차상의 문제를 매듭진 후 바로 의학적 심의를 하겠다고 결론을 내렸다. 그 밖에 의학적 판정을 두고 김록호 의사가 피해자 측 대표 박석운(노동인권상담) 소장을 내세우자 원진레이온 백영기 사장은 박석운 씨는 "노사와 관계없는 제3자이므로 그와는 협상하지 않겠다"라고 거부하여 협상이 결렬됐다.

1991년 4월 2일 회사 측에서 김형규 교수에게 특별위원회 위촉 의뢰서를 문서로 전달했다. 그리고 김형규 교수는 "특별위원회 구성 의사 인원을 노사 각 3인으로 할 것을 제안하고 사용자 측 의사는 자신이 추천하겠다."라고 의견을 표명하였다. 회사 측에서 이 내용을 다시 김록호 씨에게 통보했다. 김록호 씨 역시 노동자 측 의사는 자신이 추천하겠다고 약속하였다. 1991년 4월 4일 직업병판정위원회 구성 및 판정에 대한 관계자 회의가 개최되어 김형규 씨의 제안에 따라 6인 특별의사위원회를 구성키로 합의하고, 사용자 측 추천 의사로 고려대 혜화병원의 김형규 교수 외에 고려대 법의학교실의 황적준 교수, 병리학교실의 염범우 교수가 추천되었다. 노동자 측 추천 의사로는 사당의원의 김록호 씨 외에 인천의원의 최병순 씨, 서울가정의원의 김기락 씨가 추천되었다. 그러나 그해 4월 5일 판정에는 김기락 씨 대신에 성수의원의 양길승 씨가 참여하였다. 이 관계자 회의에서는 또한 다음과 같은 합의서를 작성하였다.

김봉환 사망사건 6인 특별판정위원회 합의서

원진레이온(주) 퇴직 근로자 김봉환 노동자 사망사건에 대하여 회사 측과 유가족 및 원노협은 김봉환 노동자가 이황화탄소에 의한 직업병에 이환되었는지 여부에 대한 판정을 위하여 다음과 같이 합의한다.

- 다음 -

- 위 판정을 위하여 회사 측이 추천하는 의사 3인, 유가족이 추천하는 의사 3인 도합 6인으로 특별판정위원회를 구성한다.
• 특별판정위원회는 1991. 4. 5. 13:00 이전에 판정토록 하며, 그 시한이 지나는 순간 자동 해체된다.
단, 위 시한이 임박하여 회사 측과 유족 측이 합의하고 판정위원들의 승낙을 얻어 위 시한을 연장할 수 있다.
• 특별판정위원회의 운영 및 비용 등에 대해서는 기존의 4인 판정위원회의 예를 준용한다.
단, 판정에 대해서는 판정위원회에 전적으로 일임한다.
- 위 판정 결과 손해배상금은 기존의(1988. 9. 14.) 회사 측과 원가협 측과의 합의 내용에 따른 등급 및 금액으로 정한다.
- 회사 측과 유족 측은 특별판정위원회의 구성 및 운영에 대하여 성실히 보조할 책무를 지며, 그 어떠한 판정 결과에 대해서도 판정위원회에는 물론이고, 상호 간에 이의를 제기하지 아니하며, 또한 판정 결과에 대해 판정위원회 및 상호 간 민형사상의 책임을 묻지 아니하고 판정 결과에 승복한다.
- 상기 내용을 "증"하기 위하여 본 합의서를 2부 작성 공증을 필하고 각 1부씩 보관토록 한다. 단, 이 합의 당시 공증을 못 하는 사정을 감안하여 사후 즉각 공증한다.

1991. 4. 4.

서명자
회사 측: 원진레이온(주) 사장 백*기
유가족 및 원노협 대표: 회장 김*석, 박*운

회사 측과 원노협 및 유족 간의 합의에 의하여 1991년 4월 5일 김봉환 노동자 이황화탄소에 의한 직업병 이환 여부를 판정하기 위하여 고려대 의대 임상병리학교실에서 특별위원회를 개최하였다. (자료1) 국립과학 수사연구소(법의2311.1263)에서 보고된 부검감정서와 (자료2) 서울대학교 소아진료부 병리조직검사보고서 및 (자료3) 사당의원의 진료기록부(진료번호 16258, 진료일 1990. 10. 30. 진료 의사 김록호) 그리고 (자료4) 사당의원 소견서(발행 의사 김종구, 1990. 11. 26.)를 검토하여 다음과 같은 의견을 제시하였다.

추천 의사 6인 특별위원회 보고서

- 직접사인은 자료1과 같다고 사료된다(우발성 뇌출혈).
- 중간선행사인은 고혈압으로 사료된다.
- 선행사인에 대해서는 다음과 같은 이견이 있었다.

A) 선행사인은 만성신우신염에 의한 것으로 사료되며(주: 자료 1의 기록에 조직학적 검사상 좌측 및 우측 신장에서 국소적인 사구체 경화 소견 및 고도의 만성신우신염 소견이 인정됨이란 기록이 있음) 이황화탄소 중독의 증거를 발견할 수 없다.

B) 선행사인은 불명이다. 고혈압의 원인은 매우 다양하여 제시된 자료만으로는 알 수가 없다.

C) 중간선행사인의 고혈압은 만성신우신염에 의한 것으로 사료되고 동맥경화증은 이황화탄소에 의하여 야기되었다는 객관적인 자료가 불충분하다.

D) 만성신우신염으로 인정되는 소견이 상당 부분 있으나 고인의 직업력(이황화탄소 폭로)과 기존의 장해판정 사례에 비추어 동맥경화 및 사구채경화 등은 이황화탄소 중독에 의한 것으로 사료된다.

E) (1) 고인의 직업력, (2) 동일 작업장에서의 이황화탄소 중독 사례의 존재, (3) 생존 시 임상 증상(고혈압, 손발저림, 발음장애 등)의 만성이황화탄소 중독과의 부합, (4) 부검감정서 및 조직검사 소견(관상동맥경화증, 대뇌, 신, 간 등의 동맥경화증 및 소동맥경화증, 신장의 사구채경화증 등)이 이미 알려져 있는 이황화탄소 중독의 병리기전에 부합된다는 점으로 보아 결론적으로 이황화탄소에 의한 동맥경화증 및 고혈압이 중간선행사인으로 작용하였다고 사료됨.

만성신우신염에 의한 고혈압도 상당한 설명력이 있으나 이 경우 동맥경화증의 발생에 대한 충분한 설명이 불가능하게 된다.

선행사인은 만성신우신염과 여러 가지 다른 원인이 포함될 수 있으나 그 중고인지 폭로되었던 이황화탄소의 영향을 배제할 수 없다고 사료됨. 정밀검사를 받지 못한 상태에서 증거자료의 결핍이 이황화탄소의 영향을 구체적으로 적시하기 어렵다 해도 임상 증상과 병리학적 소견상 이황화탄소의 영향을 배제할 수 없다고 사료된다는 의견. 고인이 근무했던 원진레이온 작업장 내의 이황화탄소 농도에 관한 자료, 근무 당시의 검진 자료, 신조직의 전자현미경적 소견, 안저혈관 촬영, 근전도 등에 관한 자료의 부재로 인하여 본 위원회가 고인의 이황화탄소 중독 여부에 대한 일치된 합의를 할 수 없었다.

1991. 4. 5.

* **특별판정위원(서명자)**
회사 측 추천 의사: 황*준, 김*규, 염*우
원노협 측 추천 의사: 양*승, 김*호, 최*순

이러한 결과를 원노협과 유가족들도 이미 예견한 듯 판정 결과에 대하여 이의 제기하지 않겠다는 합의를 준수하기 위함인지, 판정 결과에 대한 항의 등은 없었다. 그러나 대책위 측은 고인 직업병 인정과 회사 측의 공개 사과를 요구하며, 투쟁은 계속해서 전개됐다.

1991년 4월 15일 고 김봉환 노동자 장례위원회는 원노협회원과 함께 의정부 지방노동사무소(의정부고용노동지청)를 항의 방문하여 김봉환 노동자 미망인 방희녀 씨 명의로 유족보상 및 장의비 지급 진정서를 접수했다. 그해 4월 19일, 대표 6명[김주석, 김록호, 양길승, 박석운, 장임원(중앙대 예방의학과 교수) 등으로 추정]은 최병렬 노동부장관을 국회 노동위원장인 한광옥 의원의 사무실에서 만났다. 사회 정책적 측면과 노동자 인권 보장적 측면 및 인도적 차원을 고려하여 선처를 요망하는 문건과 의사를 전달하였다. 최병렬 노동부장관은 이에 대해 "김봉환 노동자가 근무한 작업환경의 유해성 여부를 알아본 뒤 결과에 따라 적절한 조치를 하겠다"라는 약속을 받아 냈다.

 1991년 4월 22일 노동부장관의 약속에 따라 당시 의정부 지방노동사무소(현 의정부고용노동지청)의 의뢰로 고려대 환경의학연구소의 김광종 교수가 중심이 되어 김봉환 노동자가 근무하였던 원액2과 작업장에 대한 유해 작업환경 여부 조사가 있었다. 김광종 교수는 이 조사 결과에 관한 '원진레이온 원액2과 유해 작업환경 여부 조사 결과 의견서'의 5항 종합의견에서 원액2과에서 생산공정상 이황화탄소 사용이 확실하고, 인체에 유해성이 있으며, 1일 약 60ℓ 사용량으로 4시간 정도의 작업을 하고 있었으며, 수동식의 생산시설, 작업 방법 및 작업 자세와 작업 시에 개인 보호구 미착용 등의 제반 여건을 볼 때 공기 중 오염된 이황화탄소에 근무자가 폭로될 가능성이 있다고 추정된다고 밝혔다.

3장
원진레이온 직업병 사태 여론화 시작

'죽음의 일터' 신문과 방송 보도 경쟁

1991년 1월 5일, 직업병 판정이나 보상조차 받지 못한 채 이황화탄소 중독으로 보이는 직업병에 의해 김봉환 씨가 사망했을 때도 대부분의 일간지 신문들은 그 '죽음'의 사회적 의미를 제대로 부각하지 못한 채 그냥 슬그머니 넘어갔다. 그리고 김봉환 씨 사망 이후 몇 달이 지나서야 일부 일간지 신문에 의해 '직업병 주검'을 놓고 항의하는 장례위원회의 투쟁에 관한 기사가 부분적으로 보도되었을 뿐이다. 한국일보의 사회면 5단 보도(4월 1일)와 노동면에서 기획보도(4월 16일), 그리고 동아일보의 '창'(4월 1일 자)과 한겨레의 '동네방네'(4월 7일) 등 기자 수첩 형태로 취재기사가 보도되었다.

이와 같이 그때 그 당시 원진레이온(주) 직업병 사태, 그동안 간헐적이며, 단편적으로 보도되었다. 김봉환 노동자 사망사건, 장례위원회 측의 계속되는 직업병 인정 투쟁의 여론화는 그때 그 당시 발생한 두산전자의 두 차례에 걸친 페놀 유출사건으로 인해 확산되기 시작했다. 사회 전반적으로 환경과 보건에 대한 관심이 높아지며 사회적 이슈로 부각하기 시작하였다.

1991년 4월 23일 민주일보는 사회면 머리기사로 "원진레이온의 유독가스 배출 때문에 공해, 환경문제 심각하다."라며, 보도했다.

그리고 25일 자 사회면 머리기사로 취급한 국민일보와 같은 날짜 사회면 6단으로 조선일보가 "남양주시 도농동1번지(도농로34), 원진레이온(주) 정문 김봉환 노동자 시신을 안치해 놓은 사진과 함께 직업병이 심각한 사회문제로 대두되고 있다. 최근 들어 한 해에 7천~8천여 명의 노동자가 직업병으로 쓰러지고 이 중 상당수가 수년간의 투병 끝에 생명을 잃어 가고 있다. 그러나 정부의 직업병 실태 대책은 예방보다는 발생 후 실태조사를 하는 사후약방문의 수준을 크게 벗어나지 못하고 있는 데다 노동자들에게 대한 직업병 판정 기준이 지나치게 까다로워 직업병 숫자를 줄이는 데 급급하다는 지적을 받고 있다."라며, "원진레이온 다년간 노동자 1만 5천여 명에 이르고 있으며 이들 직업병 환자의 숫자가 추정되고 있다."라고 보도했다.

이와 같은 날 한겨레신문은 김봉환 씨의 치료를 담당했던 김록호 원장의 기고 기사를 통해 김 씨의 '죽음'이 갖는 사회적 의미를 부각시켰다.

그리고 그다음 26일 일간지 신문과 방송에서 직업병으로 고생하던 원진레이온의 퇴직 노동자 권경룡 씨가 아들에게 "원진과 싸워라, 노동부하고도 싸워라."라며, 2장의 유서를 남긴 채 스스로 자살한 사실이 뒤늦게 밝혀지면서 1면과 사회면의 머리기사, 사설, 해설기사, 기획 연재물이 잇따르며 보도 경쟁에 뛰어들었다.

이 밖에도 일간지 신문들은 원진레이온 작업환경 실태, "숨 막히는 방사과 작업장에서 사람이 작업할 수 있느냐."라며, 분통을 터뜨렸다. 그리고 '죽음의 일터', '독가스 내뿜는 공포의 작업장', '직업병 공장' 등과 같은 제목으로 1면과 사회면 각각 보도했다. 중앙일보는 27일 자 원진레이온 백영기 사장과 인터뷰 기사 중 동명인인 다른 사람의 사진을 게재하여 그다음 날짜에 정정 기사를 싣는 '오보' 소동을 빚기도 했다.

각 일간지 신문의 사설이나, 기획 특집 연재물을 통해 직업병의 사전 구체와 예방기능의 강화, 허술한 노동 행정의 비판, 노동자 보호 차원이 아닌 기업 위주의 제도와 관행의 문제점 등으로 산업재해와 직업병에 관해 언급하고 지적했다. 그리고 직업병으로 판정되고 치료받기까지 장기간 소요되는 불합리한 제도를 개선해야 한다고 했다. 우리 언론들도 원진레이온 사태의 뒤늦은 보도에서 드러나듯 굼뜨고 무딘 '붓끝'을 스스로 반성해야 한다고 보도했다.

'노동자' 유해 작업장 무방비로 방치

산업현장의 인간 조건, 원진레이온 사태는 빙산의 일각이다. 기업이 노동자들을 위험한 작업 환경에 방치한 채 이윤만 챙겨도 무사하던 시대는 지났다. '성장제일주의'를 부르짖었던 개발 연대에는 그 방식이 통했다. 그러나 삶의 질과 노동자의 인권이 중시되는 민주화 시대, 고도산업에서 그런 전근대적 경영방식은 격렬한 저항을 부를 뿐이다.

최근 인견사 생산업체인 원진레이온 노동자들 사이에서 잇달아 발생하고 있는 이황화탄소 중독 사고에 대해 현실적인 대안은 제시하지 못하고 있다. 반복해 말하듯 고도산업사회로 변하고 있다는 90년대에 들어와서도 우리 노동자들의 상당수가 아직도 유해의 작업환경에 무방비로 방치되어 있음을 단적으로 말해 주는 것이다. 이황화탄소 중독이라면 마비 증세와 언어장애를 일으키고 심하면 목숨까지 잃는 불치의 직업병이다.

더불어 이황화탄소 중독 증세의 전직 노동자가 숨진 사건 김봉환 씨의 경우와 불치의 직업병을 비관한 전직 노동자가 자살하는 사태로까지 발생했다. 이러한 사실에 대해서는 어떤 변명으로도 회사 측의 책임이 면할 수 없다. 그러면서 이 땅의 기업들도 그 흑자의 일부를 노동자들의 작업환경 개선과 복지후생을 위해 기꺼이 투자할 때가 되었다고 지적했다. (경향신문 4. 26. 사설)

원진레이온의 집단 산재사고는 국내 공해산업의 생생한 현실과 사회 측의 무책임과 감독관청의 무성의가 일목요연하게 드러나는 대표적인 표본이다. 이미 10여 년 전부터 산재 위험성은 이황화탄소 중독 등의 형태로 가시화되어 왔지만, 아직도 이 회사의 근본 문제들은 뒷전인 채 "산재가 아니다."라며, 책임 회피성 논쟁만 계속되고 있다는 것은 한마디로 산업재해에 대한 우리 사회의 낮은 인식과 기업, 정부당국이 무책임한 것이다.

현재 진행 중인 조사 검진의 규모와 수순을 확대해서 빠른 시일 안에 광범위하고 객관적인 종합 조사를 실시해야 한다. 그것만이 피해노동자와 가족들의 물질적, 정신적 고통과 부담을 줄이고 산재 피해의 확산을 막는 길이라며 제도의 개선이 시급하다고 지적했다. (조선일보 4. 26. 사설)

"직업병 예방하고 구제하라. 죽을 줄 알면서 다닌다." 원진레이온의 한 노동자의 말이다. 그러나 전반적인 작업환경에는 큰 문제가 없다는 것이 원진 경영자들의 인식이다. 그리고 그런 격차가 우리의 산업재해에 대한 인식 수준을 결정짓고 있는 게 분명하다.

언론들이 최근 다투어 소개하는 원진레이온 재해노동자들의 실상은 한마디로 처참하다. 몸에 마비가 오고 언어장애까지 겪으면서도 고립무원의 상태로 퇴직을 감수하고 자비로 투병과 보상 투쟁을 하기 4~5년이었던 환자가 한둘이 아니다. 그러던 끝에 어렵게 직업병 판정을 받았어도 가정은 가정대로 파탄된 상태이기 일쑤고 몸은 돌이킬 수 없는 폐질 상태가 되어 있는 환자들의 모습은 눈을 뜨고 볼 수 없다고 지적했다. (동아일보 4. 29. 사설)

'작업환경' 관한 노동자 알권리 배제

원진사태와 뒷북치는 행정, 원진레이온의 직업병 사태는 우연히 터져 나온 일도 아닐뿐더러 어제오늘 사이에 갑자기 일어난 돌발사건도 아니다. 그것은 독가스를 뿜어내는 유해 물질을 사용하면서도 충분한 보호 장비 없이 작업을 시킨 데다 이황화탄소 중독자가 발생해 쓰러지거나 죽어 가는 데도 작업환경 개선을 소홀히 한 채 사후조치마저 허술히 한 상태가 오랫동안 지속되어 온 필연적 결과이다.

사태가 이런 지경에 이르기까지 산업보건관리에 대한 지도, 감독을 제대로 실시하지 않고 피해노동자들에 대한 후속 대책을 부실하게 시행해 온 정부당국도 이런 사태를 부른 책임에서 결코 벗어날 수는 없다. 더구나 산업안전보건법상으로도 급박한 위험이 있거나 중대한 재해가 발생했을 때 노동자에게는 그 작업을 거부할 수 있는 권리가 보장되어 있지 않았다. 그리고 작업환경에 관한 노동자의 알권리도 배제되어 있다고 지적했다. (한겨레신문 4. 30. 사설)

이와 같이 원진레이온 직업병 사태의 여론화가 시작되자, 당시 최병렬 노동부장관은 6공화국 노태우 대통령에게 이 사건을 서면으로 보고했다. 노동부 보건의료계 자문위원 대학교수 등으로 구성하여 특별점검반을 원진레이온에 투입했다. 1991년 4월 26일에서 29일까지 정밀 작업환경측정을 벌이기로 하였다.

이에 따라 노동부 산업안전과장 송지태 씨를 팀장으로 윤명조 현대 환경기술연구소장, 김광종 고려대 교수, 이영순 산업대 교수, 김부년 한국노총 산업안전보건부장, 한국산업안전공단 직원 등 15명이 그해 4월 26일 오전 11시경 원진레이온(주) 공장에 방문했다. 회사 측이 물청소를 깨끗이 하는 편법을 통해 현장의 이황화탄소 가스 50ppm 고농도를 10ppm 저농도 수준으로 떨어트린 흔적이 곳곳에서 발견됐다. 이에 대해 노동조합 전광표 위원장은 "노조가 시정하는 시간대에 작업환경측정을 할 것"을 요구하며 노동부 특별점검반 조사 활동을 저지했다.

노동부 특별점검반의 원진레이온 작업환경측정을 위한 방문에는 특별점검반 활동 취재 목적으로 대부분의 언론사 기자들이 동행하여 취재 활동을 벌였고 이들은 오후 1시경 공개된 작업 현장을 특별점검반과 함께 30분 정도 둘러본 후 현장을 나와 철수했다. 이에 관한 기사는 그해 4월 27일 자 조선일보, 동아일보, 한겨레 등 각 일간지 신문에 상세히 보도되었다.

원진레이온 작업장의 작업환경측정을 위한 특별점검반과 노조 간의 협의는 날을 넘겨 4월 27일 오전 0시 30분부터 노동부 특별점검반, 원진레이온 생산부장, MBC 카메라 기자 등이 노동부 행정 지시에 대한 결과 확인 및 사진 촬영을 오전 1시 30분까지 실시하였다.

노조 집행부 조합원 총회 열고 전면파업 돌입

원진 노동자 전면파업투쟁 요구(안)

- 현 검진기관(고려대 환경의학연구소)을 노조에서 지정하는 기관으로 옮겨 줄 것
- 특수검진 1차 검진 결과 이상 소견자에 대하여 요양신청을 해 줄 것
- 자각증상 호소자 장기근속자에 대하여 정밀검진을 실시
- 전 조합원에 대하여 역학조사 실시할 것
- 전 부서를 유해, 위험작업장으로 확대(전 부서 근로자 특수검진 실시)
- 작업환경 개선에 대하여 근본적인 대책 수립
- 각종 보호장구를 개선

이상의 요구사항을 회사 측에서 수용하지 않을 때 무기한 총파업하겠다는 의사를 밝혔다. 이어 1991년 4월 27일 백영기 사장은 언론사와 인터뷰 통해 "회사 작업장 환경은 문제없는데, 노조 조합원들이 사건을 확대시켰다."라고 입장을 밝혔다.

이에 대해 조합원 1,200여 명은 직업병 피해자 속출하여 이튿날에 부분적으로 조업을 중단을 하고 농성을 벌이고 있었다. 전광표 노조위원장은 이에 앞서서 당시 의정부 지방노동사무소(현 의정부고용노동지청) 민원실에 쟁의발생신고를 접수했다. 이어서 전광표 노조위원장은 사내 강당에서 재적 44명의 대의원 중 36명이 참석한 가운데, 노조 대의원총회를 열었다.

이날 4시간 동안 진행된 노조 대의원총회는 대부분 노조 대의원들이 전광표 노조위원장의 파업동의안에 찬성하는 식으로 진행되었다. 이날 노조 대의원들은 7개 항의 요구사항이 관철되지 않을 때 파업에 들어갈 것을 결의했다.

이어서 원진레이온의 전광표 노조위원장은 5월 1일부터 2일까지 2일간 실시한 총파업 여부 찬반 투표에 1,114명의 조합원이 참여한 가운데, 735명이 파업에 찬성한 반면 반대표는 232표에 그치고 3표가 무효로 처리됐다. 노조 조합원들은 파업 시기와 방법을 노조비상대책위원회에 위임했다.

그다음 날 원진레이온의 노사 양측은 5월 3일 오후 2시 30분께부터 오후 5시까지 본관 2층 회의실에서 제13차 본회의를 열고 노사협의를 가졌으나, 양측의 의견이 팽팽히 맞서 합의점을 찾지 못한 채 2시간 30분 만에 결렬됐다.

회사 측은 이날 교섭에서 노조 측에 일단 조업을 재개한 뒤 교섭해 줄 것을 요구했으나 노조

는 "고 김봉환씨 직업병 인정 대책 없는 매각 반대 등 9개 항의 요구조건이 관철될 때까지 조업을 재개할 수 없다."라며, 회사 측의 요구를 거부했다.

이날 오전 9시께부터 농성에 들어간 조합원 800여 명은 이날 오후 5시 30분까지 노조 사무실 앞 광장에서 농성을 지속했다. 그리고 노조 사수대원들은 오후 11시 20분께부터 정문과 후문을 점거, 입출자를 철저히 통제했다.

이날 오후 6시 전광표 노조위원장은 노동조합 사무실 앞 광장에 조합원 1,200여 명 참석한 가운데, 조합원 총회의를 열고 7개의 항목의 요구조건을 내걸고 전면 총파업 투쟁을 선언했다. 이러한 요구사항들과 함께 조합원 총회의에서 기립박수를 통해 만장일치로 결의했다. 이날 오후 6시께 전면 총파업에 돌입하게 되었다. 원진레이온 노조 총파업은 언론을 통해 대대적으로 보도됐다.

전광표 노조위원장은 노동부의 형식적인 작업환경측정도 거부하게 된다. 또한, 이러한 원진 사태와 더불어 원진레이온 폐업설, 지방 이전설, 민간기업 매각설 등이 보도됐다.

노조 집행부 전면 총파업 투쟁 요구(안)

- 김봉환 노동자 사망, 즉각적인 직업병 판정과 유족보상 실시
- 퇴직 후 발병자의 경우는 의사의 임상 진단만 있으면 산재요양 처리하고 원가협 회원에 준한 방식으로 치료와 보상한다.
- 대책 없는 매각(민영화) 반대
- 기존 위치에서 시설자동화와 이를 위한 정부의 신규 투자 실시
- 공장자동화 시의 제반 문제는 노조의 동의를 얻고, 조합원의 고용 생계 보장, 현 매각설에 대한 매각 계획의 공개
- 현 조업 중단설에 대한 계획 공개와 대안 없는 조업 중단 반대
- 매각 및 조업 중단을 위한 밀실 야합 중지하고, 정부, 산업은행, 노조 측이 참여 공청회를 통해 국민적 합의를 얻을 것

노동조합 전광표 위원장은 조합원 의견 수렴을 통해 7개 항 요구사항을 제시했다.
- 1항의 경우: 검진기관 지정권은 노동조합에서
- 2항의 경우: 검진 이상 소견자 즉시 산재요양 및 휴업급여 지급, 요양검진 실시할 것
- 3항의 경우: 검진은 노조 측 대표와 노조가 선임하는 전문가가 실시, 이후 의사의 소견에 따라 산재요양신청서 발행
- 4항의 경우: 역학조사는 노조 측 대표와 노조가 선임하는 전문가가 실시

야당 국회의원 현장조사

당시 야당 국회의원들의 진상 조사가 이어졌다. 4월 26일 당시 민주당 소속 국회의원 장석화 씨가 관계자들과 함께 원진레이온을 방문했다. 원진레이온 경영진 백영기 사장, 민주당 구리시위원장 조정묵, 김록호 사당의원 원장, 박석운 노동인권회관 소장, 김주석 원노협 회장, 박무영 구리노동문제상담소 소장 등이 함께 참석했다.

이날 김봉환 노동자 사망사건에 대한 보상 문제를 거론하였다. 특히 박석운 노동인권회관소장은 "노동부에서 김봉환 노동자 사망사건에 대한 직업병을 인정하기 전에 회사에서 먼저 직업병을 인정하라. 권경룡 씨에 대해 1억 원을 보상하라."라고 요구하였으며, 장석화 의원은 "작업 환경 개선을 위해 정부 차원의 지원을 요구하겠다."라며 "회사 측에 대하여 피해자 측의 입장에서 최선을 다해 달라."라고 요구했다.

이어서 그다음 4월 29일 오전 11시부터 김말룡 신민당 최고의원, 이상수 의원 등 7명의 진상 조사단이 방문하여 박현순 의정부 지방노동사무소장과 백영기 사장 등을 대상으로 현안 질의 및 답변이 있었으며, 이 자리에는 박석운 노동인권회관소장 또한 동석하여 조합원 방사과 박수일 씨 등 직업병 환자에 대한 조치 사항에 관하여 현장조사를 벌였다.

이날 오후 5시까지 계속된 현장조사를 마친 뒤, 김말룡 신민당 최고위원은 "김봉환 씨가 숨지기 전 직업병에 걸렸다는 의사 소견을 받았고 숨진 정황이 뇌출혈로 대부분의 직업병 사망자들과 비슷해 직업병에 의한 사망이 틀림없다."라고 말했다. 김말룡 의원은 "김봉환 씨가 사망 후 114일이 지나도록 직업병으로 인정받지 못해 산재 처리를 못 하고 있는 것은 전적으로 의정부 지방노동사무소의 직무 유기 때문"이라고 주장했다.

이날 조사에 참석한 이상수 의원은 "오는 30일부터 열리는 국회노동위원회에서 원진레이온 문제를 다루겠으며, 공청회 개최도 계획하고 있다."라고 밝혔다.

국회 환경노동위원회 국정조사

이러한 야당의 조사에 이어서 1991년 5월 2일 오전 10시 국회 노동환경위원회에서 국정조사단을 구성하여 이날 버스 편으로 국회를 떠나 원진레이온(주)의 공장에 도착했다. 회사 본관 2층 내빈실에서 조합원 서경춘 씨는 "원진 노동자들이 다 죽어 가는데, 이제 와서 무슨 현장조사냐."라고 항의하면서 온몸에 시너를 뿌리고 분신자살을 시도하려다 제지당했다.

국회의원들은 원진레이온 원액과, 방사과 등 현장 답사에 이어서 본관 1층 구내식당에 노조 조합원 300여 명 참석했다. 노조 조합원이 지켜보는 가운데 공청회형식의 조사가 진행됐다.

국회노동환경위원회 진상 조사단 구성은 위원장에 민자당 김병룡 의원, 위원에 민자당 소속 김동인, 이인제 의원, 신민당 소속 이상수, 홍기훈 의원, 민주당 장석화 의원 등 6명의 국회의원으로 구성되었다.

그 외에 국회 입법심사관과 조사관 2명, 속기사 3명 등 5명이 수행하였다. 이 조사에 현황 보고자와 참고인으로 출석한 사람은 회사 측에서 백영기 사장, 박규탁 노무부장 그리고 전광표 노조위원장, 조합원(직업병 환자)으로 김장수 씨, 장례위원회 대표로 박석운 노동인권회관소장, 장임원 중앙대 예방의학과 교수, 김록호 사당의원 원장, 박현순 의정부 지방노동사무소장이었다.

이어서 백영기 사장, 박종순 의정부 지방노동사무소장, 김록호 사당의원 원장, 직업병 판정을 기다리는 조합원 김장수 씨 등을 상대로 작업환경과 문제점 등을 파악, 일문일답식으로 진행된 이날의 참고인 진술 청취는 방청하던 노조원들이 간간이 박수와 야유를 보내는 속에 별 탈 없이 진행돼 5공 청문회를 연상시키는 분위기였다. 대부분의 질문과 답변이 이미 언론을 통해 소상히 알려진 내용이어서 성과는 당초 기대에 미치지는 못하였다.

김병용 국회노동환경위원장을 비롯하여 김동인, 이인제(민자당), 이상수, 홍기훈(신민당), 장석화 의원(민주당) 등 6명의 국회노동소위원회 측은 참고인들의 증언을 들을 장소 문제를 놓고 노조 측과 작은 실랑이를 벌였다.

노조 측은 증언 내용의 진실성을 보장하기 위해 조합원들이 모두 들을 수 있는 구내식당에서 공개적으로 해 줄 것을 강경하게 요구한 반면, 소위 측은 '인민재판'이 되어 버릴 우려가 있으니 관계자들만 참석하는 비공개 진행을 주장했다. 약 30분간 논쟁을 벌인 끝에 조합원들의 요구를 수용키로 결론을 내렸다.

회사 측 직업병 환자 사표 강요 증언

국회노동소위원는 국정조사 앞서 오전 11시에는 백영기 사장과 노조 산업안전국장의 안내로 공장 내부 시설과 작업환경을 둘러보았는데 백사장이 모든 공정이 자동화된 원액1과 공장부터 안내하자 주변 노조 조합원들은 "백영기 사장은 고 김봉환 씨가 근무했던 작업현장으로 모시고 가라."라며, 요구했다.

노조 조합원들은 또 조사단원 주변을 끈질기게 쫓아다니며, 이황화탄소의 냄새가 나는 작업장의 문제점들을 일일이 폭로했다. 특히 김봉환 씨가 근무했던 원액2과의 노성실(3층)과 유화실(2층)의 이황화탄소 폭로 실태를 증언하며, 아무 보호장비도 없이 이곳에서 일해 온 데에 대한 회사 측의 비인간적인 자세를 성토했다.

이날 참고인들의 진술과 국회노동위원회 소속 의원들 질문의 초점은 지난 1977년 12월부터 1990년 10월까지 이 회사 원액2과에서 근무하던 중 이황화탄소 중독 증세로 퇴사하여 1991년 1월 5일 사망한 김봉환 씨(53)와 현재 고려대 혜화병원에 직업병 증세로 입원 중인 김장수 씨의 발병 경위 및 산재요양신청 발급에 대한 문제였다.

지난 1979년부터 1990년 10월까지 이 회사 방사과에 근무하다 하반신 마비 증세를 보인 조합원 김장수 씨는 이날 환자복을 입고 구급차 편으로 증인으로 도착했다. 조합원 김장수 씨는 들것에 누운 채 참석해서 의원들의 질문에 답변했다.

이상수 의원, 홍기훈 의원, 이인제 의원, 장석화 의원 등은 조합원 김장수 씨로부터 "지난해 10월 하반신 마비 증세가 발생했다. 회사 측에 산재요양신청을 하도록 요청했으나 김한수 산업안전과장이 사표를 내면 산재요양신청서를 접수할 수 있도록 검토해 보겠다고 말했다."라고 진술했다.

이어 회사 측 박규탁 노무부장은 김 씨를 포함 직업병 판정을 받은 조합원 8명에 대해 사표를 요구한 사실을 시인하면서 "이는 이황화탄소 중독이 대부분 불치병으로 더 이상 근무할 수 없다고 판단했기 때문이다."라고 말했다. 진술을 듣고 의원들은 "회사 측의 비인간적인 처사와 이를 알고도 근로기준법 위반 행위를 처벌하지 않고 방치하고 있다."라며 "노동부 측의 직무유기다."라고 질타했다.

장석화 의원은 "특히 조합원 김장수 씨가 지난해 10월부터 이후 이 병원 저 병원 전전하며, 각종 건강검진을 받느라고 개인 생활비를 소비했다."라며 "회사 측으로부터 10만 원씩 두 차례 휴업수당밖에 못 받았다."라고 하자 "아예 직업병 환자 사람 취급을 안 했군요."라고 응수해 방청 중인 조합원들로부터 박수갈채를 받기도 했다.

의원들은 김장수 씨가 1988년 7월 고려대 혜화병원의 정기건강검진에서 처음으로 이황화탄소 중독 의증 및 고혈압으로 추적검사를 요한다는 판정을 받았음에도 불구하고 정밀진단을 받지 못했고 이어 1989년 4월 10월과 90년 6월 고대부설 환경의학연구소의 검진 결과는 정상으로 나온 데 대해 '건강검진기관 선정의 문제점'을 집중적으로 추궁했다.

그러나 박종순 의정부 지방노동사무소 소장은 "김장수 씨가 지난해 11월 10일 진정서를 제출해 와 11월 13일 산재요양신청을 승인했다."라고 말했다. 그러나 회사가 근로기준법에 의거해 사실상 휴직 중인 김 씨에게 60%의 급여를 지급해야 하고 산재요양 승인이 났다면 검진 비용도 노동부에서 지급해야 하는데 그런 사실들이 없지 않으냐는 의원들의 '직무 유기' 질책에는 답변을 횡설수설하며 얼버무려 방청석 조합원들로부터 야유를 받기도 했다.

지난 1월 5일 사망한 김봉환 씨의 사인과 직업병 판정 문제를 놓고는 박서운 노동인권회관 소장을 비롯한 장임원 중앙대 예방의학과 교수, 김록호 사당의원 원장 등이 이황화탄소 중독으로 인한 직업병이 틀림없다는 요지를 증언했다.

박석운 소장은 "김 씨의 경우 개인적 신병과 소견으로는 수긍이 가는 면이 있으나, 내가 판정하기 어려운 입장"이라고 직업병으로 본다는 소견을 말한 뒤 "현재 직업병 판정 6인 특별위원 가운데 3명만 중독 소견을 피력해 아직 결론이 나지 않고 있으며 노동부 본부의 의뢰 본부에서 지정하는 의료기관의 결정에 따를 생각"이라고 답변했다.

또 장임원 중앙대 예방의학과 교수는 "김봉환 씨는 이황화탄소 농도 정도가 방사과보다 약한 원액과에서 근무했으나 저농도에서 장시간 폭로된 데에 따른 중추신경 및 말초신경계의 장애를 일으킨 것으로 보인다."라고 직업병 소견을 증언했다.

이어서 김록호 사당의원 원장도 "김봉환 씨가 내게 왔을 때 혈압이 240에 140으로 고혈압이었고 이황화탄소 중독에 의해서만 나타나는 고혈압, 당뇨병, 동맥경화증 등의 임상소견이어서 이황화탄소 중독으로 판단됐다."라고 증언했다.

국회노동환경위원회 국정조사단은 5월 2일의 조사 결과를 토대로 5월 6일 '원진레이온 직업병 및 작업환경 실태조사 보고서'를 국회에 제출하였다. 이 보고서에서의 조사 의견에서 "김봉환 노동자는 이미 사망하였기 때문에 직업병 판정을 하는 데 있어 많은 문제가 있으나 재직 당시의 작업환경 및 근속연수 등 직업력과 임상소견 및 부검 병리학적 소견을 고려할 때 이황화탄소 중독 직업병에 이환되었을 개연성은 충분히 있는 것"이라고 밝혔다.

국회 노동환경위원회는 국정조사단은 "사용자 측에서 보다 적극적으로 산재요양신청서 절차를 밟았을 경우 응급요양 조치를 취하면서 직업병 판정을 위한 검진이 가능했을 것으로 사료된다."라는 이 보고서는 김봉환 노동자 사망 문제를 해결할 수 있는 중요한 근거자료가 됐다.

이 당시 국정조사 노동환경위원회의 소속 위원으로 참석하여 회사 측을 신랄하게 추궁하였다. 이후에 이인제 의원이 노동부장관으로 취임했다. 곧바로 이어서 원진레이온 작업환경 폐업 문제가 대두되었다. 공장 폐업 관련 후속 조치 노사정 3자 합의서 체결 당시 참고인으로 참석했다. 그리고 지금 와서 이인제 노동부장관은 원진 노동자들에게 고통 분담을 요구하게 된 꼴이다.

4장
김봉환 노동자 사망사건 수습 과정

회사 측과 유가족, 장례위 합의서 체결

　김봉환 노동자가 숨진 뒤 135일 만에 그의 사망원인의 의학적인 사실 여부와는 관계없이 수습이 진행되었다. 김봉환 노동자의 장례위원회와 권경용, 김장수, 박수일 등 노동자 3명의 산재·직업병 피해 폭로 등을 계기로 국회 노동환경위원회의 국정조사단은 '원진 직업병 실태조사 보고서'를 통해 "김봉환 이황화탄소 중독 직업병 이환되었을 개연성은 충분하다."라고 발표했다. 이 보고서는 중요한 근거자료가 되었다. 김봉환 노동자 사망사건과 원진레이온 사태는 수습의 가닥이 하나씩, 하나씩 잡혀 가기 시작하였다. 1991년 5월 12일에는 이미 구체적인 합의 사항과 합의서의 내용에 관한 회사와 유족 및 장례위원회 간의 조정이 있었다. 원진레이온 민영화와 관련하여 고용 보장, 임금인상, 해고자 복직, 민형사상의 책임 문제 등 주요 쟁점 사안들에 대해 실무 교섭을 벌이게 되었다.

　1991년 5월 19일, 회사와 유족 및 장례위원회가 마침내 합의서를 체결했다. 이날 김봉환 씨 장례위원회와 회사는 "김봉환 씨가 직업병에 이환되었을 개연성은 충분하다."라는 국회 노동위원회 실태조사소위원회의 보고서 내용에 근거하여 회사 측이 공개 사과를 하고 장해등급 7급에 상당하는 5,850만 원의 보상금과 장례비 1,000만 원을 지급하며 이후 직업병이 나면 민사 배상금 4,150만 원을 추가 지급하기로 합의했다.

　그로부터 이틀 뒤 김봉환 노동자가 숨진 뒤 137일 만인 그해 5월 21일 오전 10시 원진레이온(주) 본관 앞 광장에서 각계 인사와 유가족, 전현직 노동자 등 400여 명이 참석한 가운데 산업재해 노동자장으로 장례식 치러졌다. 이날 오후 2시 고인은 서울에서 인접한 수도권 지역인 마석 모란공원 민주열사묘역으로 향했다. 제46번 경춘 국도를 따라서 23km 달려서 갔다. 남양주시 마석시내를 경유해서 오르막길 오르자마자 우회전하여 나지막한 산 중턱 경기도 남양주시 화도읍 경춘로2110번길8-102, 마석 모란공원 민주묘역에 안장되었다.

이후 원진레이온(주)은 합의서 규정에 따라 그해 6월 11일 서울신문, 중앙일보 등 각 일간지에 임직원 명의로 사과 광고문을 게재했다. 회사의 직업병 문제로 사회적 물의를 야기한 데 대하여 사과하였다.

회사와 유족 및 장례위원회 합의

1) 회사와 유족 및 장례위원회와의 합의 회사 측이 유족 및 장례위원회 측과 합의한 합의서의 내용은 다음과 같다.

(1) 유족보상에 관한 합의

고 김봉환 씨 장례와 관련 아래와 같이 합의한다.
- 유족 측은 장해등급 7등급에 상당하는 금액 5,850만 원과 장례비 1,000만 원, 총 6,850만 원을 수령하고 차후 어떠한 이유로도 이에 대한 반환 의무를 지지 않는다.
- 차후 직업병으로 판정되면 유족 측은 회사와 원노협과의 합의에 근거한 보상금 총액에서 5,850만 원을 공제한 금액을 청구한다.

1991. 5. 19.

서명자
장례위원회 대표: 박*운
유족 대표: 방*녀
회사 측 대표: 조*기
노동부 산업안전국장: 안*수, 인*진 목사

이 합의서는 1991년 5월 20일 공증 절차를 밟게 된다. (1991. 제1528호, 경기합동법률사무소)

원진레이온 직업병 문제의 해결을 위한 합의

원진레이온 직업병 문제를 전향적으로 해결하기 위하여 회사 측과 직업병 피해자는 아래와 같이 합의한다.

- 아래 -

가. 김봉환 노동자 사망사건 관련하여
- 김봉환 노동자 사망과 관련하여 이황화탄소 중독 문제는 국회노동위원회 진상 조사단 보고서(1991. 5. 6.)의 내용을 상호 확인한다.
- 회사대표는 원진레이온 직업병 문제와 관련하여 공개 사과하고 장례식 유가족을 정중하게 조문한다.
- 회사 측은 장례 행사에 필요한 편의를 제공한다.

나. 직업병 관련 제도 개선과 관련하여 노조가 필요하다고 요구하는 종업원에 대하여 노조가 지정하는 전문가에 의해 역학조사를 실시한다. 이 경우 노조 대표가 입회하며, 회사는 본 합의 후 1개월 이내에 역학조사를 위한 용역계약을 체결하고 역학조사 실시에 따르는 각종 편의를 제공하여야 한다.
현재 작업환경측정 및 검진기관을 노조가 지정하는 특수검진의 능력이 있는 기관으로 옮긴다.
- 유해, 비유해 부서를 구분하지 않고 전 부서의 근로자에게 해당 유해 요인에 의한 특수검진을 실시하되 특수검진은 최단 시간(2개월 이내) 내에 실시한다.
- 회사는 특수검진의 1차 검진 결과 이상 소견자에 대하여 즉시 산재지정의료기관의 의사 진찰을 받도록 하고 이황화탄소 중독 의증자에 대하여는 검진 요양신청서를 발급하며, 노동부는 검진요양과 병행하여 치료를 실시하고 직업병 확진 시 소급하여 휴업급여를 지급한다. 단, 1991년 상반기 특수검진부터 적용한다.
- 회사는 현직자 중 자각증상 호소자는 산재지정의료기관의 의사의 이황화탄소 중독 의증 소견에 따라 즉각 검진요양신청서를 발급하며, 노동부는 검진 요양과 병행하여 치료를 실시하고 직업병 확진 시 소급하여 휴업급여를 지급한다.
- 회사는 퇴직 후 발병자의 경우 산재 지정 의료기관의 의사의 이황화탄소 중독 의증 소견서만 있으면 즉각 검진 요양신청서를 발급하고 원가협 회원에 준한 방식으로 보상한다. 노동부는 검진 요양과 병행하여 치료를 실시하며, 직업병 확진 후 소급하여 휴업급여를 지급한다. 또한, 원노협 회원과 전현직 근로자 중 의사의 이황화탄소 중독 의증 소견이 있는 사람에 대한 직업병 여부 및 장해등급 판정을 신속하게 실시한다.
- 각종 보호장구의 성능실험은 노조가 지정하는 전문가의 참여하에 신속하게 실시하고 그 결과 도출된 보완 대책은 즉각 시행한다.
- 작업환경 개선을 위한 공청회 개최 등과 관련하여 해고된 김명수, 이홍주, 한근환, 이복철, 조정하, 임일용에 대한 원직 복직은 원칙적으로 현재 계류 중인 심급의 판결에 따르기로 하며, 연내에 복직을 적극적으로 검토한다.
- 회사 측은 전 조합원에게 노조가 추천하는 강사에 의한 산업안전보건교육을 분기별로 3시간 이상 유급으로 실시한다.
- 특수검진 결과 유소견자 작업 전환 조치를 취할 경우 본인의 의견을 최대한 참작하며 회사는 최대한 임금 결손이 없도록 해야 한다.
- 작업환경측정 및 점검에 관하여 노동부의 특별작업환경측정 및 점검은 노조가 지정하는 전문가가 점검반의 일원으로 참여하여 실시하되 재가동하기 시작한 지 15~30일 이내에 실시한다.
- 특별측정 및 점검은 노조 대표 및 직업병 피해자 대표가 입회한 상태에서 평상시와 똑같은 조건(배기 장치 가동 상태와 청소 상태 등의 동질성)하에서 실시한다.
- 특별측정 및 점검 결과 도출된 작업환경 개선 의견은 노조의 동의를 얻어 즉각 개선 조치한다.
- 고 김봉환 씨의 장례는 본 합의 후 2일 이내에 실시한다.

- 향후 발생하는 회사 측과 직업병 피해자 간의 제반 문제는 상호 이해에 바탕하여 대화를 통하여 전향적으로 해결해 나가기로 한다.
- 회사 측은 본 합의에 명시되어 있지 않은 것이라도 작업환경 개선 및 직업병 예방 및 조기진단에 도움이 되는 사항이라면 직업병 피해자와 협의하여 적극 실시하기로 한다.
- 회사 측은 고 김봉환 씨의 사망 이후 본 합의 당시까지 발생한 장례 관련 및 작업환경 개선 요구 관련 행위로 장례위원과 조합원에 대한 고소, 고발 조치를 즉각 취하하며 향후 이에 대하여 민형사상 일체의 책임을 묻지 않는다.
- 장례위원회 측은 회사 측이 위의 사항과 관련하여 입건되어 있는 사안에 대하여 노동부 의정부 지방사무소에 선처를 바라는 탄원서를 제출한다.

1991. 5. 19.

서명자

회사 측: 사장 백*기, 전무 우*형, 이*성
유가족 및 장례위 대표: 박*운, 김*호, 박*영, 방*녀

원진레이온(주) 사장과 노조와의 합의

회사 측, 유가족, 장례위원회와 합의서 체결 이후 5일 만인 원진레이온 노사 양측은 5월 24일 오전 10시께부터 본관 2층 회의실에서 노사 대표위원이 참석한 가운데, 제14차 본 교섭을 가졌다. 이날 노조 측이 회사 측에 제시한 1991년 임금 29.2% 인상 등 9개 항의 요구조건 중 기본급 9.5% 인상 그리고 기본급의 7% 인상에 상응하는 금액의 수당 포함해 16.5% 인상 등 9개 항의 요구조건에 대해 노사는 잠정 합의했다. 그리고 4월 1일부터 소급 적용하기로 하였다. 91년 임단협 잠정 합의안에 대해 노사 대표가 각각 서명 날인했다. 회사 측에서 백영기, 우은형, 이주성, 이재환, 조문기, 박규탁 씨가 서명 날인하였다. 노조 측에서는 전광표 노조위원장, 김진수, 이용철, 김재선, 윤효열, 이동수 씨 등 서명했다.

이 외에 두 번째 노사 1991년 임단협 잠정 합의서를 부대 약정서 회사 측과 유가족, 장례위원과 똑같다. 그 내용은 직업병 문제의 해결과 작업환경 개선과 관련하여서는 방사과 및 검사실 온조기 교체, 배기덕트 보완 등 단기적인 계획 부분에서 보다 구체적인 내용이 명기되어 있었다. 민영화 논의와 관련하여서는 민영화 조치를 전제로 작업환경 개선과 전현직 노동자들에 대한 치료와 보상, 조합원들에 대한 고용승계를 대표이사가 확인하도록 하는 조항이 있었다. 작업환경측정 결과 법정 기준치 이상으로 인하여 조업 중단 시 정상조업이 될 때까지 근로기준법 및 단체협약에 의거 휴업급여 70%를 지불하는 내용들이 다른 점들이었다.

그리고 노사 1991년 임단협 잠정 합의안에 작업환경 개선을 위한 공청회 개최 등과 관련하여 해고된 김명수, 이홍주, 한근환, 이복철, 조정하, 임일용에 대한 원직 복직은 원칙적으로 하며, 현재 계류 중인 심급의 판결에 따르기로 하며, 연내에 복직을 적극적으로 검토한다.

이 밖에 이면 합의로 회사 측은 유해 부서, 비유해 부서 구분 없이 전 조합원에 대해 유해위험수당을 월 5만 원씩 지급하는 것과 1991년 4월 26일부터 본 합의 시까지 정상 근무한 것으로 인정하고 임금을 지급하는 노사 합의서를 체결했다.

이와 같은 노사 91년 임단협 잠정 합의안에 대해 전광표 노조원장은 24일 오후 4시 본관 사내 강당에서 파업 중지 및 정상조업 실시에 대해 조합원 1,200여 명 중 387명이 참석한 가운데, 찬반 투표를 실시했다. 그 결과 찬성 256표, 반대 130표, 무효 1표로 각각 집계되었다. 이에 따라 전광표 노조위원장은 "정상조업을 위해 현장 복귀를 지시한다."라고 발표했다.

원진레이온 노조 파업 22일째를 맞고 있었다. 전광표 노조위원장은 "그동안 조합원 여러분께서 전면 파업에 협조해 주셔서 감사하다."라며 25일 오전 9시 1,200여 명 조합원들에게 현장 복귀 명령을 내렸다. 그다음 날 26일 오전 9시 1,200여 명 조합원들은 현장으로 복귀하여 출근했다. 노조 조합원들의 현장 복귀로 인하여 이탄과, 원액과, 방사과, 산회수과, 후처리과 순으로 인견사 제조공장은 정상으로 가동되기 시작했다.

그리고 91년 임단협 잠정 합의서 규정에 따라 곧바로 김명수, 이홍주 등은 복직되었다. 전광표 노조집행부는 개인 사정으로 총사퇴를 선언했다. 전광표 위원장 임기는 일단락되었다. 이어서 노조는 위원장 보궐선거에 돌입했다. 노조 선거관리위원회는 보궐선거 개표 결과 "서경춘 씨가 B 후보를 누르고 노조위원장으로 당선되었다"라고 발표했다. 서경춘 위원장은 사내강당에서 조합원 200여 명 참석한 가운데 이·취임식을 했다. 서경춘 위원장은 곧바로 산업안전특별위원회를 9명으로 구성했다. 노조 산업안전위원은 회사 측과 본 교섭을 진행했다. 91년 임단협 잠정 합의서에 따라 회사는 본 합의 후 1개월 이내에 역학조사를 위한 용역계약을 체결하고 역학조사 실시에 따르는 각종 편의를 제공하여야 한다.

이러한 합의서 규정에 따라 노조가 추천하는 전문가 서울보건대학원 김정순 교수는 회사 측과 역학조사 용역계약서를 체결했다. 이어서 곧바로 서울대 보건대학원 김정순 교수 반장으로 하는 역학조사반 구성해서 원진레이온(주) 전현직 노동자 대상으로 자기공명촬영(MRI), 신경학적 정밀검사, 망막변화 안과검사, 콩팥장애검사 등 8개 항목에 걸쳐서 역학조사를 실시했다.

5장
원진 직업병 환자 자살 사건

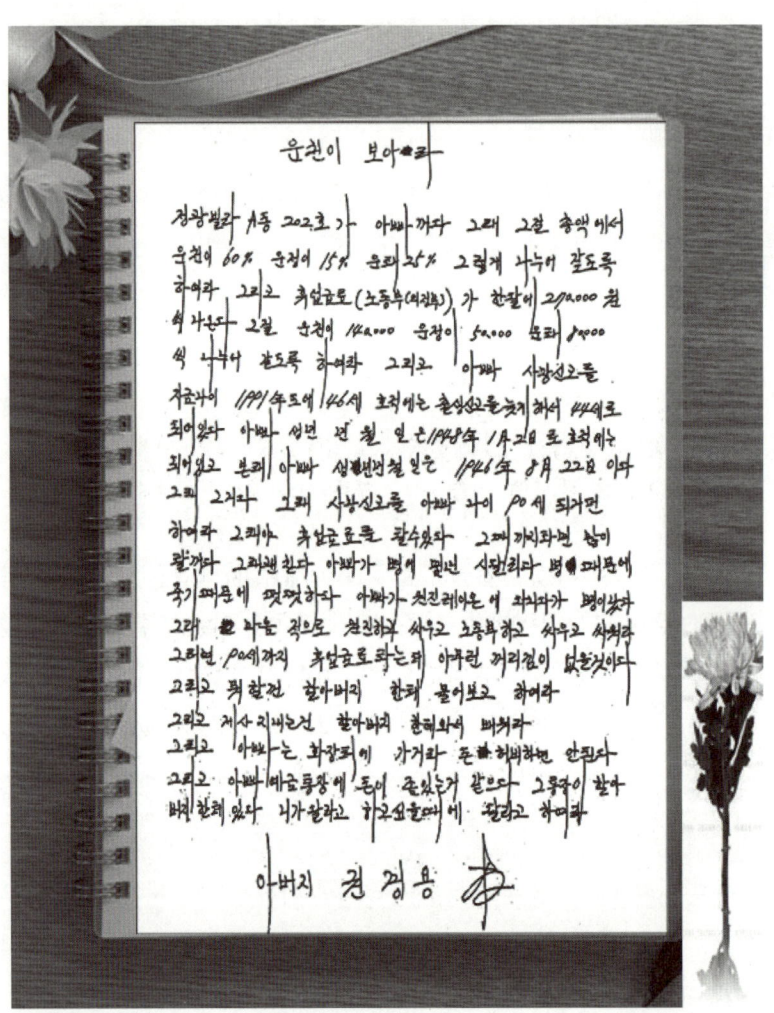

▲ 권경룡 씨는 1988년 직업병 판정을 받았다. 그러나 그는 사회로부터 고립되었으며 외면과 소외당한 현실을 아들 앞으로 2장의 유서를 남기고 죽음으로써 사회에 고발한 것이다.

직업병 고통에 시달리다 죽음 선택

 1991년 4월 25일, 130일간 김봉환 노동자의 시신을 남양주시 도농동 1번지(도농로34), 원진레이온(주) 철제 정문 앞에 안치해 놓고 "고인 직업병 인정하라."라며, 무기한 철야 농성을 전개하고 있었다.

 이날 아침 8시께 권경룡 씨가 직업병에 시달리다 죽었다. "아빠가 원진레이온에 다니다가 병이 났다. 그래, 원진레이온 측과 싸우고 노동부 측과 싸워라."라며 아들 앞으로 2장의 유서를 남기고 직업병 환자의 현실을 사회에 고발하고 자살함으로써 노동자의 근로조건 개선에 앞장을 선 것이다. 권경룡 씨의 죽음은 우리나라의 노동운동사에 영원히 기억될 만한 사건이었다.

 당시 노태우 정권의 시대, 자본주의 시대, 사회의 일부에서 그의 죽음을 놓고, 한순간의 즉흥적인 만용이나, 영웅심리의 작용 등등으로 풀이한 적도 없지 않았다. 그러나 권경룡 씨의 죽음으로 보인 절규는 하루아침에 뚝 떨어진 불씨도 아니고, 하루아침에 빚어진 것은 아니었다.

 원진레이온 방사과 기계에서 방독마스크 등 개인보호장구를 착용하지 않은 채, 35도를 오르내리는 무덥고, 숨 막힐 듯이 답답하고 열악한 작업장에서 이황화탄소(CS_2)를 마시며 하루 평균 '12시간'이라는 중노동에 시달리고 있었다. 이들은 열악한 작업장의 현실을 죽음으로 폭로했지만 냉혹한 사회는 그의 진실을 그대로 받아들이지 않았고 액면 그대로 선뜻 믿으려 하지 않았다.

 그는 이황화탄소 중독으로 직업병 고통에 시달렸다. 그가 연탄불을 피워 놓고 자살하며 진실과 현실을 묵묵히 뒷받침해 주고 있는 단서인 아들 앞으로 남긴 두 장의 유서가 방송, 신문을 통해 대대적으로 보도되어 알려졌다.

 이처럼 그의 죽음을 완벽하게 뒷받침해 주는 아들 앞으로 남긴 2장의 유서가 언론사의 기자들에 의해 사연들이 하나씩, 하나씩 파헤쳐졌다.

 이로 인해 그의 죽음은 세상 사람들이 알게 되었다. 그는 직업병을 판정받고 한의원과 정신병원을 전전했다. 권경룡 씨는 치료 한번 제대로 받지 못하고 직업병 고통에 시달리다 죽음으로 사회에 고발한 것이다.

 그가 직업병 고통에 시달리다 아들 앞으로 유서를 남기며 죽음으로써 보인 절규는 우리에게 무엇을 말해 주고 있는가? 이와 같은 처절한 죽음의 유언이 세상에 알려진 것은 권경룡 씨의 아버지 권모 씨가 언론을 통해 공개하면서 세상에 알려졌다.

권모 씨는 1991년 4월 25일 당시 김봉환 노동자의 시신을 130일간 원진레이온(주) 정문 앞의 콘크리트 바닥에 안치해 놓고 철야 농성이 진행되고 있는 상황실에 찾아왔다. 김봉환 노동자 장례위원회에 그의 아들 죽음을 털어놓음으로써 세상에 알려지기 시작했다. 죽음보다 못한 삶을 살다 끝내 죽음을 선택한 것이다. 권경룡 노동자, 그는 1988년 원진레이온 직업병 피해자 및 가족협의회(이하 원가협) 노사합의서에 규정에 따라 10급의 장해등급 판정을 받고 노동부로부터 산재요양급여를 매월 받아 온 사람이다. 그런 그가 왜 죽음을 선택해야 했는가? 그의 자살, 죽음은 산업재해, 직업병 환자에 대한 사회의 냉혹한 무관심으로 비롯됐다. 산업재해, 직업병 환자에 대한 의료복지 사각지대와 제도 미비에 대해 그는 죽음으로써 사회에 고발한 것이다.

권경룡 노동자는 1977년에 원진에 입사하여 방사과에서 8년 근무하다 1985년부터 손발이 떨리고 호흡장애와 정신질환 증세가 심해져 회사 측으로부터 강제퇴직을 당한 뒤 2년간 서울 중랑구 면목동, 박신경정신과의원에서 입원치료를 받았다.

"자살하기 3일 전 '몸이 아파서 도저히 못 살겠다. 차라리 죽고 싶다. 나를 죽여 달라.'라고 말하기에 그러면 안 된다고 심하게 나무랐지요. 이황화탄소 직업병 정신분열증을 일으킨 요인이라고 계속해서 말하곤 했어요. 내 아들 권경룡이는 자식들과 떨어져 있는 외로움 속에서 죽음보다도 못한 삶을 살다 갔습니다."

그는 13년간의 직업병으로 인한 정신분열증에 시달리다가 1991년 4월 11일 하늘나라에 가서 치료받기를 선택했다. 경기 고양시 덕양구 행신3동 자택의 안방에서 연탄불을 피워 놓고 혼자서 죽음을 택했다. 권경룡 씨 그는 당시 200만 원짜리 2평 남짓한 단칸방에서 셋방살이를 했었다. 혼자 살던 권경룡 노동자에게는 부모님만이 이틀에 한 번씩 음식을 나르기 위해 찾아올 뿐 아무도 찾아오는 사람이 없었다. 단칸방에서 혼자서 외롭게 고립된 생활을 해 왔다.

"그는 우울증 때문에 사람들이 찾아오는 걸 싫어했어요. 그의 가족들도 이틀에 한 번 정도 음식을 가져다주는 정도였으니까요. 자살하기 하루 전날 반찬거리를 들고 갔더니 책상 의자에 앉아 어디엔가 보낼 편지를 쓴다고 하더군요. 그게 아들이 이 세상에 마지막으로 자신의 아픔을 세상에 알리려는 유서일 줄 어느 누가 알았겠습니까? 어미를 세상에 남겨 두고 먼저 하늘나라에 떠나다니, 불효막심한 놈!"

권경룡 노동자의 집에서 20분 정도 거리에 떨어진, 경기 고양시 덕양구 행신3동 어머니 천모 씨(71)가 살고 있었다. 권경룡 노동자는 이렇게 갑자기 증발이라도 하듯이 고통스러운 세상에서 사라졌다. 건강했던 시절 주민등록증 속의 사진 1장만이 권경룡 노동자 생애의 흔적으로 남아 자신의 힘으로는 풀 수 없었던 이황화탄소 중독 직업병을 사회에 고발했다.

두 아들 앞으로 남긴 2장의 유서

운천이 보아라!

"지금 나이 46세 호적에는 44세로 되어 있다. 그래 사망신고를 아빠 90세가 되거든 하여라. 그래야 휴업급료를 탈 수 있다. 그때까지 타면 많이 탈 수 있다. 그래, 괜찮다. 아빠가 병에 몇 년 시달리다가 병 때문에 죽기 때문에 떳떳하다. 아빠가 원진레이온에 다니다가 병이 났다. 원진하고 싸우고 노동부하고 싸워라, 그러면, 90세까지 휴업급여를 타는 데 아무런 거리낌 없을 것이다. 정광빌라 A동 202호가 아빠 것이다. 그래, 그걸 총액에서 운천이 60%, 운정이 15%, 운태 25% 그렇게 나누어 갖도록 하여라, 그리고 한 달에 27만 원씩 나온다. 그걸 운천이 14만 원, 운정이 5만 원, 운태 8만 원씩 나누어 갖도록 하여라. 그리고 무엇을 하려면 할아버지한테 물어보고 하여라. 그리고 제사 지내는 건 할아버지한테서 배워서 하라. 그리고 아빠는 화장터에 가거라. 돈 허비하면 안 된다. 그리고 아빠 예금통장에 돈이 좀 있는 거 같다. 그 통장 할아버지한테 있다. 네가 하고 싶을 때에 달라고 하여라." (유서 중에서…….)

운천이 보아라!

"그리고 삼척시 근덕면 매원리 문암에 큰할아버지댁, 그리고 묵호 작은 할아버지댁, 그리고 할아버지 쪽 친척이 있고, 성동구 성수동 뚝섬 아빠한테 외숙모네 또 영등포구 신길동에 있었는데 잘 모르겠다. 외숙모네 그리고 송정 이모네, 그리고 종로구 사직동에 또 있다. 하려는데 잘 모르겠으면 할머니한테 물어봐라.

그리고 네 어머니가 너희들을 데리고 있다. 그래 평생 데리고 있으면 제사까지도 네가 모셔야 하는데 그래 아빠는 엄마를 무척 많이 때렸다. 그래 아빠는 이 세상에 태어날 때 인간관계 하는 것 모르고 태어났다. 그래 아빠 제사 엄마 제사 같이 모시게 되면 모셔라.

아빠는 좋다, 아빠는 이혼했어도 내 사람으로 생각하고 있다. 그리고 엄마가 따로따로 모시라 하면 따로따로 모셔라, 모든 게 다 좋은 거다. 엄마 하는 게 그리고 네 외할머니 또 외삼촌 이모 그리고 아빠 결혼할 때 친척 많이 오셨더라, 그래, 다 엄마한테 물어보고 외가 쪽 가사 그래 알고 있어라, 그리고 학교 진학 운천이, 운정이, 운태 또 취직 모든 것 너희들도 하고 작은아버지, 고모들한테 물어봐라, 학교 직장 모든 걸 많이 알고 있다. 이건 없애지 말고 어른이 될 때까지 보관해야 한다." (유서 중에서······.)

아버지 권경룡

권경룡 노동자가 이 유언을 남기고 간 삼 남매는 1986년 이혼한 어머니와 함께 서울 은평구 응암2동 단칸방에 세 들어 살고 있었다. 권경룡 노동자의 아버지 권모 씨는 서로 이혼해서 살았지만, 며느리를 한 번도 원망해 본 적이 없다며, 아들이 떨어져 살 수밖에 없었던 속사정을 이렇게 말했다.

권경룡 씨 부인과 이혼 등 가정 파탄

권경룡 노동자는 강원도 삼척의 자그만 갯마을에서 3남 3녀 중 장남으로 태어났다. 권경룡 노동자가 초등학교를 졸업했을 무렵, 꽁치잡이 배 2척을 거느리고 고기잡이를 하던 아버지의 사업이 실패하게 되자 정든 고향 땅을 떠나 서울시 영등포구 신길동으로 이사 온 것이 그의 나이 14세 때 일이다. 권경룡 노동자는 서울 생활을 시작하면서 가족들의 생가 어려워지자 초등학교라는 학력 이외에 더 이상의 학업을 잇지 못하고 15세부터 신문 배달, 껌팔이, 과일 장사, 피복 장사 등 닥치는 대로 돈벌이에 뛰어들었다. 군대를 제대한 권경룡 노동자는 양복 기술을 배워 직접 양복점을 5년간 운영하기도 했으나 갈수록 생계가 어려워지자 이를 그만두고 1977년 원진레이온에 근무 중이던 친구의 소개로 방사과에 입사했다. 권경룡 노동자는 29세 때 결혼하여 경기 남양주시 미금동에 보증금 1만 원에 매달 3,500원씩 내는 월세방을 얻어 신혼살림을 시작했다. 권경룡 노동자의 동생들도 학교를 졸업하고 자리를 잡아 가는 상태였기 때문에 하루하루가 행복한 나날이었다.

그리고 그는 첫애를 낳던 해부터 손발 마비, 신경과민, 불면증 등의 증세를 호소했다. 권경룡 노동자가 퇴근 후 집에 돌아오면 몸에서 독가스 냄새가 진동했지만, 전혀 이황화탄소 중독 초기 증세라는 사실을 아무도 알지 못했다고 한다. 그리고 정신이 희미해진다고 말하면서도 신들린 사람처럼 회사에서 열심히 일했다고 한다. 가족들 처지에서는 서운한 점도 한둘이 아니었다고······. 그렇게 일밖에 모르던 사람이었지만 원진레이온 측이 해 준 것이라곤 1984년 3조 2교대(주주/야야/비휴) 하루 12시간씩 일했을 때 한 달에 15만 원씩 준 것이 고작이었다. 그는 그 뒤 정신분열증이 심해져 결혼 패물을 모두 팔고 서울 중랑구 면목동에 있는 박신경정신과의원에 입원시켰지만 좋아지질 않았다. 권경룡 노동자는 잠자리에서 헛소리를 하고 불면증에 시달리는 등 이황화탄소 중독 직업병 환자에게 나타나는 정신분열증을 보여 왔다.

이후 권경룡 노동자는 산재보험 혜택을 받지 못하고 자비로 1985년 서울 중랑구 면목동 박신경정신과의원과 경기도 용인시 정신병원에서 진료받았다. 그러나 치료비가 떨어져 집에서 요양해 왔었다고 한다. 1990년 5월 29일 노동부로부터 직업병 판정을 받고 원진레이온 측에서 장해등급 10급을 받고 고려대 여주병원에서 정신분열 증세를 대수롭지 않게 생각하고 치료를 잘해 주지 않고 있어 서울시 중랑구 면목동 서울기독교병원으로 전원 조치한 뒤 집에서 통원 치료를 받도록 했었다.

당시 천모 씨, 어머님은 "우리 아들 경룡아, 우리 아들 경룡아. 살고 싶다고 그렇게 외치더니 왜, 어떻게 눈을 감았느냐. 원진레이온 측과 노동부 나쁜 놈들. 우리 아들 살려 내라."라며, 하염없이 흐르는 눈물을 닦으면서 울고 있었다.

6장
김봉환 노동자 137일간 장례투쟁의 의의

김봉환 노동자 직업병 인정 합의의 성과

　5월 19일, 김봉환 씨와 관련하여 회사와 유가족, 장례위원회 간의 합의서가 체결됐다. 그는 숨진 뒤 137일 만에 5월 21일 오전 10시 남양주시 도농동 1번지(도농로34), 원진레이온(주) 본관 앞 광장에서 각계 인사와 유가족, 전, 현직 노동자 400여 명 참석한 가운데 산업재해 노동자장으로 장례식 치러졌다. 이날 오후 고인은 남양주시 화도읍 경춘로2110번길 마석 모란공원에 안장되었다.

　김봉환 노동자 직업병 인정과 유가족 민사 보상 합의의 성과와 장례투쟁 과정을 분석한다면 일단 노동운동사 새로운 역사를 썼다. 그리고 이번 장례위원회 투쟁에 민중당, 전교조, 국민연합, 노동인권회관, 구리해누리민족청년회, 노동과 건강연구회(노건연), 건강사회약사회, 건강사회 치과의사회, 청년한의사회, 서울지역 의학과 학생협의회 등 연대투쟁으로 해결됐다. 원진대책위원회가 김봉환 노동자 장례위원회로 조직이 개편됐다. 이후 1991년 4월 5일부터 5월 19일까지 여덟 차례에 걸쳐서 직업병은폐 범국민규탄대회와 산재추방결의대회 등 집회를 개최하면서 다른 단체들과의 연대투쟁이 전개되었다.

　김봉환 노동자 장례위에 참여한 대표적인 시민보건의료단체들과 1991년 1월 13일 박종철 군 4주기 추모식에 참석하였던 계훈제, 이소선(전태일 열사 모친), 박정기(박종철의 부친) 씨 등이 합류했다. 1991년 4월 2일에는 문익환 목사가 집회 참석을 했으며, 자신의 북한 방문에 관하여 설명하고 노태우 정권과 원진레이온 회사를 규탄하였다.

　1991년 4월 6일의 집회에는 백기완, 이부영, 이우제(전노협), 양승조(전노협), 권운상, 박용일, 이원형 변호사, 정인숙(천주교 정의구현사제단) 씨 등이 규탄 집회에 참여했다.

김봉환 노동자 장례위의 농성을 이끌어 간 것은 바로 노태우 정권의 타도와 1천만 대학생과 노동자 간의 연대투쟁이 큰 역할을 했다. 1991년 4월 14일에는 문익환 목사, 장기표(민중당 정책위의장), 박형규 목사, 지관스님 등이 규탄 집회에 참석, 민족 민중 해방과 노태우 정권의 타도를 외쳤다. 그해 5월 5일의 규탄 집회에는 박현서 전민련 고문이 규탄 집회 참석하여 연대사를 통해 "군사독재정권 타도하고 우리나라 민주주의를 위해 투쟁에 연대할 것"이라며, 선언했다.

이어서 김대한 광운대 총학생회장, 최민규 서울시립대 총학생회 기획부장, 성균관대의 최재성 군 등 소위 운동권 대학생들도 함께 "원진레이온 김봉환 노동자 직업병 인정"하는 규탄 집회에 참여했다.

김봉환 노동자가 숨진 뒤 137일 만에 장례식이 끝남에 따라 장례위원회를 발전적으로 해체하고 명칭을 변경하여 1991년 6월 12일 종로성당 3층 회의실에서 토론회를 열고 '원진직업병대책협의회'(약칭: 원대협)를 결성하게 되었다.

이 결성식에는 원가협, 원노협, 원진노조의 집행 간부를 비롯하여 민중당, 전교조, 국민연합, 노동인권회관상담소, 구리해누리민족청년회, 노동과 건강연구회(노건연), 건강사회약사회, 건강사회치과의사회, 청년한의사회, 서울지역 의학과 학생협의회 등이 참여하였다. 국민연합 민권특위장을 역임한 박현서 한양대 교수가 대표로 선출되었다. 사무국장에 구기일 원노협 총무, 사무처장에 박무영 구리노동문제상담소 소장 등이 결정되었다. 이번의 단체 설립 배경으로는 산재로 신고되지 않은 직업병 피해자를 발굴하여 치료 및 보상받게 해 주고, 산재 직업병을 범국민 산재추방운동으로 확산 전개하는 데 큰 성과가 있었다.

김봉환 노동자의 유가족은 1991년 9월 4일 유족보상 지급 처분 기각에 불복하는 심사청구서를 제출한 것을 시발로, 노동부를 상대로 행정소송을 제기하였다. 1993년 3월 19일 서울고법의 유족 승소 판결에 이어서 1993년 10월 13일 대법원의 유족 승소 확정판결을 통해 직업병으로 인정받게 되었다. 이로써 의학적으로는 직업병 판정으로 인정받지 못했지만, 법원 판사들로부터 직업병을 인정받았다. 즉 의사들이 '직업병'이라고 인정하지 못한 건을 법원의 판사들이 '직업병'이라고 인정하였다.

업무상 재해 인정 기준 재정비 성과

　김봉환 노동자가 숨진 뒤 137일 만에 장례가 치러짐으로써 원진 직업병 투쟁은 표면상 소강 상태로 접어들게 되었다. 사상 유례없는 137일간의 장례투쟁에 많은 사람들이 동참한 노력만큼, 노동부에게서 "산업안전보건법 및 업무상 재해 인정 기준을 재정비하겠다."라는 약속을 받아 내는 성과를 거두었다.

　"잘 싸웠다. 애썼다."라는 등 모든 노동자들은 서로 격려하고 칭찬하는 목소리를 들으면서 일종의 자부심까지 느끼고, 장례투쟁의 기간 중에 온갖 난관과 고생, 낭패, 실수 등에 대한 기억이 한순간에 잊혀 갔다. 모든 일이 마치 별문제 없이 잘 진행되었던 것 같은 착각까지 들 정도이다. 그러나 137일간의 장례투쟁의 구체적 진행 과정을 살펴보면 되짚어서 반성해야 할 근본적인 문제점 많았다.

　그리고 우리나라 세계적인 '산재왕국'이라 불릴 정도로 산업재해 직업병 문제가 심각하다. 그중에서도 원진레이온의 경우는 전두환 정권을 걸쳐서 노태우 정권에 의해 직업병 문제가 은폐되어 왔다. '산재왕국'인 우리나라에서도 가장 열악하고 참혹한 사업장 중의 하나임이 분명하다. 그래서 어떤 사람은 원진레이온의 존재 자체가 "우리나라 자본주의의 원죄"에 해당한다고 말하기도 한다. 열악한 작업장에서 일하다가 퇴직 후 사망한 김봉환 노동자의 직업병 불인정 문제는 대표적으로 억울한 사례에 속한다.

　그래서 김봉환 노동자의 직업병 인정 및 보상 문제는 유족 개인의 문제 차원을 넘어서 상징성을 갖게 된 것이다. 이에 따라 많은 국민들로부터 주목받게 되었다. 이번 투쟁의 결말 여부에 따라 우리나라의 '산재추방운동'이 앞으로 후퇴하느냐 아니면, 전진할 수 있느냐의 갈림길에 서 있었는데 결국 승리하여 '산재추방운동'이 급격히 전진하는 기본의 틀을 이룩하게 되었다.

　직업병은 인과관계 입증이 매우 어렵기 때문에 잘 은폐되기 쉬운 속성을 갖고 있었다. 그런데 우리나라 자본주의 사상으로 잘못된 제도적, 사회적, 의료적 등 관행으로 말미암아 구조적으로 방치됐다. 보통 직업성 관련 질환의 경우는 편의상 피해자 본인도 잘 모르고 지나가고, 의사도 찾아내지 못하는 경우가 있다. 직업병 피해자 본인은 혹시 직업성 관련 질환이 아닌지 의심하고 주장하지만, 의사들이 이를 입증해 주지 않는 경우 많다. 양심적인 의사가 직업성 관련 질환임을 인정했지만, 노동부와 회사에서 이를 인정하지 않는 경우 많이 있다.

　이번 137일간의 장례투쟁은 우리나라의 직업병 인정 투쟁 사례 중 손에 꼽을 만큼 처리되었을 뿐이다. 만일 의사의 소견서까지 있었는데도 불구하고 직업병 인정을 받지 못한다면 어떠한 근거를 제출해야 하는가?

137일간의 장례투쟁이 의미 있는 성과로서 가칭 '원진직업병연구센터'가 설립될 것으로 예상되는바, 직업병 피해 노동자들의 조직적 체계적 활동의 거점이 됨과 동시에 향후 원진 직업병 피해자들에 대한 지속적이고 근본적인 대책 수립의 기본 바탕을 만들게 되었다. 전현직 노동자들에 대하여 직업병의 심각성과 작업환경 개선의 절박성을 일으킨 동시에 장기간에 걸친 투쟁 과정 속에서 결합한 것이 좋은 성과가 되었다.

이번 137일간 장례투쟁 과정에서 눈에 띄었던 점은 산재, 직업병추방운동의 가장 중요한 주체가 되어야 할 노동운동 진영의 조직적 참여나 장례투쟁의 결합 수준이 극히 미약하였다. 그 결과 원진 노동자뿐만 아니라 다른 사업장의 노동자들은 대동단결, 대동투쟁을 제대로 실행하지 못하였다. 투쟁 동원력 형성에 있어서도 결정적인 한계로 작용하였다. 이는 노동운동 지도부의 무관심에도 상당한 원인이 있는데 향후 노동운동 진영에서 어떻게 산재추방운동을 자리매김할 것인가의 과제를 안게 되었다.

137일간 장례투쟁 과정에서 중요한 제도 개선의 빌미를 잡게 되었는데 이후 지속적인 연구와 투쟁이 있어야만 실질적인 제도 개선이 가능할 것이다. 산재추방운동을 위해서는 이번 공동투쟁의 경험을 바탕으로 광범한 노동운동단체, 보건의료단체, 피해자단체, 사회운동계로 구성되는 대책기구의 상설 문제까지도 적극 고려해 보아야 할 것이다.

원진 직업병 투쟁의 결과 원진 공장의 민영화 또는 매각을 통해 이전 문제가 제기될 것이다. 직업병 문제가 사회적인 문제로 촉발된 만큼 전현직 노동자들에게만 맡겨 둘 것이 아니라 전체 참가 세력들의 공동 관심과 동참이 중요할 것으로 보인다.

7장
김봉환 장례위 합의의 언론사 논평

원진 노동자 직업병 보상 합의의 뜻

　당시 "진보언론"이라고 불리고 있었다. 한겨레신문은 1991년 1월 5일 김봉환 노동자가 사망했을 때부터 합의서 체결 시점까지 시리즈로 연재하여 보도했으며, 그 뒤를 이어 조선, 동아, 중앙 등 보수언론들 역시 정보를 얻으려고 취재기자를 현장에 보냄으로써 보도 경쟁에 뛰어드는 진풍경이 연출되었다.
　한겨레신문은 합의서 체결 3일 후에 그해 5월 22일 2면 사설에 합의서 내용을 인용했다. "원진 노동자 직업병 보상 합의의 뜻"이라는 제목을 달았으며, "산재추방운동에서 소중한 교훈이 될 것"이라며, 논평기사를 썼다.
　한겨레신문은 "지난 1월 5일 이황화탄소 중독 증세를 보이다 숨진 원진레이온 퇴직 노동자 김봉환 씨에 대한 직업병 인정과 보상 문제 등이 숨진 지 135일 만인 19일 타결되었다. 이날 김봉환 씨 장례위원회와 회사는 '김봉환 씨가 직업병에 걸렸을 개연성은 충분하다.'라는 국회 노동위원회 실태조사 소위원회의 보고서 내용에 근거하여 회사 쪽이 공개 사과를 하고 장해등급 7급에 상당하는 5,850만 원의 보상금과 장례비 1,000만 원을 지급하며 이후 직업병이 나면 민사배상금 4,150만 원을 추가 지급하기로 합의했다. 또한, 양쪽은 산업안전, 보건사업을 진행하면서 노조의 참여권을 보장하고 전현직 노동자에 대해 직업병 의증 진단 단계에서부터 산재 검진과 치료를 받을 수 있도록 하는 등 직업병 방지 대책을 보완키로 하는 데도 합의했다."라고 논평했다.
　그러면서 "김봉환 씨의 죽음을 둘러싼 보상과 직업병 방지 대책 등에 관한 이번의 합의는 몇 가지 점에서 중요한 의미를 담고 있다. 먼저 지적할 수 있는 것은 직업병의 개연성 인정만으로 보상이 이루어지게 되었다는 사실이다. 이는 직업병 판정이 내려져야만 보상받을 수 있도록 한 현행 제도와는 어긋나는 것이지만, 인과관계의 명확한 입증이 곤란한 직업병 문제의 경우 중요한 판단 기준으로 적용될 수 있다는 점에서 큰 의미를 지닌다."라고 했다.

그리고 "다음으로 사업장의 작업환경측정, 환경 개선, 교육, 건강검진, 역학조사 등 산업안전 사업을 추진하는 과정에서 노조의 참여권과 지정권을 보장한 합의 내용도 직업병 방지를 위해서는 각별한 의미를 갖고 있는 것으로 보인다. 그리고 합의 내용 가운데, 전현직 노동자를 막론하고 '의사의 이황화탄소 중독 의증 소견만 있으면 직업병 최종판정이 있기 전이라도 우선 치료와 검진을 실시한다.'라는 조항은 직업병 인정 기준과 절차가 까다롭고 측정 방법도 복잡한 현행 제도의 불합리성에 비추어 주목되는 대목이다."라며, 논평했다.

이 신문은 "이런 합의를 도출하는 과정에서 드러난 분명한 사실은 회사 쪽의 비인도적 처사와 행정 당국의 무책임하고도 방관적 태도이다. 회사 쪽은 김봉환 씨의 죽음에 대해 의학적으로 완벽한 결론이 나지 않은 상태에서는 직업병임을 인정할 수 없다고 주장해 왔으며, 노동부는 현행법률상 직업병 인정이 쉽지 않고 제도적 절차를 거쳐야만 보상을 할 수 있다고 강하게 우겨 왔으며, 이번 합의는 유족과 장례위원회의 투쟁의 산물이며, 그것은 산재추방운동에서 소중한 교훈이 될 것"이라며, 진보신문답게 합의서 체결의 의미를 논평했다.

사망 원진 근로자 보상금 지급의 의미

당시 중앙일보신문은 "보수언론"이라고 불리고 있었다. 중앙일보신문은 "1991년 1월 5일 김봉환 노동자 사망사건, 회사와 유가족, 장례위원회 합의서 체결했다."라고 보도하고, 그다음 날 그해 5월 20일 사회면에서 합의서 내용을 인용하여 "사망 원진 근로자 보상금 지급의 의미"라며, 제목을 달았으며, "국회조사단까지 파견돼 소 잃고 외양간 고치는 격의 방지 대책"이라며, 노태우 정부당국을 비판하면서 극히 이례적으로 보수언론답게 논평기사를 썼다.

중앙일보는 "판정 전에도 소견에 따라 요양 가능, 직업병 보상의 중요한 선례 될 듯, 원진레이온 직업병 피해 사망자 김봉환 씨에 대한 직업병 인정 및 보상 문제 등이 19일 합의됨으로써 원진레이온 사태는 일단 해결의 실마리를 찾았다. 이날 합의된 내용은 직업병 피해 근로자들의 구체적이고 현실적인 요구사항이 대부분 받아들여진 것으로 앞으로 다른 사업장에서 이와 비슷한 직업병 문제가 발생했을 때 중요한 판단 기준으로 적용될 수 있다는 점에서 큰 의미가 있다."라고 논평했다.

그러면서 "유가족, 장례위와 회사 측은 '김봉환 씨는 직업병의 개연성이 충분하며, 회사 측에서 산재요양을 신청했을 경우 치료와 검진이 가능했을 것'이라는 국회 노동위원회 원진직업병 실태조사 소위원회의 보고서(5월 6일)의 내용에 따라 장해 7등급 산재 보상금 5,850만 원과 장례비 1,000만 원을 미리 받고 차후 직업병 판정이 내려지면 민사배상금 4,150만 원을 추가로 지급받기로 합의했다. 이는 직업병 판정이 내려져야만 보상받을 수 있도록 한 현행 법규와는 어긋나는 것이지만 앞으로 직업병 판정, 보상 마찰이 있을 경우 중요한 선례가 될 것"이라고 논평기사를 썼다.

그리고 "직업병 관련 제도 개선과 작업환경측정 및 점검에 관한 합의사항은 노동부가 그동안 제시해 온 '원진레이온 사태 종합 해결대책'과 합치되는 것으로 제대로 시행만 되면 직업병 예방 및 효과적 대처에 큰 효과가 있을 것으로 보인다. 합의 내용 가운데 현직 근로자 중 자각증상 호소자 및 특수검진 1차 경과 이상 소견자의 경우는 물론이고 퇴직 후 발병자도 의사의 이황화탄소 중독 의증 소견(의심이 간다는 견해)만 있으면 직업병 최종 판정이 있기 전이라도 우선 치료와 검진을 실시한다는 조항은 지금까지는 직업병 인정 기준과 절차가 까다롭고 측정 방법도 복잡해 직업병 판정을 받기가 '하늘의 별 따기'였고 뒤늦게 판정을 받는다 해도 이미 병이 치명적으로 되어 버리는 수가 많았다는 점에서 주목되는 부분이 있다."라고 했다.

이 신문은 "특수검진 결과 작업 전환 조치를 할 때는 본인의 의견을 참작해 임금 결손이 없도록 하자는 내용은 일부 기업주들이 직업병에 걸린 근로자들을 임금이 훨씬 싼 부서로 이동시키겠다고 위협, 사실상 강제로 일을 계속하게 해 온 현실을 개선하기 위한 것이라 할 수 있다. 원진레이온의 경우 이황화탄소 중독자와 사망자가 빈발하면서 여론의 집중 비난을 받고 뒤늦게 국회조사단까지 파견돼 소 잃고 외양간 고치는 격의 방지 대책이 마련됐지만 다른 직업병 발생 가능 사업장들에 대해서도 노동부가 일제 점검을 실시하는 등 적극적인 사전예방에 힘써야만 제2의 원진사태를 막을 수 있을 것"이라고 논평을 했다.

원진 김봉환 씨 사망 135일 만에 타결

당시 한국일보는 "중도언론"이라고 불리고 있었다. 한국일보는 1991년 5월 19일 "회사와 유가족, 장례위원회 합의서 체결했다."라고 보도했다. 그리고 9일 만에 그해 5월 28일 사회면에 합의서 내용을 인용했다. "원진 김봉환 씨 사망 135일 만에 타결"이라는 제목을 달았으며,

국회노동위원회 보고서를 인용하며 "김봉환 씨 직업병에 이환됐을 개연성이 충분하다."라며 논평기사를 썼다.

한국일보는 "직업병으로 인한 사망 여부를 둘러싸고 회사 측과 유가족 간에 팽팽한 대립을 보여 왔던 원진레이온 전직 근로자 김봉환 씨(53), 장례 문제가 지난 19일 사망 135일 만에 타결된 것은 직업병 개선을 위한 적극적인 보상 장치를 얻어 냈다는 점에서 우리나라 직업병사에서 새로운 장을 연 것"이라고 논평을 했다.

그러면서 "유족과 원진레이온 직업병피해노동자협의회(원직협) 측이 그동안 줄기차게 요구한 내용을 회사 측이 거의 받아들인 것은 물론 여론의 악화와 근로자, 재야의 끊임없는 투쟁에 밀린 고육지책이긴 하지만, 노동부 측이 합의서 문안 작성까지 개입하여 긍정적 합의를 유도했다는 점에서 앞으로 다른 작업장에 적용될 가능성이 커지게 됐다. 회사 측 백영기 사장(61)과 유가족, 장례위원회 대표들이 합의한 내용은 김 씨 사망과 관련 보상뿐만 아니라, 직업병 관련 제도 개선, 직업환경측정 및 점검, 차후 발생하는 문제해결에 관한 사항 등 모두 21개 항에 이르고 있다."라며 논평기사를 썼다.

이 신문은 "또한 논란의 핵심이 돼 왔던 김 씨의 사망에 대해서는 '직업병에 이환됐을 개연성이 충분하다'는 국회 노동위원회보고서(5월 9일)를 상호 확인하는 선에서 마무리, 모두 6,850만 원의 위로금을 받기로 했다. 직업병 관련 제도에 관해서는 역학조사와 작업환경측정 등 노조 대표가 참여할 수 있도록 해 공정성 논란을 사전에 제거하도록 규정하고 있다. 또 현직 노동자 중 자각증상 호소자 및 특수검진 1차 검진 결과 이상소견자는 물론이고, 퇴직 후 발병자도 의사의 이황화탄소 중독소견만 있으면 최종 판정이 있기 전이라도 치료와 검진을 실시하라고 해 까다롭고 복잡한 직업병 판정 절차를 개선케 하고 특수검진 결과 작업 전환 조치를 할 때는 본인의 의견을 참작해 임금 결손이 없도록 한다는 내용도 주목되고 큰 의미 있는 합의서"라고 중도언론답게 합의서의 의미를 논평했다.

서울고등법원 김봉환 씨 유족보상 판결

서울고등법원 특별9부 재판장 김학세 부장판사는 1993년 3월 19일 원진레이온에서 근무하다 숨진 김봉환(당시 53세) 유가족이 노동부를 상대로 낸 유족급여 부지급처분 취소 청구소송에서 "김 씨가 직업병인 이황화탄소 중독에 걸렸다는 전문의 소견이 없더라도 숨지기 전 김 씨의 증상과 다른 노동자들의 질병 등에 비춰 볼 때 김씨가 이 병으로 숨진 사실이 인정된다."라며, 원고 승소 판결을 내렸다.

재판부는 또 원진레이온에서 근무하다 이황화탄소 중독 판정을 받은 뒤, 자살한 권경룡(당시 44세) 씨 소송에서도 "권 씨가 이황화탄소 중독에 의한 정신분열 증세를 보인 만큼 이를 비관해 자살한 사실을 인정할 수 있다."라며, 원고 승소 판결을 내렸다. 이번 판결은 전문의 소견 등 직업병에 걸렸다는 확증이 없더라도 유해 부서 작업환경, 임상 증상의 합치, 같은 작업장에서의 직업병 발생 등의 제반 상황에 비춰 개연성이 인정될 경우 직업병을 폭넓게 인정한 것으로 주목된다.

재판부는 김 씨에 대한 판결문에서 "김 씨의 발병 원인이 비록 의학적, 자연과학적으로 명백히 입증되지 않더라도 이황화탄소 중독으로 인한 것이 아니라는 특별한 증거가 없고, 동료 노동자들의 경우 이황화탄소 중독으로 판정된 사례가 있는 만큼 김씨가 작업 과정에서 발생한 이황화탄소에 중독돼 사망한 것으로 추정된다."라고 밝혔다.

1991년 1월과 4월에 숨진 김봉환 씨와 권경용 씨 유족들은 노동부가 "김 씨의 경우 이황화탄소 중독증에 걸렸음을 인정할 증거가 없으며 권경용 씨는 업무와 무관하게 자살한 것이므로 직업병으로 인한 사망으로 볼 수 없다."라며 유족급여 지급을 거절하자 의정부 지방노동사무소(의정부고용노동지청) 대상으로 소송을 제기했다.

대법원 김봉환 씨 유족보상 판결

고혈압 등으로 숨진 원진레이온 노동자에 대해 업무상 재해로 보아 유족에게 보상금을 지급해야 한다는 대법원 첫 판결이 나왔다. 대법원 특별2부(주심 천경송 대법관)는 1993년 10월 14일 원진레이온 노동자 김봉환 씨의 부인 방희녀(당시 57세) 씨가 당시 의정부 지방노동사무소장(현 의정부고용노동지청장)을 상대로 낸 보상금 등 지급부결처분 취소소송 상고심에서 원고 승소 판결을 내린 원심을 확정하고 피고인 의정부 지방노동사무소의 상고를 기각했다.

김봉환 씨 유가족 승소의 의미

1991년 1월 5일 이황화탄소 중독 증세로 숨져 가족과 노조원들이 137일간 회사 앞에서 시신 농성을 벌이는 등 큰 사회적 파문을 일으킨 원진레이온 퇴직 노동자 김봉환(당시 53세) 씨의 직업병 인정 여부에 대한 서울고법의 사법부가 까다롭고 복잡한 현행 직업병 인정 기준을 크게 현실화할 필요가 있다는 판단을 내린 것으로 해석된다.

전문의 소견 등 확증이 없어도 개연성만 있으면 직업병으로 인정해야 한다는 법원의 이번 판단이 대법원의 확정판결을 거쳐서 구속력을 갖는 판례로 굳어질 경우 직업병 증세로 시달리면서도 의사의 "과학적 검증"이 뒷받침되지 않았다는 이유로 보상받지 못하는 상당수 노동자들이 실질적인 혜택을 받을 수 있게 된다.

이번 김 씨의 유가족과 함께 승소 판결을 받은 사람은 원진레이온에서 퇴직한 뒤 이황화탄소 중독 증세를 보이다가 지난 4월 아들 앞으로 유서를 남기고 자살한 권경룡(당시 44세) 씨였다.

김 씨와 권 씨 두 사람은 모두 7~8년 원진레이온에서 일하다 신경계통이 마비되는 등 이황화탄소 중독 증세가 나타나 퇴직했으나 이황화탄소에 중독됐다는 과학적 판단을 내리기 어렵다는 이유로 직업병 인정을 받지 못해 유족보상금과 장례비를 지급받지 못했다. 이황화탄소 중독은 원진레이온의 인조견사 제조 과정에서 쓰이는 유독가스이다. 이황화탄소에 만성적으로 노출된 노동자들이 직업병이다.

두 사람이 숨진 뒤에도 원진레이온 전현직 노동자들 가운데, 이러한 중독 증상을 보이는 사람들이 잇따라 나타났다. 이에 따라 이황화탄소 중독에 대한 직업병 인정 기준을 둘러싸고 정부와 노동자들 사이에 마찰이 끊이지 않았다.

법원은 이번 판결에서 유해 작업환경에서 일하는 노동자 가운데 직업병 환자가 발생하고 다른 노동자가 같은 증상을 보일 경우 똑같은 직업병으로 인정했다. 이에 대해 반증 책임은 노동부에 있다는 점을 분명히 밝혔다.

재판부는 판결문에서 "김봉환 씨의 발병 원인이 의학적으로 명백히 인정되지 않더라도 동료 노동자들이 이황화탄소 중독 판정받은 사례가 있는 만큼 김 씨가 이황화탄소에 중독돼 사망한 것으로 추정된다."라고 밝혔다.

권씨가 숨지기 전 이황화탄소(CS_2)에 의한 정신분열 증세를 보인 사실이 인정된다는 재판부의 언급도 마찬가지다. 재판부는 전문의 소견이 없더라도 제반의 상황을 비추어 볼 때 직업병 발병의 개연성이 있다면 이를 반박할 증거가 제시되지 않는 한 직업병으로 인정해야 한다고 판결했다. 이는 직업병 인정 기준을 현실화해야 할 필요가 있다는 법률적 견해를 내놓은 것이다.

제6부

업무상 재해 인정 기준 재정비

1장
업무상 재해 인정 기준 재정비 과정

노동부장관 추진 방안 대통령 업무보고

원진 직업병 사건 계기로 이황화탄소 중독증뿐만이 아니라, 산재·직업병에 대한 국민적 관심이 고조되고 있었다. 이에 대한 제도 등 체계 정립의 필요성을 깨달은 정부는 1991년 5월 7일 '직업병(예방)종합대책추진기획단'이라는 특별기구를 구성했다.

여태까지의 제도 운영의 허실을 점검하고 쇄신적인 개선 대안을 논의 및 선택하여 산재 직업병 예방의 획기적인 전기를 마련하겠다고 나선 것이다. 이 기획단이 주관한 몇 차례의 회의가 개최되어 원진레이온 사건 처리 과정 등에서 도출된 제반 문제점에 대한 대책으로 정부 측 실무진이 작성한 제도 개선 방안에 대하여 타당성 및 실현 가능성에 대한 관계 전문가들 중심으로 자문위원회 및 조언을 청취했다. 기타 직업병 예방을 위해 정책적으로 고려되어야 할 사항들에 관한 토론의 장을 마련하기도 한 것으로 보이나, 1991년 5월 '직업병 예방 종합대책 관련 주요 사항 보고'와 1991년 5월 9일 자의 '직업병 예방 종합대책 수립, 추진 방안을 위한 관계 전문가 회의에 관한 문건, 그 밖에 이 기획단의 활동 내용' 보고를 진행했다. 그 이후 기획단은 우리나라 산재 직업병에 관한 산업안전보건법 개정을 실시하는 등 제도 개선을 위한 활동을 실시했다.

노동부 산하 기획단의 주요 내용을 살펴보면 ▲직업병 판정 및 치료 합리화 ▲건강진단과 작업환경측정 개선 조직 및 인력 확충 ▲건강진단 검진 대상 확정 및 검진 누락 방지 ▲검진의 정확성 및 검진 기간 단축 방안(검진 항목, 검진 방법, 검진 인력, 검진기관 지정, 검진기관 지원, 부실검진기관 제재 조치) ▲검진 결과 통보 및 조치 내용의 확인 행정 방안 ▲유해, 위험부서 종사 근로자 이직 후 건강관리 체제 구축 방안 ▲작업환경측정 대상 선정의 명확화 ▲작업환경측정 및 분석의 신뢰성 제고 방안 ▲작업환경측정 결과의 조치 이행 방안 ▲산재요양 및 보상 ▲직업병 검진 항목 지정 및 진단 전문 의료기관 지정 ▲특수검진 결과 소견의 산재요양 및 보상 연계 방안 ▲업무상 재해 인정 기준 보완 및 개선 방안 등 행정 및 연구조직 강화 방안이 확정됐다.

1991년 5월 29일 당시 최병렬 노동부장관은 원진레이온(주) 현장을 방문하여 전광표 노조위원장, 김주석 원노협 회장 등과 간담회를 가졌다. 이후 노동부는 1991년 6월 14일 '직업병 종합대책'을 확정하여 노태우 대통령에게 업무보고를 하였다.

이번 종합대책의 주요 내용은 업무상 질병 인정 기준의 대폭 완화, 직업병에 대한 판정 절차 표준화, 유해, 위험 부서 근무자의 경우 특수건강검진 결과 직업병 유소견자로 직업병의 개연성이 인정되면 정밀진찰을 생략했다. 의료기관에 따라 진단결과가 다른 폐단을 막기 위해 정도관리제를 도입하며, 산업의학 전문의 제도를 신설하고, 5년 주기로 작업환경 실태 센서스를 실시했다. 이러한 대책들을 위해 1993년도까지 연차적으로 282억 원의 예산을 투입하는 것 등으로 되어 있었다.

이러한 대책들 중에서 직업병 전문의 제도의 실시는 내외과 등의 전문 과목만으로도 충분히 직업병과 산업과의 인과관계를 밝힐 수 있으므로 별도의 전문의는 필요치 않다는 기존 의료계의 반대와 보건사회부의 미온적인 태도로 진척이 없었다. 또한, 산업안전공단 산하 산업안전보건연구원의 보건 분야와 근로복지공단 산하 직업병연구소를 통합하여 직업병의 건강진단, 예방 등 전문연구기능을 수행할 산업보건연구원의 설립계획은 경제기획원이 예산심의 과정에서 반대하여 좌절됐다. 산업안전보건 전담 인력의 부족을 해소하기 위한 산업보건지도관실, 유해물질관리과의 신설과 감독관 200명 충원 계획은 총무처의 반대로 실현되지 못하였다.

이러한 여건 속에서도 일단 업무상 재해 인정 기준의 개정과 퇴직 근로자들의 평균임금 산정 제도의 개선 등이 이루어지게 된다.

1991년 업무상 재해 인정 기준 개정

원진레이온 사태, 특히 김봉환 노동자 사망사건이 계기가 된 업무상 재해 인정 기준 개정의 내용은 크게 두 가지로 요약했다. 첫째는 업무상 질병 인정 요건으로 지금까지는 업무와 관련하여 발병하였음이 의학적으로 명백한 경우에 업무상 질병으로 인정하였던 것을 업무와 질병

간에 의학적으로 상당한 인과관계가 인정되는 경우에 업무상 질병으로 인정하도록 하는 상당 인과관계 원칙의 도입, 또 하나는 이황화탄소 중독증 인정 기준의 신설이다.

노동부는 1991년 5월 17일 직업병 관련 전문가 회의를 개최하여 직업병의 신속한 진단을 위한 대책을 논의하고 신장조직검사 실시 지침을 포함한 이황화탄소 중독증 인정 기준(안)의 작성을 대한산업의학회(회장: 차철환)에 의뢰하여 대한산업의학회는 자체 연구위원회 활동과 간담회, 자료 발표 등을 통해 마련한 안을 5월 31일 제출하였다.

노동부는 이 안을 시행할 경우 시행상의 문제점을 검토하기 위해 그해 6월 14일 이황화탄소 중독증 인정 기준 제정에 따른 관계 전문가 회의를 개최하여 산업의학 관계자와 이황화탄소 중독 진단 임상의사 등의 연석회의를 진행하여 용어 및 문안에 대한 1차 조정을 실시하였다. 조정안을 다시 대한산업의학회에서 2차로 검토하고 최종안을 1991년 7월 노동부에 제출하였다. 이 안을 7월 24일에서 28일 산재보험 요양급여 심의위원회에서 서면으로 검토해서 문제점을 발췌하였고, 1991년 9월 노동보험국(재해보상과) 주관으로 산업의학 전문가들의 회의를 다시 개최하게 되었다.

1992년에 연구용역사업으로 우리 실정에 맞는 이황화탄소 중독증 인정 기준의 제정을 추진하고, 잠정적으로는 산업의학회의 인정 기준(안) 중 이황화탄소 폭로 기간에 관한 일부 기준을 조정하여 사용하되 작업환경측정 기록을 확인할 수 없는 1987년 이전의 근무경력자를 보호할 수 있는 예외 지침을 운영함이 타당한 것으로 결론짓게 되었다. 이러한 과정들을 거쳐서 1992년 11월 1일 업무상 재해 인정 기준을 개정(개정예규 제205호)하여 11월 9일 확정, 시행하게 됐다.

인정 기준은 이황화탄소에 10ppm 이상 수개월 이상 폭로된 근로자에서 주요 소견 2가지 이상 또는 주요 소견 및 기타 소견이 합쳐져 2가지 이상의 소견을 나타낸 사람에게서 다른 질병을 감별 진단하여 인정하도록 했다.

1991년 개정된 업무상 재해 인정 기준의 주요 내용을 살펴보면 제3조 업무상 사유에 의한 재해의 요건 제3항 재해의 원인이 불명일 경우의 인정 기준을 삭제했다. 제9조 중추신경 및 순환기계 질환의 3항 기타 유의할 사항 1목에서 업무에 기인하여 발생한 것이 의학적으로 명백한 경우가 의학적으로 업무와 질병 간에 상당한 인과관계가 있음이 인정되는 것으로 변경됐다.

이와 관련 제12조 2로 이황화탄소로 인한 중독 및 그 속발증이 신설됐다. 제17조 '기타 질환에서 업무와 관련하여 발병하였음이 의학적으로 명백한 경우'가 '작업환경, 취급물질, 작업 경력 등을 종합하여 의학적으로 업무와 질병 간에 상당한 인과관계가 있음이 인정되는 경우'로 개정됐다.

1991년도의 개정에서 노동부가 기대했던 효과는 상당인과관계 원칙의 도입으로 각종 유기용제 및 중금속 중독증 등에 있어 취급 물질, 작업 경력 등을 종합하여 의학적으로 업무와 질병 간에 상당한 인과관계가 있음이 인정되는 경우 업무상재해로 판정할 수 있게 됐다.

이와 같이 이황화탄소 중독증의 경우 이제까지 7개 전문 과목의 23개 검사 항목 중 조사 완료한 후 업무상 질병 여부를 판정하여 평균 6개월 이상 소요되었으나 이번 개정을 통해 3개월 정도로 단축할 수 있게 하였으며, 여타의 검사 항목은 치료의 효율화 차원에서 치료와 병행하여 실시하게 되어 노동자의 불편을 해소하는 방향으로 개정됐다.

직업병 인정 기준 개정의 의의

원진 직업병 사건을 바탕으로 1991년도 11월의 업무상 재해 인정 기준의 개정에 대하여 1992년 1월 보건의료단체는 "기존에 있던 제3조 3항 사업주의 지배 관리하에서 발생한 재해의 원인이 불명한 경우에는 그 재해 발생 노동자의 업무 이탈 자해 또는 순수한 사적 행위로 발생한 증거가 없는 한 업무상 재해로 인정한다. 이 개정안에서 삭제됨으로써 직업병 인정 기준을 후퇴시켰다."라고 밝혔다.

이들은 "이 조항 직업병 인정을 승소하는 비율이 증가하는 데 따라 노동부가 노동자들의 행정소송을 원천적으로 봉쇄하려는 의도에서 이를 삭제했다."라며, 노동부를 비판했다.

원노협 중심으로 한 원진 직업병 피해자단체들도 개정된 판정 기준이 종전의 노사 합의에 의한 직업병 판정위원회의 판정 결과보다도 직업병 판정율이 하락하였다고 주장하면서 직업병 인정 기준의 범위를 확대한다는 측면에서의 개정이 아니라 오히려 개악이므로 한 가지 증상만 있어도 직업병으로 인정하고 치료해야 한다며 국회에 청원서를 제출하고 명동성당에서 단식투쟁을 감행하는 등 1992년 5월부터 본격적인 업무상 재해 인정 기준 재개정 투쟁을 전개해 왔었다.

이는 직업병 판정 방법에 대한 형평성에서 비롯된 것이다. 원진 직업병 여부를 검사받고, 특수검진 담당 의사가 4인 판정위원회의 위원이었던 관계로 4인 판정위원회의 심의에서 직업병 인정 여부와 민사 보상을 위한 등급이 결정되고 동시에 직업병 검사 결과를 노동부가 거의 그대로 인정하여 직업병으로 판정하던 것이다.

1991년 5월 13일 공문을 통해, 산재지정 의료기관의 검진 결과가 통보되면 노동부에서 직업병 판정에 의한 요양 여부를 결정하고 이를 4인 위원회에 통보하면 민사 보상 등급을 결정하는 정상적인 행정절차를 이행할 것을 촉구했다. 이러한 절차의 변화로 직업병 판정의 주도권은 4인 위원회에서 검진 의사로 넘어갔다.

당시 원진레이온 노사 합의서에 의한 6인, 4인 판정위원회의 판정 시 총 115명을 판정하여 이 중 32명이 무중독 판정을 받아 무중독 판정율이 27%인 반면, 위와 같이 절차가 변경된 후 56명을 판정하여 28명이 무중독 판정을 받아 무중독 판정율이 50%에 이르게 된 것이다.

퇴직 노동자 평균임금 산정 방법의 개정

원진 직업병 환자의 발생 이후 계속적인 민원이 야기되고 있던 퇴직 노동자의 평균임금 산정 문제는 원진 직업병 환자의 대다수가 퇴직한 지 오래되어(퇴직 후 3년 이상 경과자가 90%) 임금대장이 보관되어 있지 않은 관계로 노동부 예규 제66호 '퇴직 노동자 평균임금 산정업무 처리규정'에 의거 '업무상 질병을 진단한 달의 퇴직 당시 동종 노동자의 통상임금의 평균액으로 평균임금을 산정'하여 휴업급여 등을 지급하였는데, 이 평균임금 산정액이 재직 중 발병자와 비교하여 낮기 때문에 민원이 발생한 것이었다. 재직 중 발병자의 경우 임금대장이 보존되어 있는 관계로 각종 수당 및 상여금이 포함된 발병 당시 지급받았던 임금이 기초평균임금에 포함되어 산정되는 반면에 퇴직 노동자의 경우 이러한 기초 자료 없이, 또한 직급이나 직책에 상관없이 위와 같은 기준에 의거하여 산정하여 왔기 때문에 신입사원과 장기근속자가 동일한 금액이 책정되는 모순을 안고 있었다.

이러한 민원에 대해 검토한 결과 타당성이 있음을 인정했다. 이에 따라 당시 의정부 지방노동사무소(현 의정부고용노동지청)는 관련 법령 개정을 과천 노동부 본부에 건의하게 되었다. 원진 직업병 환자들 중 일부가 주장하는 "동종업계 노동자의 개념을 동종업계 동급노동자의 개념으로 해석 적용하여 달라."라며 요구했다.

1991년 11월 당시 직업병 이환 판정자 111명 중 17%에 불과한 상위직급자(3, 4급 19명은 대폭 인상 혜택을 볼 수 있으나 나머지 83%를 차지하고 있는 대다수 하위직 노동자는 혜택을 볼 수 없다)는 오히려 평균임금이 저하되는 결과를 초래하므로 불가했다.

1991년 8월 23일 자 관보에 이미 입법예고 된 산업재해보상보험법 시행령의 개정을 통해 이 문제를 해결하기로 하였다. 개정된 내용은 현행법상 노동자의 평균임금과 노동부의 매월 노동통계조사를 통해 알 수 있는 동종업계 노동자 임금을 비교하여 높은 임금을 평균임금으로 결정한다는 내용과 이 시행령 개정 전에 이미 요양을 받고 있는 노동자도 개정된 규정에 따른 특례임금의 적용으로 받을 수 있도록 하여 소급적용이 가능하도록 한 것이었다. 이와 관련 산재보험법 시행령은 1991년 12월 12일 자, 대통령령 제13515호로 개정 공포됐다.

2장
서울대 보건대학원 작업환경 조사

원진레이온 작업환경측정 과정

1991년 7월 29일에서 8월 1일 노동부의 작업환경측정에 김봉환 노동자 사망사건 관련 노사합의서 규정에 의하여 노조 측이 지정하는 전문가가 참여하게 되었다. 노조 측은 서울대 보건대학원의 백남원 교수를 지정하여 측정에 참여토록 하였다. 측정은 산업안전관리공단이 맡았으며, 이황화탄소 측정 시료는 서울대 보건대학원에서 분석하고, 황화수소 측정 시료는 산업안전관리공단에서 분석하기로 하였다. 노동부는 측정 결과를 1991년 10월 1일 발표하면서, "방사과 인조견사 생산라인에서 작업 중인 원진 노동자들의 이황화탄소 노출농도를 조사한 결과 일부 개인 측정 시료는 허용기준 10ppm을 초과했지만, 작업반별 평균 농도는 모두 기준 이내로 나타나(최고 6.5ppm) 이 회사의 작업환경은 이상이 없는 것으로 밝혀졌다."라고 발표했다.

이에 대해 원대협(박현서 의장)은 즉각 기자회견 통해 "평균농도는 의미가 없고 개인별 시료의 허용농도 초과 여부가 중요하다."라고 말했다. 실제 조사 결과 252명 가운데 27명이 허용기준이 넘는 최고 46.3ppm 이황화탄소(CS_2)에 노출되었다. 노동자 개인 휴대로 채취한 284명의 시료 중에서 27개가 허용 기준을 초과하였는데, 노동부가 허용 기준치 시료를 모두 평가 가치가 없는 불량 시료로서 분석 과정에서 제외하고 나머지로 평균치를 산출하였다고 말했다.

이에 대해 서울대 보건대학원 백남원 교수도 "개인별 측정 시료에 대한 분석 결과만 통보했을 뿐 작업반별 평균농도는 통보한 바가 없고 개인별 측정 시료가 아닌 작업반별 평균농도는 노동자 개개인의 유해성을 평가하는 데 의미가 없다."라고 말했다.

이와 관련해 원대협(박현서 의장)은 문제의 이상 시료의 측정 수치가 낮게 나타나 재측정을 실시하여야 하는(원대협의 또 다른 표현으로는 실제 농도는 이 시료에 나타난 값보다 높거나 같을 수밖에 없는) 의미의 이상 시료인데, 노동부가 이 이상 시료를 가치가 없는 이상 시료 또는 불량 시료로 분류하여 측정 결과가 실제보다 낮게 나온 것이라 말했다. 이에 대해 노동부는 허용 기준을 초과한 측정 시료 중 상당수가 불량 시료로 판명됐으며, 일정 시간 고농도의 이황화탄소(CS_2)에 노출됐더라도 하루 8시간 근무시간을 기준으로 볼 때는 평균치가 허용 기준을 밑돌게 된다고 하였다. 백 교수의 말은 사실이나 원진 노사 양측과 백교수도 노동부의 최종 발표 내용에 별다른 이견을 제기하지 않았다고 밝혔다.

서울대 보건대학원 산업보건학교실의 원진레이온 작업환경측정은 김봉환 노동자 사망사건 관련하여 노사 합의서 규정에 의거해 산업보건학교실을 원진노조가 작업환경측정 기관으로 지정함으로써 이루어지게 되었다. 1992년 4월 16일부터 4월 27일까지 7일간에 걸쳐서 실시된 이 측정에서는 서울대보건대학원 백남원 교수가 책임연구원이 되어 이황화탄소(CS_2)를 비롯하여 황화수소, 소음, 분진, 납, 조도 및 온열 조건 등 7개 항목에 관하여 조사하였고 전체 측정 대상 부서는 12개 부서였다. 작업환경측정 결과에 대한 보고서는 1992년 6월에 제출되었다.

서울대 보건대학원 백남원 교수 팀 원진레이온(주) 작업환경 조사 결과 내용 중 보고서 요약 부분의 이황화탄소에 관한 일부만 소개해 보자면 대표적 유해인자인 이황화탄소의 방사과 실측시간 평균치는 방사과 F2에서 6.95ppm, 방사과 F3에서 8.14ppm으로 전체 평균 7.56ppm였다. 허용 기준과 비교하기 위해 8시간 시간가중평균농도로 환산한 평균은 방사과 F2에서 5.14ppm이고 방사과 F3에서 6.14ppm이며, 전체 평균은 5.62ppm으로 우리나라 허용 기준 10ppm에는 못 미치나 미국 등의 허용 기준 4ppm은 초과하였다.

서울대 보건대학원 역학조사 과정

서울대 보건대학원 김정순 교수 팀이 역학조사를 실시했다. 회사와 김봉환 유가족, 장례위합의서 및 노사합의서 규정에 근거하여 역학조사가 이루어졌다. 회사 측은 노조 측이 추천한 서울대 보건대학원 김정순 교수 팀과 역학조사에 관한 용역계약을 1991년 7월 30일 체결했다. 용역계약 기간은 1991년 7월 30일부터 최종보고서 제출 시한인 1992년 3월 31일까지이며, 용역계약 총금액은 264,267,000원이었다. 이 금액의 기준은 이 조사의 책임 연구원이었던 김정순 교수 팀이 제시한 다음 예산 내역에 의해 결정됐다.

역학조사를 위한 용역계약의 목적은 "원진레이온 노동자들 동일한 이황화탄소 직업병이 집단적으로 발병한 사례에 대한 원인 조사 및 이황화탄소(CS_2) 중독증에 대한 체계적이고 객관적인 연구를 목적으로 한다."라고 하였다. 이와 관련 조사 내용은 아래와 같이 명시하였다.

서울대 보건대학원 역학조사 조사 내용

- 이황화탄소 및 기타 유해 물질 폭로로 인한 건강 저해 자연사를 파악하여 직업병 판정 기준 설정의 기초 자료로 활용
- 원진레이온(주) 전 직원의 건강 현황 파악
- 작업 유해 요인과 건강 저해 간의 상관관계를 파악하여 예방 전략 개발에 활용
- 건강 유지 및 증진시킬 구체적 대안 설정 제시
- 저농도 이황화탄소에 장기 폭로 시의 건강상태 평가를 위한 전향적 코호트연구 시 기초 자료로 활용 노동조합의 지정에 의하여 이루어진 계약이었지만, 회사 측 역시 큰 비용을 지불하는 이 역학조사를 통해 나름대로 기대하는 내용을 계약서 제8조 '역학조사 보고서' 항목에 명시하였는데, 그 내용을 보면 다음과 같다.
"을"은 용역계약 만료일 이전에 "갑"에게 다음과 같은 사항이 연구된 역학조사 보고서를 제출한다.
• 특정 유해 요인으로 인한 특이적 장애증(특정 요인의 작용이 있을 때만 발생)의 임상적, 병리적 그리고 역학적 특징(일명 자연사라고도 함)을 검사해 냄으로써 다른 비특이적 성인병(여러 가지 원인으로 생길 수 있는 일반적인 병)과 쉽게 판별될 수 있는 진단 기준을 설정한다.

활용 효과
• 고가의 검진 방법 없이도 진단이 가능해진다.
• 모호한 진단 기준 때문에 일어났던 분규와 경제적 낭비를 막을 수 있다.
- 과거의 폭로나 현재의 폭로로 장래에 발생될 장애증의 판별도 가능해진다.
- 특이적 장애증의 특정 요인에의 폭로량, 폭로 기간, 작업환경의 특성, 그리고 근로자 개인의 생물학적 및 행태 특성별 발생 빈도와 분포를 바탕으로 그 발생 기전을 이해함으로써 효과적이고 특이적인 예방 전략을 수립한다.
- 정상상태로의 회귀가 가능한 병리 상태에서 조기에 발견할 수 있는 Screeningtool(검진 방법)을 개발하여 작업 전환 휴직이나 요양 등의 관리 전략으로 영구적 장애 발생을 예방한다. 예방의 구체적 방법과 예방의 중요성을 직원에게 교육하고 건강 유지의 책임은 본인에게도 있음을 강조한다.
- 장애증 발생의 예방을 위한 가장 효율적 작업환경 요건을 찾아낸다.
- 특이적, 장애적 장애증 발생과 관련된 행태(예: 보호 마스크, 귀마개 등 보호구 사용을 기피하는 등)에 대해서는 본인도 책임이 있음을 교육함으로써 예방적 형태 효과를 제고시킨다.
- 기타 계약 목적에 부응하는 사항

서울대 보건대학원 김정순 교수 팀 역학조사반의 연구는 전현직 노동자 1,370명과 사외사조군 182명 등 모두 1,552명을 대상으로, 1991년 7월의 예비설문조사와 현지답사 등을 거쳐

서 1991년 8월 3일 1차 검진이 시작되었다. 1992년 5월 '원진레이온 제조 작업장 노동자의 이황화탄소 폭로와 관련된 건강 영향에 관한 역학적 연구'라는 제목의 최종보고서가 회사 측에 제출되었다.

이 보고서에서 명시한 원진레이온에 대한 역학조사는 이황화탄소 중독증이 의심되는 사람들뿐 아니라 전혀 이황화탄소(CS_2) 폭로와 관련 없는 사람들, 즉 대조군도 똑같은 방법으로 검진 비교함으로써 이황화탄소 중독증에 대한 체계적이고 객관적인 사실 찾아내는 데 목적을 가지고 진행했다.

구체적인 목적으로는 계약서상에 명시한 목적과 이에 추가하여 "원진레이온에 근무하는 모든 직원을 현재 의학 기술이 허용하는 최고도의 정밀검사로 전원 검진한다. 단 비용 절감을 위하여 1차 검진으로 스크리닝하여 꼭 필요하다고 의사가 판단한 대상자에 한하여 고가 특수검사(2차 검진)를 실시한다. 본 연구 자료는 국내 유사 작업장에서 종사하고 있는 노동자들의 보건관리에 활용될 뿐 아니라 국제적으로 활용 가능토록 한다."라고 하였다.

그러나 서울대 보건대학원의 원진레이온에 대한 역학조사 결과는 계약서상의 연구 목적에 있다고 했다. 그렇지만, 노조 측에서는 매우 만족할 만한 내용이었다. 노동부의 업무상 재해 인정 기준에 의거한 이황화탄소 중독 직업병 유소견자는 32명이며, 업무상 재해 인정 기준에는 못 미치지만 88여 명이 이황화탄소 중독 의증으로 나타나는 등 모두 120명이 직업병 증세를 보이고 있는 것으로 밝혀냈다. 그리고 이 회사 방사과(유해 부서)와 후처리과, 원액과, 산화수과(비유해 부서) 등 관계없이 모든 부서에서 직업병 환자가 발생한 것으로 나타났다. 1992년 4월 30일 동아일보를 비롯한 중앙일간지에 각각 보도됐다.

1992년 4월 30일의 서울종로성당 3층, 노동사목회관 공청회에는 노동부 보건국장과 회사 측에 초청장 보냈으나 불참했다. 이날 서경춘 원진노조위원장, 김주석 원노협 회장, 박석운 씨 등 원진 피해자단체와 보건의료단체가 참석했다.

당시 서울대 보건대학원장이었던 김정순 교수는 공청회에 참석하고 한 달이 지난 5월 27일, 서울대 보건대학원 교수 회의실에서 '원진레이온 전현직 노동자 역학조사 전문가 자문회의'를 개최하였다. 이 회의에는 정규철 산업보건연구원장, 차철환 고려대 환경의학연구소장, 정호근 산업보건연구원 직업병진단센터소장, 권회규 고려대 안암병원 재활의학과장 그리고 고려대 염용태, 이은인 교수와 박성호 보라매병원 신경과장 등 직업병 전문가와 임상 의사 및 김성중 노동부 산업보건과장 등 노동부 직원들이 참석했다.

이날 원진레이온 역학조사 자문회의에 참석한 고려대 차철환 소장이 "김정순 교수에게 별도의 자료를 제시하며, 서울대 보건대학원 역학조사는 신뢰성이 없다."라고 반박했다.

이에 대해 서울대 보건대학원과 고려대 간의 의견이 상충된 부분은 양 기관에서 검진하였으나, 상호 검진 결과가 상이한 35명에 대한 내용이었다. 상세한 의학적인 검진을 생략하고 신경전도 및 근전도검사를 실시했던 고려대의 권회규 교수와 신경전도검사를 실시했던 보라매병원의 박성호 박사가 상호 토론한 결과 보라매병원에서 시행한 신전도에 지대한 영향을 미치는 피부의 온도를 정상으로 하기 위해서 피검자의 하지를 따뜻하게 해 주는 조치를 취하지 않았음을 박성호 씨가 인정하고 자신의 신경전도 검사를 재검토하겠다고 약속하였다. 그리고 6월 초 고려대 측과 재회동하여 상호검사자료 일체를 교환하기로 했으나 성사되지 않았다.

보라매병원 신경과에서 발급한 진단서를 근거로 산재 처리한 노동부는 위의 회의 결과에 비상한 관심을 기울이면서 보라매병원 진단서에 대한 확인 절차를 다시 시행했다.

원진노동조합 서경춘 위원장은 "고려대가 원진 직업병 판정을 방해하고 산재요양승인을 받지 못하게 했다."라며 항의했다. 노조 측은 고려대 조원용 교수를 산업보건 전문가가 아니라며 건강검진을 거부했다. 이와 관련하여 노조 측은 의정부 지방노동사무소에 항의 방문하는 등 논란이 확산됐다.

1992년 8월 25일 한국산업안전공단과 산업보건연구원이 개최한 직업병 전문기관 합동 회의에서 서울대 김정순 교수는 "원진레이온 역학조사 결과 직업병 유소견자의 선정 방법이란 주제 발표에 대해 고려대의 차철환 교수가 서울대 역학조사의 조사 목적과 결과의 불일치와 검사 방법에 문제가 있다."라며 이의를 제기했다.

1992년 서울대 보건대학원의 역학조사 시 현장의 생산직 인원의 경우 대상 인원 1,110명 중 1,061명이 검진을 받아 수검률이 95.6%에 이르는 등 대부분의 현장 인원이 검진받았음에도 불구하고 1993년 폐업 저지 투쟁 시에 원진 직업병 피해자단체와 노조 조합원, 관리 직원들이 원진비상대책위원회(이하, 원진비대위) 황동환 위원장이 출범했다. 보건의료단체, 노동운동단체, 구리노동상담소 등 원진레이온 문제의 올바른 해결을 위한 대책위원회 지원단체까지 결성됐다.

원진비상대책위원회는 "폐업 대책 요구조건은 첫째, 전 조합원에 대해 역학조사 실시하라. 둘째, 직업병 전문병원 설립하라. 셋째, 정부 투자기관 재취업 실시하라. 넷째, 구리 농수산 점포 분양하라."라며, 7개월간 폐업 투쟁을 벌인 끝에 원진 폐업 후속 조치로 노사정 3자 잠정 합의서를 체결했다. 그리고 합의서 규정에 따라 800여 명의 전현직 노동자 대상으로 1993년 12월부터 1994년 5월까지 5개월간 고려대 안암병원, 순천향병원, 경희대의료원 등 각각 나누어서 특수건강진단 진행했다. 이 결과 100여 명이 이황화탄소(CS_2) 직업병 환자로 밝혀졌다.

3장
이황화탄소 중독 인정 기준 재정비

2차 관련 제도 재정비 과정

　김봉환 노동자 사망사건에 이어서 잇따라 직업병 환자 발생하자 1991년 11월 업무상 재해 인정 기준에 대한 개정 방침을 세웠다. 이황화탄소 중독증의 인정 기준을 신설하면서 노동부가 언급한 바와 같이 우리나라 실정에 맞는 인정 기준의 마련을 위해서 노동부와 대한산업의학회는 연구용역계약을 체결하게 되었다. 용역 사업은 이황화탄소, 석면, TDH1에 의한 업무상 질병 인정 기준 마련을 위한 연구이며, 계약 기간은 1992년 5월 28일에서 1992년 11월 30일까지이고, 1992년 8월 31일까지 중간보고서를 발표하고 이후 최종보고서를 발표하는 것으로 계약했다. 총 용역계약 금액은 17,654,580원이었다.

　노동부와 연구용역계약을 맺은 대한산업의학회는 1992년 6월 16일 연구용역에 따른 연구계획과 연구 분담을 위한 회의를 개최하고, 대한산업의학회 회장인 차철환 교수를 연구 총책임자로 하고, 연구대상 유해 물질에 따라 3개의 TF 분과로 나누었다. TF 1팀은 석면을 연구대상으로 하고 가톨릭의대 윤임중 교수를 책임자로 가톨릭의대의 박정일 교수, 산업보건연구원 직업병센터 정호근 소장, 서울대 의대 내과의 임정기 교수가 맡았다. TF 2팀은 TDI를 연구대상으로 하고 고려대 의대 염용태 교수를 책임자로 가톨릭의대 이세훈 교수, 영남대 의대 정종학 교수, 국립의료원 내과 박해심 교수가 맡았다. TF 3팀은 이황화탄소를 대상으로 고려대 의대 차철환 교수를 책임자로 가톨릭의대 정치경 교수, 서울대 보건대학원 김정순 교수, 고려대 의대 이은일 교수가 연구위원으로 연구에 함께 참여하였다. 각 분과별로 책임자를 중심으로 연구가 이루어지도록 하고, 구체적인 유해, 위험인자별 연구 내용, 연구 방법, 예상 효과 및 활용 방안 등에 관해 논의를 결정하였다.

각 분과는 각각의 연구와 결과를 통해 노동부에 제출할 연구 내용을 정리했다. 이황화탄소(CS_2) 분과의 경우 1992년 10월 22일에 이황화탄소 중독 인정 기준 연구위원 회의를 개최하고, 최초 이황화탄소(CS_2) 중독 인정 기준 제정위원과 연구용역 연구위원, 그동안 원진 직업병 환자들의 임상 진단을 담당하였던 고려대 내과 의사들이 참석한 토론을 진행하였고, 노동부 보험국장 면담을 통해 인정 기준 개선에 대한 노조 측의 안에 대해서도 함께 토론했다.

1992년 10월 27일에는 3개의 TF 분과 팀의 합동 회의를 열어 그동안의 연구 결과와 보고서 초안과 인정 기준안 대안들을 중간 점검하고 추가적인 연구 보완과 공청회 개최, 용어 사용의 통일 문제 등을 협의하였다. 작업현장 방문을 통한 추가 조사와 노동자 의견 수렴 등을 거쳐서 1992년 11월 11일 대한산업의학회 대한산업보건협회, 연구용역에 참여하지 않은 다른 학계의 전문가, 검진기관, 노동부, 인의협 의사, 직업병 진단 임상 의사 등이 참석한 연구 결과 종합 토론회를 개최하였다.

이날 토론회에서는 그동안 연구용역위원들의 유해, 위험자별 연구 결과 발표와 질병 인정 기준안의 제시와 함께 이 기준안에 대한 각계 전문가의 토론과 의견 교환이 있었다. 이러한 과정을 거쳐서 대한산업의학회는 1992년 11월 28일, '이황화탄소, 석면, TDI에 의한 업무상 질병 인정 기준 마련을 위한 연구'라는 제목의 연구용역 결과 최종 보고서를 노동부에 제출하였다.

이와 관련 보고서에 나타난 이황화탄소 부분의 일부를 보면, '망막의 미세동맥류'가 있는 경우를 '망막병변'으로 '관상동맥질환'이 '심혈관계질환'으로 확대되었고 감각신경성 난청이 제2장 해군에 추가되었다.

노동부는 최종보고서 안을 기초로 업무상 재해 인정 기준 개정안을 1992년 12월 발표하려고 하였으나 1992년 5월부터 시작된 원대협과 서울대 보건대학원 역학조사 결과에 따른 보라매병원 검진자를 중심으로 업무상 재해 인정 기준 개정 투쟁으로 연기하게 되어 결국, 1993년 5월 6일에 업무상 재해 인정 기준의 전면 개정(개정예규 제234호)이 이루어지게 되었다.

업무상 재해 인정 기준 개정 요구를 위한 명동성당 농성

1992년 4월 30일 서울보건대학원 김정순 교수 팀 역학조사 결과 직업병 환자는 32명, 유소견자는 87명으로 밝혀졌다. 이어서 그해 5월 4일 원진레이온 측 직업병 유소견자 54명에 대해서 노무부로 작업 전환 및 인사 발령을 조치했다.

1992년 서울대 보건대학원 김정순 교수 팀이 밝혀낸 직업병 유소견자 20명에 대해 노동조합 서경춘 위원장은 "산재보험법 제34조의2 규정에 의한 제3의 의료기관에서의 특진을 받으라는 노동부의 지시를 거부하고 보라매병원의 소견서 직업병을 인정해 줄 것"을 요구했다. 그러나 노동부와 회사 측에서는 직업병 환자로 인정하지 않았다.

1992년 5월 17일 원진레이온(주) 정문 앞에서 원가협, 원노협, 산재노협, 보건의료, 조합원 300여 명 참석한 가운데, '제1차 산재추방결의대회'를 개최했다. 서경춘 노조위원장은 대회사를 통해 "노동부 업무상 질병 인정 기준 완화"를 촉구했다.

이어서 그달 5월 20일 오후 2시 원진레이온(주) 본사 앞에서 원가협, 원노협, 조합원 등 500여 명이 참석한 가운데, '제2차 산재추방결의대회'를 열었다. 그리고 서울대 보건대학원의 역학조사 결과 직업병 유소견자 88그룹 출정식에 이어서 "업무상 질병 인정 기준 완화 요구"를 하며, 피켓을 들고 경기도 구리시 수택동 시민공원까지 가두 행진을 했다. 그리고 이곳에서 마무리 집회를 열고 자진 해산했다.

그달 5월 22일 오전 11시 오후 6시까지 7시간 직업병 유소견자 88그룹 100여 명은 "작업환경 개선과 업무상 질병 인정 기준 완화 요구"를 하며, 당시 의정부 지방노동사무소(현 의정부 고용노동지청) 건물 2층, 소장실을 점거하여 농성했다. 의정부 지방노동사무소 소장은 "조속한 시일 내에 업무상 질병 인정 기준에 대한 완화 방안을 제시하겠다."라고 약속하였다.

1992년 4월 30일 서울대 보건대학원 역학조사 결과 이황화탄소 중독 유소견이 있음에도 불구하고 노동부 인정 기준에는 미달한다는 이유로 직업병 환자로 인정받지 못하고 방치되어 왔다. 노동부 측 답변이 없었다. 11월 16일부터 12월 5일까지 19일간 업무상 질병 인정 기준 완화를 요구하며, 조합원 70명이 명동성당에서 천막을 설치하고 무기한 단식 농성에 돌입했다.

이들 중 23일부터 합류한 윤만섭 씨는 단식 농성으로 고혈압, 다발성 뇌경색증 등 직업병 증세가 악화되었다. 곧바로 119 응급 차량으로 이송되어 성수의원에서 입원치료를 받았다. 그리고 단식 농성으로 4명이 고혈압, 다발성 뇌경색증 등 직업병 증세 악화되었다. 또다시 119 응급 차량으로 이송되어 경기도 구리시 수택동 구리병원에 입원치료를 받았다.

황동환 노조위원장은 보건의료단체와 함께 대책회의를 갖고 "원진 직업병 해결을 위한 비상대책위원회를 구성했다. 원진비상대책위원회는 11월 16일 제1차 집회에 이어 21일 제2차 집회, 28일 오후 3시 제3차 명동성당에서 조합원 300여 명 참석한 가운데, '원진 직업병 문제' 해결을 촉구하는 대규모 집회를 열었다. 집회를 마치고 "우리는 아파서 못 살겠다. 직업병 인정하라."라며 피켓 등을 들고 명동 시내에서 종로까지 가두 행진을 했다.

원진비상대책위원회는 집회를 마치고 기자회견을 통해 "노동부는 직업병을 조기 발견하고 치료하는 것이 임무임에도 직업병 환자를 방치한 것은 직무 유기이며, 김봉환 동지처럼 죽음을 방조한다면 노동부 측의 반인륜적 행위를 만천하에 고발하고 강력히 대처할 것"이라고 성명서를 발표했다.

이어서 원진비상대책위원회는 "어차피 직업병으로 죽느니, 차라리 단식을 통해 굶어서 죽겠다."라며 노동부가 직업병 인정 기준을 개정할 것과 공청회 개최할 것을 요구하고, 노동자가 추천하는 전문의 4인 판정위원회의 부활과 산업재해 건강관리수첩의 발급을 요구했다.

백기완 대통령 후보 명동성당 농성장 지지 방문

백기완 씨는 1987년 대통령선거에 재야운동권의 일부인 "제헌의회파" 그룹의 추대로 독자 민중 후보로서 무소속으로 출마하였다. 백기완 씨는 1992년 독자 민중 후보로 재야운동권의 추대를 받아 다시 12월 대통령선거에 출마하였다. 두 번의 대선 모두 별도의 정당이 없이 대통령선거에 출마한 것이다. 백기완 선거대책운동본부 약칭 백선본이 구성되기도 했다.

1992년 11월 28일 오전 10시 백기환 씨는 중앙선거관리위원회에 대통령 후보 등록을 마치고 곧바로 명동성당 단식 농성장에 지지 방문을 했다. 백기완 대통령 후보는 직업병 환자 10여 명과 함께 과천 정부종합청사 3층 노동부에 항의 방문을 했다. 그러나 경기도 과천 정부종합청사 앞 100여 명의 경찰 병력 방패에 가로막혔다. 백기완 대통령 후보만이 출입하여 노동부 차관을 면담했다. 노동부 차관은 11월 30일 명동성당에 방문하여 "직업병 인정 기준 완화하겠다."라고 약속했다. 그 이후 노동부 관계자들은 명동성당 단식 농성장에 한 명도 찾아오지 않았다.

그리고 명동성당 단식 농성은 돌입 19일 만에 해제되었다. 1993년 4월 13일 서울대 보건대학원 역학조사 결과 직업병 유소견자 88명, "직업병 인정하라."라며, 당시 의정부 지방노동사무소장실(현 의정부고용노동지청장)을 점거하고 8일간 철야 농성을 벌였다. 과천 노동부본부 관계자로부터 "업무상 재해 인정 기준 완화"를 약속받고 농성을 풀었다.

이어서 1993년 5월 10일 오후 2시, 원진대책협의회(이하 원대협) 박현서 의장, 황동환 노조위원장과 최승룡 노조산업안전부장, 양길승 성수의원 원장, 박석운 인권회관상담소장 등이 당시 이인제 노동부장관 면담을 했다. 소장실 점거농성을 있던 조합원 업무상 재해 인정 기준 완화를 비롯해서 4인 판정위원회의 구성, 건강관리수첩 발급, 부당 해고자 복직 등에 관한 요구서를 각각 전달했다.

이들에 대한 검진은 서울 보라매병원의 소견서상에 나타난 증상을 다시 검진하도록한 조치로서, 다발성말초신경병변 및 중추신경기능장해 진찰은 연세대 세브란스병원신경과 선우일남 교수가 망막병변 진찰은 가톨릭의대 성모병원 안과 과장 이상욱 교수 및 안과 구한모 교수가 노동부의 요청에 의해 담당하였다.

그러나 1993년 6월 6일 특진환자로부터 자택으로 걸려 온 협박 전화를 받은 구한모 교수가 특진을 포기하여 경희대 부속병원 안과 과장 김재명 교수와 안과 의사 김준석 씨가 특진을 담당하게 되었다. 이들 20명 모두는 1993년 5월 6일 전면 개정되면서 그해 5월 20일부터 시행된 새로운 업무상 재해 인정 기준에 의하여 1993년 8월 1차로 17명, 추가 재검진을 통하여 나머지 3명이 직업병으로 인정받게 되었다.

각계 지도 측 인사 원진 직업병 해결 촉구 기자회견

1992년 5월 25일부터 7월 15일까지 서울대 보건대학원 역학조사 결과 직업병 유소견자 88그룹을 중심으로 업무상 질병 인정 기준 완화를 위한 '원진특별법 제정'에 대한 가두 서명운동에 돌입했다. 이들은 아침 9시 노조 사무실에 출근하여 승용차로 이동하여 명동성당 앞, 종묘공원 앞, 신촌역 광장, 영등포역 광장, 서울역 광장 등 서울 시내에서 국민 대상으로 11만 5,000여 명의 서명을 받았다.

1992년 7월 22일 오전 10시 권종대 민주주의민족통일전국연합(전국연합) 상임의장, 장임원 민주화를 위한 전국교수협의회(민교협) 공동대표 등 각계의 지도층 인사들 20여 명이 모두 한자리에 모였다. 이날 각계의 지도층 인사들은 서울시 정동 세실레스토랑에서 기자회견을 갖고 "원진레이온 직업병 문제의 해결을 촉구하는 11만 5,000여 명의 국민을 대상으로 받은 서명서를 청원서를 국회에 제출하겠다."라고 밝혔다.

이들은 기자회견에서 "원진 직업병 문제는 우리나라 산업재해 직업병의 대표직 사례로 근본적인 대책 수립이 필요하다."라며, 방사과 공정자동화 및 작업환경 개선, 직업병 인정 기준 완화, 4인 직업병 판정위원회 부활 등을 촉구했다.

이어서 원진대책협의회, 이하 원대협(박현서 의장)이 '원진특별법제정' 청원인이 되었다. 민주당 김말룡 의원 외 68명의 국회의원 소개 서명을 받아서 1992년 7월 29일 제102 국회에 '원진특별법' 청원서를 제출하였다.

이때의 '원진특별법제정' 청원서 제목의 명은 '업무상 재해 인정 기준 완화하여 개정한다. 원진레이온 공장자동화 및 작업환경 개선에 관한 청원'이었다. '원진특별법제정' 청원 내용의 주요 내용은 첫째, 업무상 재해 인정 기준을 완화하여 개정하여 이황화탄소 중독증을 폭넓게 업무상 질병으로 인정할 것과 둘째, 원진레이온 전현직 노동자들에게 정기검진 및 이에 따른 치료를 받을 수 있는 건강관리수첩을 교부하여 줄 것과 셋째, 업무상 질병 판정 과정에 노동자 측 추천 의사가 참여할 수 있도록 할 것 그리고 넷째, 원진레이온 민영화 계획은 업무상 재해 예방을 위한 공장자동화에 따른 현직 원진 노동자의 고용을 확고하게 보장하는 것을 전제 조건으로 할 것 등의 내용이었다.

업무상 재해 인정 기준 개정 발표

업무상 재해 인정 기준의 개정을 주장하는 투쟁과 청원이 잇따르자 노동부 대한산업의학회에 연구용역을 준 연구 결과를 기초로 1992년 12월 발표하려 하였던 개정안의 발표를 연기하고, 1993년 2월 18일 한국산업안전공단과 산업보건연구원이 주최한 직업병심의위원회를 개최하였다.

이날 회의에는 직업병심의위원회 위원인 서울대 보건대학원 김정순, 김진규, 백남원, 백도명, 연세대 문영한, 고려대 차철환, 가톨릭대 이승한, 경북대 김두회, 원광대 황인담 교수와 산업보건협회 대전 지부 심운택, 인의협 양길승, 산업안전보건연구원의 정규철 원장, 강성규, 박정선 씨와 분야별 전문가로 서울기독병원 가정의학과 이홍수 씨가, 참관자로 노동부 노동보험국장 박극윤, 재해보상국장 정종수, 허원용 사무관, 공단산업위생부장 이경남, 원진노조 산업안전부장 최성용, 고려대 예방의학과 이은일 교수가 각각 참석했다.

이날의 토론 결과를 토대로 산업보건연구원이 최종안을 마련하여 1993년 5월 6일(시행일 5월 20일) 개정 예규 제234호로 업무상 재해 인정 기준을 개정하였다. 인정 기준 제12조의2였던 '이황화탄소로 인한 중독 및 그 속발증'은 26조로 변경되었다. 일반적 인정 요건의 주요 변경 내용은 폭로 수준을 10ppm 이상에서 내외로 낮춘 것이다. 서울보건대 역학조사에 따라 '88그룹' 직업병 피해자들의 주장인 한 가지 이상 소견만 있어도 직업병으로 인정하라는 요구 사항을 노동부가 받아들였다.

이로써 망막의 미세혈관류, 다발성뇌경색증, 신장 조직검사상 모세관 간 사구체경화증 중 하나가 있는 경우가 새로이 추가되어 이러한 증상 한 가지만 있는 경우에도 원진 직업병으로 인정받을 수 있도록 하였다. 이 밖에 관상동맥질환이 주요한 질병으로 인정받게 되었다. 그동안 논란이 있었던 고혈압증 또한 질병 항목으로 추가되었다.

 이황화탄소 농도와 노출 기간에 대한 정의는 화학물질 및 물리적 인자의 노출 기준은 1986년 12월 22일(노동부고시 제86-45호) 기준 20ppm이었다. 1988년 12월 23일(노동부고시 제88-69호) 10ppm으로 낮아지면서 인정 기준은 1991년 '10ppm 정도 이상에 수개월 또는 수년간'이었다.

 1993년 5월 6일 10ppm 내외의 이황화탄소 증기에 폭로되는 업무에 수개월 이상으로 근무한 노동자에게 아래의 1항 또는 2항에 해당되는 경우 업무상 직업병 인정이 되도록 기준이 개정되었지만, 또다시 1995년 4월 29일 개정된 산업재해보상법 시행규칙의 이황화탄소 중독에 대한 인정 기준에는 폭로 기간이 수십 개월에서 2년으로 개정됐다. 당시 직업병 환자 입장에서는 "매우 만족스러운 내용이었다"라며, 평가를 했다. 이로써 직업병 환자들의 업무상 재해 인정 기준 투쟁은 일단락되었다.

이황화탄소 중독 직업병 인정 기준

제1장해군: 망막의 미세혈관류, 다발성 뇌경색증, 신장조직검사상 모세관간사구체경화증 중 하나가 있는 경우
제2장해군: 미세혈관류를 제외한 망막병변, 다발성 말초신경병변, 시신경염, 관상동맥성 심장질환, 중추신경장애 또는 정신장애 중 2가지 이상이 있는 경우
제3장해군: 위의 장애 중 1가지가 있고, 신장장애, 간장장애, 조혈계장애, 생식계장애, 감각신경성 난청, 고혈압증 중 1가지 이상이 있는 경우
단, 당뇨병, 고혈압, 혈관장해 등 이황화탄소 외의 원인에 의한 질병은 제외한다.

제7부

원진 폐업 6개월 만에 합의서 체결 사건

1장
원진레이온 민영화 추진 과정

상공부 섬유업체 수익 계약 방안 도출

김영삼 정부당국의 원진레이온 민영화 추진 과정을 살펴보려 한다. 1991년 4월 29일 최병렬 노동부장관과 나웅배 정책위 의장 등이 참석한 가운데 정부와 민자당은 당정협의회를 갖고 "현재 산업은행의 법정관리를 하고 있는 원진레이온의 민영화를 빠른 시일 내에 추진키로 했다."라고 밝혔다.

1991년 5월 3일 과천 정부종합청사 경제기획원에서 열린 관계당국회의에서 상공부는 국내 섬유산업에서 차지하는 원진레이온의 비중을 고려, 현재의 공장을 섬유업계가 공동으로 인수해 이를 매각, 공해방지 시설을 갖춘 새로운 공장을 짓도록 하자고 제의했다. 그러나 당시 재무부와 산업은행은 섬유업계에 수의계약으로 이 공장을 매각할 경우 특혜 시비를 불러일으킬 우려가 있고 수의계약 자체가 현행법상에도 위배된다고 반대했다.

1992년 2월 1일 상공부 및 업체에 따르면 원진레이온 도농공장의 이전 계획을 백지화, 실수요업체인 갑을방적 등 10개의 업체가 공동 인수한 후 시설을 개보수하도록 한다는 방침을 세웠으나 법정관리인인 산업은행의 반대에 부딪혀서 진전하지 못하고 표류하고 있었다.

그리고 1992년 4월 27일 노태우 정부는 "수의계약 허용 여부를 두고 재무부, 상공부, 산업은행 등 관계 부처 사이에 논란을 빚어 왔던 원진레이온을 인수자가 공장을 정상화시킨다는 조건으로 공개입찰에 부치기로 결정했다."라고 발표했다.

이에 따라 경기도 남양주시의 원진레이온 도농공장과 용인시 공장은 감정원의 평가가 끝나는 대로 공개입찰에 부치게 되며, 두 차례 이상 유찰되면 수의계약방식으로 실수요자에게 인수할 수 있게 되었다. 정부는 이러한 내용의 원진레이온 민영화 계획을 마련해 오는 29일 노태우 대통령에게 업무보고를 한 뒤 다음 달 1일 산업정책심의회를 열어 최종방안을 확정하기로 했다.

그리고 다음 달 5월 1일 과천정부종합청사 회의실에서 최각규 부총리 겸 경제기획원장관 주재하에 관계 부처 장관이 참석한 가운데 산업정책심의회를 열었다. 첫째, 경영정상화 후 최소 5년간 공장 가동 지속. 둘째, 현직 노동자 고용승계 및 직업병 피해자에 대한 민사 배상 합의서 준수. 셋째, 직업병 방지 시설 투자 2년간 실시(350억 원)를 계상하되 향후 증액하도록 명시. 넷째, 원진의 금융기관 연체액 전액 상환 및 나머지 금액의 연대보증 등을 인수 조건에 포함시켜 매각하도록 하는 방침을 세웠다. 이에 따라 한국경제신문 광고를 통해 (1992년 9월 4일과 10월 14일) 2차에 걸쳐서 다음과 같이 산업은행의 매각공고가 있었다.

정부 측 원진레이온 민영화 조건(안)

첫째, 직업병 방지 시설 등 개보수 시설을 통해 2년 내 정상 가동
둘째, 정상화 후 최소 5년간 공장 가동 지속
셋째, 현직 노동자 고용승계 및 직업병 피해자에 대한 민사 배상 책임
넷째, 원진의 금융기관 연체액 전액 상환 및 나머지 금액의 연대보증

제1차, 제2차 공매 유찰, 수의계약 무산

1992년 9월 4일 한국경제신문 광고를 통해 제1차 원진레이온 매각공고를 게시했었다. 그러나 자동으로 유찰되었다. 원진레이온 법정관리인인 산업은행은 이번 1차 입찰에 응찰자가 한 기업도 나서지 않아 결국 자동 유찰되었으며, 재입찰이 불가피하다고 발표했다. 산업은행은 곧바로 입찰 공고할 예정인데 재입찰 시기는 이번 달 말에 실시할 것이라고 말했다.

1992년 10월 14일 한국경제신문 광고를 통해 제2차 원진레이온 매각공고가 있었다. 그러나 산업은행은 "2차 공매가 또다시 유찰됨으로써 수의계약을 통한 방식으로 민영화 절차에 들어갈 것"이라고 발표했다.

그러나 원진레이온 실수요업체들로 결성돼 수의계약을 통한 인수 의사를 밝힌 공동인수단은 주동식 섬산련 부회장과 박창호 갑을그룹 회장 등 공동인수단 대표들이 2차 공매가 유찰된 이후 원진레이온의 법정관리인인 산업은행을 방문하여 의견을 나눈 것으로 알려졌다.

당시 공동인수단은 갑을을 비롯해서 동국방직, 국제방직, 면방사와 화섬업체인 고려합섬, 중견업체인 금강화섬, 명보섬유, 우진, 승우무역, 삼진물산, 진웅 등 10개사로 구성되어 있다.

이후 수의계약을 추진 갑을방적 등 10개의 섬유업체가 공동인수단을 구성하여 협의를 벌였다. 섬유업체 공동인수단의 인수 조건으로 전제한 현직 노동자들의 고용승계 문제, 직업병 피해자 민사 보상 문제, 방사과 자동화시스템 도입 및 작업환경 개선 문제 등의 합의점을 도출해 내지 못했다.

이 밖에도 1993년 1월 15일 섬유산업연합회가 현재 매각을 추진 중인 원진레이온 공장을 수의계약으로 인수하기 위해 원진레이온 관리하고 있는 산업은행과 접촉 중인 것으로 알려졌다.

상공부 관계자는 "1,300억 원에 이르는 금융기관 부채를 법정관리가 끝나는 오는 96년 이후에도 상환을 계속 연기하고 매각조건을 완화하는 문제 등을 놓고 현재 산업은행과 협의회를 진행 중"이라고 발표했다.

섬유업계 수의계약 결렬 폐업 초읽기

1993년 1월 12일 청와대 경제수석실에서 상공부 섬유생활공업국장, 재무부 산업금융과장, 산업은행 부총재 황병호 씨, 갑을그룹 회장 박창호 씨가 인수단장으로 참석한 가운데 협의회를 가졌다. 이날 박창호 인수단장은 원진레이온(주) 수의계약 요구조건으로 다음과 같이 제시했다.

원진레이온 인수단 요구조건

1. 공장 개보수: 공장배치법상 불가(공장 이전 촉진 지역)
2. 산업합리화 업체 지정 요구(조세감면규제법)
3. 채권상환 기간 연기(1996년 종료 예정, 2006년으로 연기)
4. 공해방지 시설 개보수 비용 350억[운영자금 200~300억(장기, 저리융자 요청)]
5. 구체적 인수금액: 미제시(인수가액 산정 시 토지, 건물 등 자산의 손실감액 850억 책정 요청)

이에 따라 산업은행 측 인수가액은 감정평가단(한국기업평가주식회사)에 의해 이미 책정되어 있으며, 내용은 공개 불가하다고 입장을 밝혔다.

1993년 4월 20일 국내 인견사를 사용하고 있는 인수단은 산업정책심의회의 인수 조건을 완화해서라도 원진레이온을 존립시켜 줄 것을 주장하고 있었다. 그러나 산업은행 측에서 받아들이지 않았다. 10개의 업체로 구성된 인수단의 공동 인수마저 사실상 무산됨에 따라 마침내 원진은 폐업 위기에 봉착하게 되었다.

1993년 5월 24일 상공부는 "지난해 말 현재 1,361억 원, 원진레이온 경영정상화를 위해 재무부 산업은행 노동부 등의 반대를 무릅쓰고 민영화를 결정했다."라고 했다. 그리고 지난해 (9월 4일과 10월 14일), 2차례에 걸쳐서 공매를 실시했으나, 응찰자가 없어서 자동 유찰되었다. 이후 수의계약 형식으로 섬유업계 공동인수단과 몇 차례 걸쳐서 협의회를 진행했다. 그러나 산업은행 측에서 "금융 관행에 위배되고 특혜 시비가 우려됨에 따라 수용 불가하다."라며, 입장을 표명하면서 매각조건이 맞지 않아 금년 2월 말 협의회를 마지막으로 끝내 결렬되었다. 이에 따라 원진 폐업 초읽기에 들어가게 된 것이다. 이후 청와대 경제수석실 관계자 말을 인용하여 언론 기사 통해 "원진레이온 폐업한다."라며, 원진폐업설이 흘러나오기 시작했다. 이처럼 섬유업계 공동인수단과 산업은행 협의회가 원활하게 진행되지 않음으로써 결국은 원진레이온의 폐업을 결정짓는 계기가 된 것 같다.

2장
원진레이온 폐업 과정

누전 화재 및 회사 측 장기 휴업

　1993년 2월부터 원진레이온 폐업을 김영삼 정부 청와대 경제수석실에서 검토하였다. 그해 3월 29일에 "신경제 100일 계획을 수립하겠다."라며, 청와대 박재윤 경제수석이 원진레이온의 폐업 방침을 세웠다. 그리고 1993년 4월 21일 자 매일경제신문 "원진레이온 섬유업계 공동인수 무산 폐업 초읽기, 산업정책심의회 매각조건 금융관행에 위배, 산업은행 특혜 시비 우려 수용 불가 표명"이라는 제목의 기사가 보도되었다. 청와대 경제수석실에서 원진레이온 폐업설은 거의 사실로 확인되었다.

　1993년 2월 방사과 전기단자함에서 전기의 누전으로 인하여 제1차 화재가 발생되었다. 그해 3월 30일에는 전기단자함에서 전기의 누전으로 인하여 제2차 화재가 발생하여 방사과 기계 3대가 전소되었다. 이어서 5월 6일, 5월 9일 양일에 걸쳐서 전기단자함에서 또다시 전기의 누전으로 3차례 화재가 발생하였다. 회사 측은 노사협의회를 개최하지 않고 일방적으로 "방사과 누전 화재 안전시설 정비와 노후 시설 보수공사 등을 하겠다."라며, 5월 15일부터 9월 30일까지 3개월 15일간 구내식당 게시판에 장기 휴업 공고문을 부착했다.

　노조는 "3개월 15일간의 인견사 공장시설을 방치할 경우 기계가 부식돼 재가동이 어렵다."라며 또한 "회사 측의 장기 휴업은 사실상 폐업으로 가기 위한 '음모'"라며, 이에 맞서서 7백여 명의 조합원은 그다음 날 16일부터 매일 공장 사수를 위해 회사에 정상 출근해 노조 사무실에서 휴업 철회를 요구하는 투쟁에 돌입하게 되었다. 노조는 특히 "회사가 휴업에 따른 조합원 보상책으로 휴업 기간 중 정상 급여의 70%를 지급하기로 했을 뿐 조업 재개를 위한 아무런 계획도 없다."라며 농성해 왔다. 하지만, 원진레이온의 "폐업 음모"는 사실상 돌이킬 수 없었다.

장기 휴업 기간 고정자 씨 자살사건

원진레이온 장기간 휴업 과정에서 일어난 사건으로는 원진레이온 후처리과 고정자 씨 자살사건 손꼽을 수 있다. 1993년 5월 23일 오전 4시 30분, 경기 남양주시 지금동 8번지, 자신의 자택에서 고정자 씨(44, 여)가 이황화탄소 직업병으로 인한 조현병 증세로 나지막한 샤워실 수도꼭지에 스카프로 목매 숨진 채 발견되었다.

이로써 원진레이온 이황화탄소 중독 직업병으로 숨진 노동자는 16명으로 늘어났다. 이 가운데, 조현병 증세로 자살한 노동자는 2명에 이르고 있었다. 고정자 씨 조현병 증세 자살사건은 그다음 날 언론을 통해 신속하게 보도되었다.

1991년 1월 5일 김봉환 씨가 사망했을 때 회사 측은 "직업병으로 인정할 수 없다."라며, 137일간 장례투쟁을 겪어 본 일이 있었다. 우리나라 속담에 "호미로 막을 것을 가래로 막는다."라는 말이 있다.

회사 측은 또다시 고정자 씨를 직업병으로 인정하지 않고 직업병 은폐 및 방치하면 과거처럼 좋지 않은 여론이 확산될 것이라고 우려했을 것이다. 그래서 그런지 몰라도 회사 측은 곧바로 고정자 씨 유가족과 합의하자고 제안해 왔다. 회사 측은 고인을 직업병으로 인정하고, 그에 대한 보상금 지급하며 장례비용을 일체 부담한다는 합의서를 유가족과 체결했다. 이날 황동환 위원장 입회했다.

그리고 고정자 씨는 숨진 뒤 5일 만인 27일 오전 10시께 원진레이온 본관 앞 광장에서 각계 인사와 유가족, 전, 현직 노동자 등 500여 명이 참석한 가운데, 산업재해 노동자장으로 장례식이 치러졌다. 그의 유해는 이날 오후 남양주시 마석 모란공원에 안장되었다.

김영삼 정부 측은 원진 폐업의 일정과 시기를 언제쯤 잡을 것인지 저울질하며 폐업 절차 밟고 있는 과정에서 원진레이온 고정자 씨가 직업병을 앓다가 우울증으로 자살한 사건 언론을 통해 소식을 접했을 것이다. 또다시 원진 직업병 문제의 여파가 사회적으로 확산되는 것이 두려웠는지, 부담될 것 같았는지 결국 당정협의회를 통해 원진레이온 폐업 조치를 결정짓는 계기가 된 것 같다.

그다음 1993년 6월 5일 당시 이경식 부총리 겸 경제기획원장관, 홍재형 재무부장관, 박재윤 청와대 경제수석, 김종호 민자당 정책위의장, 서상목 민자당 제1정책조정실장 등이 모인 비공식으로 "신경제 100일 계획"이라는 당정협의회를 열고 원진레이온의 폐업 조치를 결정했다.

그달 6월 8일 민자당 강삼재 제2정책조정실장이 주재한 정부 관계 부처 차관회의를 열었다. 이날 원진레이온 부지 매각 대금으로 부채상환과 810명의 임직원 퇴직금을 지급하고 여유자금이 있으면 직업병 민사 보상금으로 활용하도록 하는 폐업 방침을 결정하였다.

그달 6월 27일 재무부, 상공부, 노동부, 산업은행 등 관계 부처 차관들이 참석한 가운데 회의를 열고 원진 폐업에 따른 직업병 환자 민사 보상금 대책을 논의했다. 이날 1990년 노사간 체결한 합의서 규정에 따라 1등급에서 14등급까지 직업병 환자 민사 보상금 최고 1억 원에서 최소 1천만 원까지 계속해서 지원하기로 결정하였다.

그 이후 1993년 7월 6일 과천 정부종합청사 회의실에서 재무부, 상공부, 노동부, 산업은행 등 관계 부처장관 참석한 가운데 원진 폐업 관련하여 산업정책심의회를 열었다. 이날 원진레이온의 폐업을 정식으로 서면결의 하고 공장 부지를 주거지역으로 용도변경 허용했으며, 3천억 원 정도로 예상되는 매각 대금 특별부가세(기업양도소득세) 1,300억 원을 제외한 나머지 1,700억 원으로 퇴직금을 지급하기로 하였다. 전덕순 원진레이온 사장은 1993년 7월 10일 한국경제신문에 공고문을 광고하고 폐업에 따른 퇴직금 지급과 건강검진 신청 안내문을 게시했다.

이날 과천 정부종합청사 노동부 본부 회의실에서 근로기준국장, 산업안전국장, 직업안정국장, 노동보험국장, 우성 기획관리실장 위원장이 총괄하며, 정부 측 '원진레이온 폐업대책위원회'(이하, 원진대책위) 구성했다. 이들은 원진 폐업 관련 문제에 대해 주야 비상근무를 돌입했다. 그리고 원진 조합원들의 투쟁 동향을 예의 주시하며, 지켜보면서 적극적으로 대처를 해 왔다.

1993년 1월의 초순부터 원진 민영화 및 폐업설이 언론 기사를 통해 흘러나오기 시작했다. 원진노조는 폐업보다는 매각을 통한 민영화를 전제로 작업환경 개선과 업무상 재해 인정 기준의 개정 등 직업병 문제의 현안 문제해결에 투쟁의 초점을 맞추고 있었다.

이와 함께 원진레이온 노조 서경춘 위원장은 조합원 70여 명과 함께 1992년 7월 2일부터 3일까지 양일간 서울시 종로구 관철동 산업은행 1층 본관 로비를 점거하며, 철야 농성에 들어갔다. 노조 측은 "지난 4월부터 회사 측과 23차례 걸쳐서 1992년 임단협 실무교섭과 본교섭을 벌였으나, 실제 권한이 없는 회사 측 경영진의 책임 회피로 협상이 결렬됐다."라며, 원진레이온 법정관리인인 산업은행 총재와의 직접 담판의 면담을 요구하면서 철야 농성을 벌였다.

이날 밤 23시께 서울종로경찰서 2개의 중대 100여 명 전경을 투입해 농성장 강제 해산하는 과정에서 업무방해 혐의로 구속된 서경춘 전 노조위원장은 의정부지방법원으로부터 징역형을 선고받고 법정 구속되었다.

이와 같은 업무방해 혐의로 최승룡 노조산업안전부장은 집행유예를 선고받고 있었다. 의정부 지방노동사무소장, 남양주시장, 남양주경찰서장, 원진레이온 사장 등 지역 관계 기관장 대책 회의를 거쳐 해고되는 사태가 벌어졌다.

이에 대해 노조의 무력화를 노린 탄압으로 간주하고 황동환 위원장은 노동조합 사무실 앞 광장에서 조합원 500여 명이 참석한 가운데, 결의대회를 열고 대국민 서명운동에 돌입했다.

이와 관련하여 황동환 위원장은 죽음을 각오하고 무기한 단식투쟁에 돌입하는 등 투쟁을 전개했다. 노조위원장의 무기한 단식투쟁 돌입에도 불구하고, 제1차 결의대회에는 조합원 500명, 제2차 결의대회 100여 명, 제3차 결의대회 참석자는 160여 명 참석했을 뿐이다. 그만큼 조합원 내부 조직의 현장 침체의 분위기는 더욱더 심화되어 가고 있었다.

이러한 조합원 내부의 분열 속에서 직업병 환자들의 투쟁은 고립되어 있었다. 또한, 연초부터 시작된 원진레이온 사장실 점거 농성에 이어서 의정부 지방노동사무소 점거 농성은 그 단기성에도 불구하고 큰 성과 없이 막을 내렸다.

1993년 6월 8일 당정협의회를 통해 "원진 폐업을 확정했다."라며, 보도됐다. 노동자들은 새 정부 측의 고용 대책 없는 폐업 조치로 하루아침에 일터를 잃고 실업자가 되었다. 나의 소중한 일터를 잃고 앞으로 어떻게 살 것인가, 우리의 피와 땀 묻은 삶의 터전 빼앗기는 심정이었다. 우리들은 참으로 벼랑 끝에 내몰린 것이다.

직장을 잃고 실직 후 가장 큰 어려움은 경제적인 어려움으로 밤잠을 못 이루고 불면증에 시달린 것이다. 그리고 돈 문제에 부딪혀 아내와 말다툼도 잦아지고, 그동안 부어 왔던 적금과 생명보험을 해약해야 했다. 또한, 주택담보대출 상환 문제 등 정말로 앞으로 살아갈 일이 캄캄하고 막막해졌다. 그래서 우리는 더 이상 주저할 수 없었다. 그래서 직업병 대책과 고용 보장 대책을 요구했다.

곧바로 1993년 6월 11일 오전 10시경 노동조합 사무실에서 황동환 노조위원장은 기자회견을 통해 "노사협의회를 걸치지 않고 김영삼 정부 측 직업병 대책과 고용 보장 대책 없는 폐업 조치 즉각 철회하라."라며, 성명서를 발표했다.

3장
원진노조 폐업 철회 투쟁 돌입

정부 관계 부처에 항의 방문 전개

 그다음 날 6월 12일 오전 9시 황동환 노조위원장은 조합원 800명과 함께 작업복을 착용하고 10여 대의 전세 관광버스에 나누어 올라탔다. 그리고 서울 종로구 관철동 산업은행 본관 앞에 도착했다. 본관 앞에서 항의 방문 집회가 열렸다. 그리고 "직업병 대책과 고용 보장 대책 없는 폐업 조치 즉각 철회하라."라며 구호를 외쳤다.

 이날 노사협의회를 거치지 않고 일방적인 폐업 조치에 대한 분노는 하늘 높이 치솟았다. 노조원들은 당시 서울시 종로구 관철동 삼일빌딩 산업은행의 본관 진입을 시도했다. 산업은행 측에서는 종로경찰서 200여 명의 전경들의 방패를 이용해서 가로막았다. 전경들과 영차, 영차 밀고 당기는 격렬한 몸싸움이 전개되었다. 전경의 방패와 헬멧을 빼앗아 놓아다가 다시 돌려주었다. 출입구 진입로 뚫리자 백골단이 투입되었다. 백골단, 이들은 800여 명의 조합원을 한 명씩 호송 차량으로 강제로 연행했다. 원진 노동자들을 종로경찰서 데리고 가는 것이 아니라, 광명시, 과천시, 의정부시, 하남시 등 다시 와서 투쟁대열에 합류할 수 없도록 수도권 외곽의 지역에 5명씩 국도 위에 뚝뚝 떨어뜨려 놓았다.

 그다음 날 6월 13일 오전 9시, 황동환 위원장은 조합원 800여 명은 함께 작업복을 착용하고 10여 대 전세 관광버스에 한 대에 45명씩 올라탔다. 서울시 영등포구 여의도 민자당 중앙당사 앞에 도착했다. 곧이어 항의 집회가 열렸다.

 조합원 800명은 노래 반주에 맞추어 "철의 노동자" 노동가요를 힘차게 부르고 불렀다. 조합원들은 "당정협의회를 통해 직업병 대책과 고용 보장 대책 없는 폐업 조치로 일터를 잃고, 삶의 터전 잃고, 갈 곳이 없어서 찾아왔다."라고 하면서 "원진 폐업의 주범 강삼재 의원은 나와라.

지금 당장 나오지 않으면 우리가 그곳으로 쳐들어갈 것"이라고 항의했다. 그리고 우리는 민자당 본관 출입구 진입을 시도했다. 그래도 강삼재 의원은 모습을 보이지 않았다.

이미 민자당 측은 사전에 서울시 영등포경찰서 전경 500여 명을 배치해 놓은 상태였다. 민자당 측은 출입구로 진입하지 못하도록 전경들의 방패를 이용해 바리케이드 설치해 놓고 가로막았다. 원진 조합원들 격분하여 조경 화단 위에 올라가 항의했으며, 전경들 방패를 밀고 당기면서 격렬하게 몸싸움을 벌이며 투쟁을 전개했다. 그리고 "시민이 민원 접수하러 왔다. 이것들이 문전박대하다니. 사람이 개보다 못한 취급을 받느냐." 그리고 "출입구 진입로에서 비켜라." 라며 항의했다.

'원진비대위' 지도부는 경찰서 관계자와 협의를 통해 사무처장 출입구를 이용해 민원실에 민자당 공문서를 접수했다. 이날 민자당 측은 민심을 얻기 위해서 그런지 몰라도 산업은행 측과 달리 백골단 이용해 강제 연행을 하지는 않았다. 우리 조합원들은 마무리 약식집회를 열고 노조 깃발을 높이 앞세우고 각각 귀가했다.

원진비대위 및 원진대책위 출범

이러한 정부 관계 부처에 대한 항의 방문 투쟁의 기세는 하늘 높이 치솟았다. 투쟁의 기세가 당당했다. 그러나 원진 폐업과 관련하여 현직 노동자와 직업병 피해자들은 서로서로 요구조건이 달랐다. 하지만 현직 노동자와 직업병 피해자를 하나의 조직으로 묶어 내는 작업에 착수했다.

1993년 6월 21일, 한 그룹에 1대대(방사과), 둘째 그룹에 2대대(후처리과), 셋째 그룹에 3대대(원액과, 원동과, 산회수과), 4대대(4급부터 1급 부장급까지), 5대대(원가협, 원노협 직업병 피해자단체) 등으로 조직화를 완료했다.

그리고 노동조합 집행부를 "직업병 대책과 고용 보장 쟁취를 위한 원진레이온 비상대책위원회"(이하 원진비대위)로 전환하여 출정식을 갖고 새롭게 출범했다.

제1차 조합원 총회의 안건으로서 첫째, 직업병연구소 및 산재종합병원을 설립하라, 둘째, 건강검진기관 확대하라, 셋째, 800여 명 현직 노동자 정부 투자기관 재취업 보장하라, 넷째, 전현직 노동자 건강검진을 실시하라, 다섯째, 요양 중 사망자 유족보상 지급 등 요구안을 확정했다.

이어서 서울 종로성당 3층, 노동사목회관에서 시민, 사회, 종교, 노동, 보건의료, 구리노동상담소 등 300여 명이 참석한 가운데 '원진 문제의 올바른 해결을 위한 대책위원회' 이하 '원진대책위원회'가 결성하여 출범했다.

이날 원진대책위원회, 집행위원장 (영등포산업선교회) 진방주 목사, 그리고 공동대표 김금수, 홍성우, 황상근, 서광연, 박현서(한양대 교수) 등 구성이 되었다. 원진대책위원회 발족 및 출범식에 이어서 산재 직업병 문제해결을 위한 공청회를 열고 원진비상대책위원회와 연대 투쟁할 것을 선언했다.

'원진비상대책위원회' 황동환 위원장은 800여 명 조합원과 함께 그해 6월 12일 원진법정관리인인 산업은행, 13일 여의도 민자당, 14일 과천 정부종합청사 노동부 등 정부 관계 부처의 책임 회피 및 성의 없는 태도에 격분하여 항의 방문 투쟁은 계속해서 이어졌다.

산업은행 측은 항의 방문 집회 시 "확성기(앰프) 이용해서 율동과 함께 '철의 노동자' 등 노동가요를 부르며 소란을 피웠다."라며, 황동환 위원장, 신현태 부위원장, 박인도 대내외협력국장 등 업무방해 및 고성방가죄 혐의로 남양주경찰서에 고소·고발했다.

그러나 '원진비대위' 지도부는 고소·고발에 위축되지 않았다. 당당하게 투쟁 대열에 앞장서서 싸웠다. 그리고 회사 측에서 일방적으로 지급하겠다는 퇴직금은 수령 거부했다.

그리고 '원진비대위' 지도부는 조직 분열에 대해서 단호하게 대처했다. '원진비대위' 지도부 "첫째, 총회를 할 때 발언권 및 투표권 박탈한다. 둘째, 폐업 관련 휴업급여 및 보상금 지급 차등하여 불이익을 준다."라며, 방침을 발표했다. 800여 명의 조합원 한 사람도 낙오자가 발생하지 않도록 그룹별 소위원회 구성해 출퇴근 장부에 사인하며, 대오를 유지해 나갔다.

이어 '원진비대위' 지도부는 그해 6월 15일부터 7월 30일까지 노동부, 산업은행 측과 4차에 걸쳐서 진행한 실무교섭에 이어 민자당 사무총장 강삼재 의원, 여야 민자당, 민주당, 통일국민당 국회의원들과의 면담도 계속 진행했다. 그리고 7월 30일에는 김말룡 의원을 단장으로 한 김원길 의원 등의 민주당 진상 조사단을 구성 현장 조사를 벌이기도 하였다. 그러나 큰 성과를 얻지 못하였다.

그해 7월 29일 '원진비대위' 박상봉 정책실장은 정책소위원을 소집하여 회의를 갖고 '직업병 대책과 고용 보장 쟁취' 요구(안)를 어떠한 방식으로 도출할 수 있을까에 대해 토론했지만, 요구안은 심도 있게 도출되지 않고 머릿속에 떠오르지 않았다. 그냥 이런저런 이야기를 하면서 한나절 시간을 보내고 점심을 먹었다. 그리고 잠시 1시간 휴식을 취했다. 또다시 회의가 진행되어 여러 요구안이 제시되면서 토론을 이어 갔다. 이러한 열띤 토론 과정을 걸쳐서 우리의 요구안이 하나씩 작성되기 시작했다.

첫째, 산재종합병원 설립하라(고대병원 내과 의사들이 원진 직업병을 진료하고 있었다). 둘째, 전현직 노동자 역학조사 실시하라. 셋째, 공익재단법인 설립하라(직업병 보상 기금 운영). 넷째, 건강검진기관 종합병원 확대하라(당시 고려대병원에서 건강검진을 실시했음). 다섯째, 정부 투자기관 재취업 보장하라(제2기 지하철 5, 6, 7, 8호선 공사 진행 및 남양주시 영화촬영소 공사가 진행되고 있었다). 여섯째, 구리 농수산물 상가 분양권 보장하라(구리 농수산물시장의 공사가 진행되고 있었다). 일곱째, 고령자 재취업이 어려운 경우 55세의 정년까지 휴업급여를 지급하라 등 폐업 관련 직업병 대책과 재취업 보장 요구(안)를 도출해 냈다.

그다음 날 30일 오전 10시께 노동조합 회의실에서 황동환 위원장과 '비대위' 지도부가 참석한 가운데 회의를 열었다. 박상봉 정책실장은 직업병 대책과 재취업 보장 요구(안)를 기획하게 된 배경에 대해 설명했다.

이에 대해 '원진비대위' 지도부는 "우리는 투쟁 자금도 없고, 투쟁의 경험도 없는데, 김영삼 정부 대상으로 맞서서 싸움할 경우 피해자 속출할 것이고 시간만 낭비할 것"이라며 "우리의 조직이나, 우리의 힘으로 관철할 수 없는 요구(안)인 재취업 보장과 산재병원 건립은 실제로 불가능한 요구사항"이기 때문에 "55세의 정년까지 휴업급여 및 직업병 보상금을 요구합시다."라는 반대의견이 있었다.

이에 대해 "폐업 관련 휴업급여 및 직업병 보상금을 요구할 경우 시민은 물론이고, 언론으로부터 지지를 받지 못할 경우 투쟁에서 패배할 수 있다."라는 등 의견이 오가는 토론을 걸쳐서 아래와 같이 폐업 관련 직업병 대책과 재취업 보장 요구(안)의 심의 결의를 걸쳐서 만장일치 기립박수 통과가 되었다.

원진비상대책위원회의 요구(안)

첫째, 일방적인 파산 결정 취소하라.
- 원진 부지 16만 평의 헐값 매각, 재벌 투기를 즉각 중단하라.
- 민자당은 노동부, 재무부, 산업은행 등 관계 부처와 단일 공식 교섭 창구를 마련하라.
- 국회 여야 공동으로 원진 직업병 특별법을 마련하라.

둘째, 원진 전문병원 설립하라.
- 직업병 판정위원회를 피해자, 정부 동수로 구성 운영하라.
- 현직 노동자에 대해 피해자 추천 기관에 의한 건강검진 확대 실시하라.
- 현 민사 배상 제도와 기금을 법제화하라.

셋째, 정부 투자기관 재취업 및 생계비를 보장하라.
- 인접 지역 정부 투자기관 재취업 즉각 보장하라.
- 재취업 시까지 휴업급여를 지급하라.
- 취업이 어려운 경우는 최저생계 유지비로 잔여 정년까지 현직 노동자의 휴업급여 평균액을 일시 지급하라.

　원진비대위는 조합원과 함께 6월 12일부터 8월 20일까지 청와대, 노동부, 산업은행, 민자당 등 정부 관계 부처에 대한 항의 방문 집회를 20여 차례나 전개했다. 이들의 책임 회피와 성의 없는 태도에 하늘 높이 치솟는 분노를 참을 수 없었다. 이에 맞서서 끈질기게 물고 늘어지며, 끝까지 투쟁하며, 싸워 왔다. 그리고 10여 차례나 노사 실무교섭 진행했다. 그러나 이렇다 할 성과 도출해 내지 못했다. 이렇게 되자 직업병 피해자단체, 관리자, 조합원 등 800명에서 400명으로 출근율 50% 뚝 떨어지는 등 조직의 분열과 조직의 갈등이 증폭되기 시작했다.

　그래서 8월 23일 오후 6시 노동조합 회의실에서 원진비대위와 시민, 사회, 종교, 노동, 보건의료, 구리노동상담소 등 모여서 결성한 '원진대책위원회' 대표자 연석회의가 진행됐다.

　이날 원진비대위 지도부와 원진대책위원회 대표단 연석회의에서 8월 28일 3시에는 '직업병 대책과 재취업 보장을 촉구하는 산재 직업병 추방 결의대회'를 명동성당에서 5천여 명 규모의 연대 집회를 개최키로 했다. 대규모 연대 집회를 조직하기 위해 비대위 조합원과 지도부는 일주일간 명동성당에서 철야 농성에 돌입하기로 했다.

제1차 명동성당 철야 농성 돌입

원진비대위, 황동환 위원장은 성명서를 통해 "전현직 노동자, 직업병 환자 등 800여 명 함께 8월 24일 오후 1시 30분부터 명동성당 앞에서 직업병 대책과 고용 보장 마련 없이 이루어지고 있는 원진레이온의 파산에 반대한다."라며 입장을 밝혔다.

원진비대위 지도부는 명동성당 앞 농성장 사수를 위해 대대별 차출하는 방안에 대해 토론을 벌였다. 그 결과 그룹별로 당번제를 실시하기로 했다. 첫째 날에 1대대(방사과 조합원), 둘째 날 2대대(후처리과 조합원), 셋째 날 3대대(원액과, 원동과, 산회수과), 4대대(관리자에서 부장급까지), 5대대(원가협, 원노협 피해자단체) 등 그룹별로 사수대원 편성해서 철야 농성에 돌입했다.

박인도 대외협력국장은 대외협력 소위원회 모집했는데, 30명이 지원했다. 한 그룹에 10명씩, 3개의 그룹으로 나누었다. 이들은 오전 10시부터 오후 7시까지 이화여대, 고려대, 중앙대, 성균관대, 숭실대 등 각각 대학교 총학생회를 방문했다. 오는 8월 28일(토요일) 호우 3시 명동성당 앞 대규모 연대 집회의 조직을 전개했다.

제1차 명동성당 대규모 연대 집회

원진비대위와 원진대책위원회, 공동 주관, 8월 28일(토) 오후 3시 명동성당에 1,200명이 참석한 가운데 제1차 대규모 연대 집회인 '직업병 대책과 재취업 보장을 촉구하는 산재 직업병 추방 결의대회'를 개최했다.

이날 황동환 위원장 대회사를 통해 "지난 18일 원진레이온의 법정관리인인 산업은행 측 '원진비대위'에 밝힌 폐업 후속 조치(안)은 현재 근무하는 노동자 전원에게 검진 비용으로 20만 원씩 지급하고, 폐업 수당으로 통상임금의 6개월 치를 지급할 수 있다는 내용을 담고 있다."라며, 이에 대해 88년 이래 원진 직업병 발병 추세가 계속 증가하고 있고, 올해 8월에만도 13명이 직업병 판정을 받은 사실을 강조하면서, "20만 원의 검진 비용과 6개월 치의 통상임금으로 원진 문제를 해결하려 한다면 그야말로 눈 가리고 아웅하는 것"이라고 분통을 터뜨렸다.

이어서 원진비대위는 "진실로 원진 문제를 해결하려는 의사가 있다면 수많은 사람의 목숨이 걸린 원진 문제를 이렇게 가볍게 보지 않을 것"이라며, 성실한 태도를 보일 것을 촉구하였다.

황동환 위원장은 그러면서 "연도별 원진레이온 직업병 발생 현황은 81년 1명, 87년 4명, 88년 25명, 89년 11명, 90년 29명, 91년 45명, 92년 92명, 93년 8월 현재 73명 등 270여 명이고, 이 중 퇴직자가 180여 명으로 66%를 차지하고 있다. 이를 보더라도 이황화탄소 중독 직업병은 진행성 질환임으로써 독가스가 잠복되어 있다가 퇴직 후 시간이 지날수록 더 많은 환자가 발생된 것으로 나타났다."라며 대책을 촉구했다.

이날 원진대책위원회, 집행위원장 (영등포산업선교회) 진방주 목사는 "원진 문제는 어느 날 갑자기 생긴 것이 아니라, 산업화의 과정에서 생긴 어두운 그림자의 일부"로서 "언제 직업병이 발병할 줄 몰라 불안과 초조함에 떨며, 취업이 가로막혀 먹고살 길이 막연한 원진 노동자들의 목소리를 김영삼 정부가 외면해서는 안 될 것"이라고 주장했다.

이어서 김영삼 문민정부 출범 이래, 최초로 1,200여 명에 육박하는 명동성당 앞 대규모 연대집회를 성사시켰다.

이로써 이후 연대투쟁의 발전 가능성을 보여 주었다. 또한 연대 집회의 가두 행진은 김영삼 문민정부의 위축되고 침체한 정세의 속에서도 당당하게 명동성당에서 출발하여 청계천을 경유하여 종각교차로(종로2가)를 거쳐서 종묘공원(종로3가)까지 서울 도심지의 4차선 도로를 점거하고 힘차게 가두 행진하며, 전투력을 보였다.

이러한 명동성당 대규모 연대투쟁을 감지했을 것이고, 그동안 형식적으로 대응했던 교섭에서 원진레이온 법정관리인인 산업은행원 직원을 내세웠다. 산업은행 측은 폐업 후속 조치(안)을 받지 않을 경우 8월, 9월 초순경에 파산 조치를 하겠다고 협박해 왔다. 그 내용은 아래와 같다.

산업은행 측 폐업 후속 조치 잠정(안)

1. 800명의 원진 노동자에게 20만 원의 건강검진 비용을 지급한다.
2. 폐업 수당으로 통상임금 6개월 치를 지급한다.
3. 폐업 이후에 발생되는 직업병 환자에게 지급할 민사 보상금으로 30억 원을 공익재단법인에 출연한다.
4. 산업은행 측의 폐업 후속 조치(안)를 받지 않을 경우 9월 중순경에 파산 조치를 하겠다.

원진비대위, 황동환 위원장은 8월 28일 오후 3시 명동성당에서 성명서를 통해 "김영삼 정부 원진레이온 법정관리인인 산업은행 측의 폐업 수당 통상임금 6개월 지급을 통해 조합원들을 말살시키려는 수작에 불과하다."라며, "김영삼 문민정부, 산업은행 측 원진 폐업 후속 조치 잠정 합의(안)를 받아들일 수 없다."라고 입장을 밝혔다.

제2차 명동성당 철야 농성 돌입 사건

원진비대위, 황동환 위원장은 성명서를 통해 "9월 18일과 25일 양일에 걸쳐서 오후 3시 '원진특별법제정'을 요구하는 대규모 연대 집회를 앞두고 제2차 명동성당 철야 농성에 들어갔다."라며 입장을 발표했다.

이날 황동환 위원장은 "현직 노동자 800여 명은 일 년의 수확에 감사해야 할 추석이 보름 남짓밖에 안 남았는데도 한국산업은행 측은 원진 문제 해결에 다른 전향적인 대안은 거의 내놓지 않은 채 거의 성의를 보이지 않고 있다."라며 "원진 문제의 폐업을 주도한 것이 측이 정부 여당, 민자당인 만큼 김영삼 문민정부가 나서지 않고 산업은행 실무자만 내세워서는 해결이 더디어질 뿐"이라고 말했다. 이어서 "9월 정기국회가 열리는 만큼, 정부의 입장 변화가 없는 한 명동성당에서 무기한 제2차 철야 농성에 돌입하는 것"이라는 비대위 입장을 명확히 밝혔다.

원진 문제, 정치권 결단 촉구 성명서 발표

원진대책위원회, 공동 위원장 김금수, 홍성우, 박현서 등 6인 등은 성명서를 통해 "원진 문제에 대한 해결될 때까지 무기한 철야 농성에 돌입했다."라고 밝혔다.

이날 원진대책위원회, 공동 위원장은 "생명이 걸린 원진 직업병 문제를 경제의 논리나 원진레이온 법정관리인인 한국산업은행 측에만 맡기는 것은 생명을 담보로 한 위험한 발상"이기에 더 이상 미룰 수 없다고 규정하는 한편, "김영삼 정부는 노동자들을 탄압해 왔던 과거 전두환, 노태우 군사독재 정권 잔재인 원진 직업병을 이제는 '개혁' 차원에서 청산 해결해야 한다."라며 "이제는 김영삼 문민정부가 '고통 분담'이라는 괴상한 이름으로 추진하는 경제정책의 미로에서 벗어나야 한다."라고 주장했다. 이러한 이유로 "원진 문제는 김영삼 정부 해결 의지가 가장 중요하고 빠른 길"이라며, 제2차 명동성당 철야 농성에 들어가는 이유를 밝혔다.

이어서 명동성당 농성단 300여 명은 9월 14일 오후 7시 '산재 직업병대책과 고용 보장 마련 촉구'하는 촛불집회를 열었다. 이날 명동성당 출발하여 청계천을 거쳐서 종각교차로(종로2가)까지 가두 행진을 시도하였다. 그러나 중부경찰서에서 전경들을 배치하여 이들을 가로막았다. 그러나 시위대는 이들과 몸싸움하지 않았다. 원진 문제의 실상과 명동성당 철야 농성에 돌입하는 이유를 알리는 전단지 선전전을 마치고 다시 돌아왔다.

이날 촛불집회에 (민주주의 민족통일 전국연합) 이창복 상임의장, 황인성 집행위원장 등 민족통일전국연합 관계자 20여 명이 방문해 지지를 호소했으며, 촛불집회에 함께했다.

이어서 명동성당 농성장 주변에 1988년부터 1993년까지 원진 직업병 판정받고 시름시름 앓다가 사망한 15여 명의 영정사진을 전시하여 시민들로부터 눈길을 끌었다. 그리고 김태영 씨는 원진레이온 직업병 문제와 관련하여 2년여 동안의 투쟁 과정을 카메라로 실시간 촬영하면서 다큐멘터리 "원진별곡"을 제작했다. 이날 밤 8시 '원진비대위' 조합원들은 명동성당에서 김태영 씨가 연출, 감독하여 제작한 산업재해 직업병 추방을 위한 다큐멘터리 "원진별곡" 비디오 상영을 관람했다.

명동성당 농성단 산발적인 시위 전개

① 청와대 항의 방문 시위

원진비상대책위원회와 원진대책위원회는 9월 15일 정오 12시 명동성당에서 공동으로 기자회견을 열었다.

황동환 위원장은 "원진 문제는 어느 날 갑자기 생긴 것이 아니라, 산업화의 과정에서 생긴 어두운 그림자 일부로서 언제 어느 때 직업병이 발병될지 모르며, 불안과 초조함에 떨면서 재취업의 길도 가로막혀 먹고살 길이 막막한 노동자들의 목소리에 귀를 기울이고 청와대 김영삼 대통령께서 외면해서 안 될 것"이라며, "원진 문제의 해결책으로는 9월 정기국회 '원진특별법제정'밖에 다른 방법이 없다."라는 성명서 발표했다.

원진비대위와 원진대책위, 대표단 기자회견 마치고 김영삼 대통령 결단을 촉구하기 위해 청와대로 향했다. 서울중부경찰서에서 이미 경찰 병력 100여 명을 배치해 놓았으며, 이들은 방패로 바리케이드를 겹겹이 쌓아 놓았다. 경찰들은 공동대표단을 방패로 가로막았다. 이날 경찰관계자와 협의를 통해 원진대책위, 공동대표단 집행위원장은 김영삼 대통령과의 면담요청서를 민원실에 접수하고 다시 되돌아와 합류했다.

② 산업은행 인간 띠 잇기 시위

명동성당 농성단 300명은 산업은행 측 폐업 관련 책임 회피와 수수방관에 분노를 느꼈다. 이에 따라 9월 15일 오후 2시부터 오후 6시까지 4시간 동안 서울 종로구 관철동 삼일빌딩, 원진레이온 법정관리인인 산업은행 본관 앞에서 항의 집회를 열었다. 그리고 전현직 노동자에 대한 직업병 보상 방안 마련과 원진 출신 노동자들에 대한 재취업 방안 마련 등을 요구했다.

그리고 산업은행 본관 건물 앞에서 서로 손을 잡고 인간 띠를 이었다. 그리고 당시 31층 빌딩을 원형으로 에워쌌다. 그리고 이들은 "노사 협의 없는 원진 폐업은 즉각 철회하라."라고 구호를 외치며, 한국산업은행 본관, 31층 철근 콘크리트 구조 건물을 흔들흔들 무너질 정도로 들었다, 놨다 하는 산발적인 시위가 있었다.

③ **청와대 뒤편 인왕산 등반 시위**

1968년 김신조 외 30여 명의 북한 특수공작 124군부대 무장 공비들의 청와대 습격기도 사건 1·21사태 이후 3공 박정희 군사정권은 청와대 경호를 위해 청와대 앞길과 인왕산에 대한 일반 시민 통행을 금지했다.

1993년 2월 25일 제14대 김영삼 대통령의 취임과 함께 이날부터 청와대 앞길과 서울 인왕산 등산로가 일반시민에게 개방되었다.

명동성당 농성단 250명은 1993년 9월 16일 오전 10시 서울 인왕산 개방에 발맞추어 오르기 시작했다. "원진조합원"이라고 아무도 몰라볼 정도로 등산객으로 위장했다. 그리고 이들은 배낭을 메고 인왕산 등산코스 부망동사무소 앞에서 출발했다. 이어서 반계 윤웅렬 별장을 경유하여 차 바위를 지나 청와대 뒤편의 능선 길을 따라 올라가기 시작했다.

이날 서울 인왕산 정상까지 오르는 동안 이곳저곳에 청와대 경비대 소속 사복경찰들이 배치되어 있었지만 검문검색은 없었다. 이날 약 3.3km 능선길 따라 인왕산 정상까지 모두 무사히 도착했다.

이들은 3공 박정희, 5공 전두환, 6공 노태우 등 군사독재의 유물인 '원진 직업병'을 정치적으로 해결할 것을 김영삼 대통령에게 고함을 지르고 외치면서 청와대 철근 콘크리트 건물을 뒤흔들어 놓았다. 또한 원진 직업병 문제에 대한 대책이 절실하다는 것과 원진 출신 노동자들의 재취업 방안을 위한 근본적인 대책을 요구했다.

이들의 고함의 소리에 깜짝 놀랐을 것이다. 그러나 이곳에 배치되어 있는 청와대 경비대대 소속 경찰관들은 우리를 고성방가죄 혐의(경범죄 10만 원 벌금)를 적용해 강제로 체포하지는 않았다. 우리는 이날 청와대 뒤편 인왕산 정상에서 돗자리를 펴 놓고 한 5명씩, 그룹별로 앉아서 준비해 온 도시락과 막걸리 등으로 점심 식사를 했다. 그리고 우리는 곧바로 하산하여 명동성당 앞 농성장에 합류했다.

④ 원진메트로신문, 대국민 선전전

원진비대위의 명동성당 앞 철야 농성 돌입에 발맞추어 원진메트로신문을 발행했다. 신문 A1 용지 594×840(mm) 2쪽에 이르며, 원진레이온 33년간의 경영 스토리와 사건 일지, 원진레이온의 작업환경, 직업병 환자 발생 현황, 직업병 인정 투쟁사, 원진레이온의 폐업 과정에서 파산 신청까지의 경과보고, 원진 노동자들의 요구사항, 원진특별법제정(안) 등의 내용으로 이루어져 있었다.

철야 농성단, 이들은 20명, 한 그룹, 10개의 그룹으로 편성하였다. 이들은 원진메트로신문을 배낭에 넣어서 명동 시내, 종각역 교차로, 종묘공원, 서울역 광장, 청량리역 광장 등에서 배부하며 대국민 선전전을 전개했다.

이 밖에도 농성단은 원진메트로신문을 대봉투에 5장씩 넣어서 여당(민자당), 야당(민주당, 통일국민당), 국회의원 300여 명에게 우편으로 발송했다. 그리고 청와대, 노동부, 기획재정부, 한국산업은행 등 정부 관계 부처 우편으로 발송하는 등 대국민 선전전을 전개했다.

"원진메트로신문 하단의 광고면에 항의 전화합시다. 민자당 정책실장 강삼재 02-000-0000, 노동부 02-000-0000, 산업은행 02-000-0000. 격려를 전화합시다. 원진노동조합 034-000-0000"을 기재했다.

"국민 여러분 도움이 큰 힘이 됩니다."라며, 계좌번호 "조흥은행 591-00-000000 황동환"을 기재했다. 광고 내용을 보고 익명으로 1만 원에서 10만 원씩 50여 명의 시민들이 300만 원의 후원금을 보내왔다. 이 밖에 지하철에서도 모금되었다. 1인 천 원에서 만 원까지 350만 원을 후원하였다. 이로써 합계 650만 원이 모금되었다. 이 금액은 모두 투쟁 자금으로 사용했다. 그리고 회계감사를 걸쳐서 투명하게 공개했다.

⑤ 사망자 영혼을 씻기는 상여 시위

그해 7월 25일 오후 2시 '원진비대위' 황동환 위원장과 조합원 200여 명은 서울 종로성당에서 열린 '산업재해 현황 보고 및 산재 환자를 위한 미사'에 참석한 뒤 이황화탄소 중독으로 숨진 노동자들을 상징하는 상여를 앞세우고 가두 행진을 이어 나갔다.

원진레이온은 인견사를 생산하는 방사과 작업장에 이황화탄소(CS_2)를 옥외로 뽑아내어 주는 배기덕트 시설을 제대로 갖추지 않았다. 작업장은 항상 뿌연 안개처럼 이황화탄소 가스가 가득 차 있었다. 연일 30도를 오르내리는 무더운 작업장 매캐한 냄새가 코를 찌르는 등 열악한 작업장이었다. 이렇게 이황화탄소 중독으로 죽음의 작업장으로 변모되어 가고 동료들은 한 사람씩 목숨을 잃는 비극적 사태로 이어진 것이다.

이러한 원진레이온의 직업병 환자 죽음이라는 비극은 도대체 언제쯤 끝이 날 것인가. 그러니까, 지금 눈앞이 가물거린다. 흐릿해지는 기억 속을 다시 되살려 본다. 이황화탄소 중독 직업병으로 치료 한번 제대로 받지 못하고 시름시름 앓다가 하늘나라에 먼저 가신 선배 노동자들의 이름을 한 명씩 불러 본다. 그리고 그 이름을 한 명씩 호명할 때마다 목이 메고 가슴이 아프다.

원진 노동자 이점복, 정근복, 이명희, 강희수, 고정자, 김봉환, 권경용, 이종구 등 15명이다. 이들 가운데 강희수, 고정자, 김봉환은 나지막한 산자락 중턱에 경기도 남양주시 마석 모란공원 민족민주열사 묘역 옆쪽 땅속에 묻혀서 잠자고 있는 것이다.

이것을 마지막으로 직업병 환자의 죽음이라는 비극 끝을 내야 하지 않겠는가. 그러나 직업병 환자의 죽음은 아직도 끝나지 않고 계속해서 이어지고 있다. 이것은 매우 안타깝고 참으로 원통스럽다.

그때 당시부터 이날까지 이황화탄소 중독 직업병 환자 판정받은 인원이 229명이었다. 이들은 현대의학으로는 완치가 불가능하다. 이들 삶과 가정을 망가뜨리고, 미래도 없다. 희망도 없다. 하루하루 시한부 인생을 살고 있다. 이들 직업병 환자들은 언제 어느 때 다가올지를 모르는 죽음을 기다리고 있는 것이다.

이날 서울 종로성당 '산업재해 현황 보고 및 산재 환자를 위한 미사'에 이어서 원진 노동자 모두 상갓집의 상주가 되었다.

이들은 모두 산업재해 직업병 환자 죽음의 비극을 상징적인 것으로 표현하면서 서울 종로성당 출발하여 종각교차를 거쳐서 명동성당까지 가두 시위를 전개했다.

이날 이와 같은 관을 어깨에 메고 상징적인 상여 재현에는 그동안 직업병으로 사망한, 사망자의 영혼을 씻기는 '씻김굿'의 의미가 있노라고 말할 수 있다. 사망자의 상여 앞에서 하는 다시래기, 상여를 어깨에 메고 가는 상여꾼들이 부르는 소리인 만가 등, 상여 뒤를 이어서 따르며 상주들 통곡의 소리는 눈물이 마를 틈이 없이 독특하게 표현했다. 관람객들이 숨을 죽이고 소리 없이 흐느끼고 있는 것이 눈에 띄었다.

이것은 우리나라 전통적인 상장례문화재 행사를 연상케 했다. 상여 시위는 시민들에게 볼거리를 제공함으로써 눈길을 끌었다. 이번 상여 시위로 인하여 직업병 문제에 대해 사회적 각성과 시민들의 관심을 불러일으키는 데 성공했다.

이 밖에도 원진 노동자들은 "김영삼 정부는 산재 직업병 대책 마련하라!" 그리고 "원진 노동자 고용 보장 마련하라!"라며 상여 상장례문화재 행렬이 종로성당을 출발하여 종각교차로 경유하여 명동성당 앞까지 도심지 도로를 따라 가두 행진을 전개했다.

이를 관람한 차량의 운전 기사님은 "눈물이 핑 돌았다."라며 우리들의 구호 소리에 맞추어 "여러분! 싸워서 승리하십시오."라며, 경적을 울리면서 지지를 보내왔다.

⑥ 향린교회 각계 인사, 공동기자회견

'원진비대위', 황동환 위원장과 원진대책위원회는 '원진 문제의 해결을 위해 김영삼 대통령의 결단을 촉구'하는 각계 인사 40인 공동기자회견을 9월 25일 오전 9시 서울시 중구 명동성당 앞 향린교회에서 열었다.

이날 김금수, 홍성우, 박현서, 문익환 목사, 진방주 목사 등 각계 인사 40인은 성명서를 통해 "김영삼 정부가 과거 군사독재 시절의 유물인 원진 직업병 문제를 즉각 해결해야 한다."라며, 김 대통령의 결단을 촉구했다.

그리고 이와 함께 "산재종합병원 설립하라! 정부 출연 투자기관 재취업 보장하라! 원진특별법 제정하라! 원진 노동자에 대한 생계비를 지급하라!" 등을 요구했다.

이날 '원진비대위', 황동환 위원장과 원진대책위원회, 공동대표 등 각계 인사 40인의 공동기자회견 성명서의 내용은 다음과 같다.

성명서

김영삼 문민정부는 과거 군사독재의 유물인 원진 직업병 문제를 즉각 해결하라!

1. 원진 노동자 폐업 투쟁 120일째, 명동성당 앞 철야 농성 20일째이다. '원진비대위'는 민자당 강삼재 정책실장 면담을 시작으로 노동부, 산업은행 측과 18차례나 실무교섭을 진행하였다.

그러나 노동부, 산업은행 측은 "노동관계법대로 하겠다."라며 파산 조치를 운운하면서 책임 회피를 하고 있다. 김영삼 문민정부는 과거 30년간 군사독재 시절의 유물인 원진 직업병 문제를 해결할 의지가 있는가? 묻고 싶다.

2. 문민정부는 과거 군사독재 시대의 유물을 즉각 해결하라.
원진 문제는 어느 날 갑자기 생긴 것이 아니다. 친일파 박흥식, 3공의 박정희 친인척 정영삼(현 한국민속촌 회장), 5공 전창록(전 공군 소장), 6공 백영기(전 육군 소장) 등 군사독재와 유착하여 30년간 경영하는 과정에서 발생했다. 작업환경을 개선하기는커녕, 직업병을 은폐, 방치해서 결국은 세계 제일의 직업병을 양산해 왔다.

어두운 시대의 참혹한 과거는 제대로 청산되어야 한다. 김영삼 문민정부가 과거 30년간 군사독재정권 시절의 유물인 원진 직업병 문제를 해결할 것을 요구한다.

첫째, 현재 300명이 이황화탄소 중독 직업병에 시달리고 있다. 800명의 원진 노동자들 건강검진, 치료, 보상 등 직업병 대책을 마련해 달라는 것이다.

둘째, 지난 6월 8일 당정협의회에서 공장 폐쇄 결정했다. 이 때문에 우리는 하루아침에 직장을 잃었으므로 재취업 대책을 마련해 달라는 것이다.

3. 우리는 김영삼 대통령의 정치적 결단을 강력히 촉구한다.
우리의 요구는 너무나 당연한데도 불구하고 노동부와 원진레이온 법정관리인인 산업은행 쪽이 직업병 대책과 재취업 대책의 요구를 묵살하고 파산 조치 운운하는 것에 대해 도저히 이해할 수 없다.

우리는 아침이슬 내리는 명동성당 앞에서 철야 농성하며 라면, 국수 등으로 삼시 세끼를 때우고 있는 실정이다. 우리는 '김영삼 대통령 정치적 결단을 촉구'하며, 모든 힘을 총동원해 투쟁을 전개할 것을 명백히 밝히는 바이다.

- 원진 문제의 근본적 해결을 위한 김 대통령의 정치적 결단을 촉구한다.
- 원진 직업병 전문병원 설립하고 정부 투자기관 재취업을 보장하라!
- 원진특별법을 즉각 제정하라!
- 원진 노동자도 추석명절 고향에 가고 싶다. 생계비를 지급하라!

1993. 9. 25.

원진문제의 올바른 해결을 위한 대책위원회
직업병 대책과 고용 보장 쟁취를 위한 원진비상대책위원회

⑦ 원진 문제 해결 촉구, 한겨레신문 광고

1993년 10일 21일 노동조합, 기독교, 불교인권위, 천주교인권위, 한국여성단체연합, 전국노동조합협의회, 노동운동단체, 인도주의실천의사협의회, 민주화를 위한 전국교수협의회, 민주사회를 위한 변호사모임, 보건의료단체, 민주당노동위원회 등 단체와 각계각층 원로 인사 180인, 이들은 십시일반, 동심동덕의 마음으로 모금운동을 실시했다. 원진대책위원회는 모인 성금으로 "원진레이온 노동자들의 생명, 우리가 지켜야 합니다."라며 원진 문제에 대한 올바른 해결을 촉구하는 성명서와 함께 단체명과 실명을 한 사람도 빠짐없이 모두 넣어서 한겨레신문 18면, 하단광고를 아래와 같이 실었다.

한겨레신문 광고

원진레이온 노동자들의 생명, 우리가 지켜야 합니다.

원진 직업병 대책과 재취업 완전 쟁취를 위한 노동법 개정 및 원진특별법 제정 촉구 결의대회
일시: 1993. 10. 23. (토) 오후 3시, 장소: 명동성당 앞

회사가 없어져도 직업병은 없어지지 않습니다.

열다섯 분이 고귀한 생명을 바쳤습니다. 88년 이래, 300여 명의 직업병 환자가 발생하는 동안 원진 노동자들은 병마에 시달리는 몸으로 산업은행으로 노동부로 민자당으로 명동성당으로 떠돌며 절규하였건만, 책임 회피하며, 직업병 대책을 마련하지 않고 있습니다.

더구나 지난 6월 당정협의회에서 일방적으로 폐업을 결정함으로써 배상과 치료를 요구할 회사도 없어져 버렸습니다. 회사가 없어져도 이황화탄소에 폭로된 이상 죽음의 직업병은 언제고 나타납니다. 심지어는 퇴직한 지 23년 후에 직업병 판정을 받은 사람도 있습니다.

800여 명의 원진 노동자들은 평생 실업 위기에 처해 있습니다.

800여 명의 원진 노동자들은 음성나병환자마냥 낙인찍혀 다른 회사에 취직도 못 합니다. 국민연금 납부할 때 원진 경력이 나오면 "병원에나 가 보십시오."라는 말 한마디에 쫓겨 나오고 있습니다. 새 정부가 직업병이나 취업에 대한 대책도 없이 "골치 아프니 없애고 보자."라는 식으로 일방적이고 안이하게 폐업을 결정했습니다. 그리고 800여 명의 원진 노동자들은 5개월여 동안 생계비도 지급받지 못한 채 병든 몸, 주린 배를 움켜쥐고 싸우고 있습니다.

원진 노동자들의 생명과 건강을 지키는 것은 우리 사회의 양심입니다.

원진 노동자들의 요구는 간단합니다. 지금 직업병에 시달리고 있고 앞으로도 충분히 그럴 가능성이 있는 만큼, 직업병 대책을 만들어 달라는 것, 그리고 하루아침에 밥줄이 끊겼으므로 재취업 대책을 마련해 달라는 것입니다. 그리고 산재전문병원과 직업병연구소 및 직업병 민사 보상금 관리 재단을 마련해 달라는 것입니다.

원진 직업병 참사는 성장 제일만을 내세워 직업병 예방 대책도 없이 노동자들을 죽음으로 내몰았던 3공 박정희, 5공 전두환 군사독재의 유산입니다. 김영삼 정부가 "진정 개혁하고자 한다."라면, 우리 사회의 양심 회복 차원에서 원진 문제를 매듭지어야 합니다.

◆국민 여러분의 따뜻한 격려와 성금을 기다리고 있습니다.

조흥은행 519-00-000000 황동환 중소기업은행 122-00-0000-000 황동환

◆**원진 문제의 올바른 해결을 위한 대책위원회 (0346)00-0000, (02)000-0000**
◆고문: 김승훈, 김진균, 김찬국, 문익환, 박형규, 백기완, 이소선
◆공동대표: 김금수, 박현서, 서광연, 홍성우, 황상근
◆집행위원장: 진방주
◆참가단체: 고난받는 노동자와 함께하는 기독교대책위, 불교인권위, 가톨릭노동사목전국협의회, 천주교인권위, 노동과건강연구회, 건강사회를위한약사회, 건강사회를위한치과의사회, 기독청년의료인회, 인도실천의사협의회, 청년한의사회, 구리노동상담소, 국제사회주의자들구속자후원회, 서노협, 우리노동문제연구원, 전국노동단체연합, 전국노동운동단체협의회, 민중정치연합, 원대협, 한국여성단체연합, 민주당노동위원

1993. 10. 21.

〈민주화를 위한 전국교수협의회〉
강내희, 강명구, 강정구, 고흥석, 고철환, 김상곤, 김세균, 김수행, 김영구, 김인걸, 김중희, 김진균, 박거용, 박재우, 박영근, 송재소, 안현수, 안병욱, 양재혁, 염건, 이상준, 이세영, 임종대, 장임원, 정성진, 조흥식, 최갑수, 최경구, 허선도, 허평길

〈민주사회를 위한 변호사모임〉
김제완, 김한주, 박성민, 박연철, 박인제, 박찬운, 백승헌, 심규철, 유선호, 윤기원, 이왕철, 이종걸, 임제연, 조용환, 천정배, 한정화, 홍성우

〈여성계〉
김숙임, 진지선, 김애영, 박순경, 이미경, 이영순, 이효재, 이현숙, 정영순, 한명숙

〈기독교〉
강석찬, 곽경전, 권영종, 김동완, 김복기, 김상근, 김정응, 김재열, 김찬국, 김찬제, 김철환, 김태환, 김현배, 나핵집, 남규우, 노신복, 노영우, 도영호, 박계열, 박기백, 박영모, 박종렬, 박형규, 백남운, 서광연, 소유언, 송일수, 원형수, 유원규, 윤길수, 윤길원, 이근복, 이명남, 이병일, 이정일, 이진천, 이춘섭, 이해학, 임명진, 임광빈, 임종한, 임흥기, 장복문, 장성룡, 정동근, 전명기, 정태준, 정해동, 정화순, 최병상, 최영식, 최의팔, 최자웅, 추용한, 홍근수, 황유연, 황인태

〈천주교〉
김동주, 김형태, 성염, 윤순녀, 윤영전, 이귀철, 이돈명, 이영섭, 이필림, 정귀남, 정성헌, 정을진, 정인숙, 조경연, 최현숙, 한종만, 홍창염, 김승훈, 문제인, 박기호, 박인출, 신문신, 오용호, 오창래, 유종만, 윤인섭, 이대훈, 이석범, 이성재, 이종걸, 최경욱, 최동배, 최병모, 최상진, 최욱순, 한세만, 홍현웅, 계인선, 임영숙, 김진영, 박순희, 박주미, 오두희, 이태숙, 정동화, 조금분, 조미수, 조여옥, 최연례, 최영, 한상욱, 홍상선, 홍성진

〈보건의료계〉
김동균, 길호식, 김영삼, 박재수, 박재찬, 박징출, 손인환 신혁호, 유재룡, 이경규, 이찬구, 진상해, 홍학기, 김윤태, 김철환, 박계열, 박봉희, 송일수, 윤종률, 임종한, 이인봉, 전경자, 전철수, 최정호, 김광수, 김옥희, 김인섭, 신동근, 이문녕, 전동균, 전민용, 정창권, 최영인, 한열철, 김은희, 민혜경, 박경옥, 박윤정, 박은주, 서명숙, 유경욱, 이경우, 조정진, 강문국, 고영재, 김무영, 김이수, 박근복, 박정희, 오차재, 오현, 전명희, 조옥화, 홍학기, 김기락, 변박장, 신상진, 심재식, 유영진, 조홍준, 정영기, 한태희, 김분숙, 김영우, 김정희, 김혜원, 박남운, 박진희, 성영석, 홍영숙, 양동일, 원남숙, 윤영철, 이은순, 이정식, 장지선, 전명선, 조수월, 하성주, 황성동

〈노동조합〉
싸니전기, 대원강업, AMK, 남부금속, 협신정공, 엔진베이링, 나우정밀, 신한발브, 동부금속, 서울제화, 삼주전기, 아남산업, 서울인쇄, 청계피복, 대현, 세풍전자, 용마피혁, 일광교역, 세월 동양엘리베이터, 영등포기계공단, 북두, 보암산업, 삼화정밀, 동두천지역택시, 서울대병원, 한양대병원, 지하철공사, 가락동농수산물관리공사, 진로유통, 우성유통, 종로서적, 교보문고, 서울의료보험조합, 벽산사무, 삼화기업, 코리아제록스, 도시개발공사, 관우회, 힐튼호텔, 롯데월드

〈노동운동단체〉
(인천)산재없는일터를위한모임, (안양)노동자건강복지회, (마창)일하는사람의건강을위한모임, (부산)산재예방회, 의정부노동상담소, 덕계리노동자사랑방, 일꾼노동교실, 동부천민주시민회, 나라사랑청년회, 안산산업안전보건부모임, 현총련산업안전보건국, 마창노련

제2차 명동성당 대규모 연대 집회

원진비상대책위원회와 원진대책위원회 공동 주관, 10월 23일(토) 오후 3시 명동성당 앞에 2천여 명이 참석한 가운데, 제2차 대규모 연대 집회인 '직업병 대책과 재취업 쟁취를 위한 노동법 개정 및 원진특별법 제정 결의대회'를 개최했다.

원진비대위와 원진대책위원회, 공동 주관 오후 3시 명동성당 대규모 연대 집회에 문익환 목사, 전노협 공동대표 권영길, 전해투(전국해고노동자투쟁위원회) 위원장 조준호 씨, 영등포산업선교회 진방주 목사, 연대총학생회장 오승옥 씨, 이화여대, 노동자, 시민, 사회, 학생, 보건의료단체 등 2천여 명이 참석했다.

이날은 여느 때와 달리 "원진특별법 제정하라!"라는 구호의 함성이 명동성당 건물을 흔들 정도로 우렁찼다. 그리고 연대 집회의 참석자들은 깃발 높이 치솟아 올리고 꺾이지 않고 당당했다. 연대 집회의 대오는 가장 높았다.

이어서 문익환 목사님은 연대사를 통해 "이번 원진레이온 직업병 싸움이 제대로 해결되지 않으면 우리나라 산업재해 10~20년 후퇴하게 될 것"이라며, "원진 문제의 해결을 위해 결코 물러설 수 없다."라며 연대투쟁결의 입장을 명백히 밝혔다. 그리고 "김영삼 정부가 고통 분담 경제의 논리를 내세우면서 노동자를 기만하고 있다."라고 주장했다.

이후 명동성당에서 '원진특별법 제정 결의대회'를 마치고 청와대 가두 행진이 시작되었다. 시위대는 명동성당에서 출발하여 청계천 경유하여 종각교차로, 종로2가 YMCA 앞에서 서로 어깨에 팔을 얹어서 끼고 어깨동무하면서 청와대까지 가두 행진을 시도했다.

이미 경찰은 서울시 종로2가 종각교차로에서 광화문광장까지 경찰버스 수십여 대를 이용해

차 벽을 설치해 놓았다. 그리고 경찰 병력 2천여 명의 방패를 이용해 행진을 가로막았다. 시위대를 인도로 우회해 가려 했으나 경찰의 저지로 무산되고 말았다. 시위대는 차도로 재차 청와대 가두 행진을 시도했다. 그러나 경찰과 시위대의 몸싸움은 곳곳에서 전개되었다. 이들은 "청와대 평화 행진을 가로막는 경찰 병력 철수하라."라며 구호를 외쳤다. 시위대는 한발도 전진할 수 없었다. 이곳에서 앉아서 연좌시위에 돌입했다. 이들은 모두 어깨동무하고 율동에 맞추어 '애국가'와 '우리의 소원'을 부르며, 연좌시위 진행했다. 날은 어느새 서서히 저물어 가고 있었다. 이때에 종로경찰서장은 시위대를 향해 "집회 시간은 이미 종료됐다."라며 "자진 해산하지 않으면 강제 진압을 하겠다."라고 경고했다. 그러나 시위대 이들은 "청와대 평화 행진 보장하라!"라며, 구호를 외쳤다.

경찰은 과거 3공 박정희, 5공 전두환 군사정권 시절에 사용했던 최루탄 이용했다. 김영삼 문민정부 출범 이래, 최초로 경찰은 최루가스를 내뿜는 페퍼포그 차량을 앞세워 시위대를 향해 무차별 발사하며, 시위대를 해산시키는 사건이 발생했다. 경찰이 쏜 최루탄 맞은 대학생 김모 씨, 최루탄 가루를 뿌옇게 몸과 얼굴에 뒤집어쓴 채 도로 위에 누워서 나뒹굴었다. 경찰은 대학생 김모 씨를 향해 곤봉과 방패 등으로 이용해 집단 폭행하면서 강제로 진압했다. 김모 씨가 방패와 곤봉으로 여러 차례 머리를 맞아 피를 질질 흘리고 쓰러져 있는데 경찰이 방패를 들고 때리려고 하자 "이제 그만 때려요!", "사람 죽어요!" 등 비명을 질렀다. 이 충돌로 인해 대학생과 '원진비대위', 조합원 20여 명이 크고 작은 부상을 입었다.

이어서 대학생과 '원진비대위', 조합원 등 시위대는 종로, 청계천로 등지에서 "폭력 경찰 물러가라, 청와대 평화 행진 보장하라."라며, 구호 외쳤다. 그리고 가두 행진을 하다가 경찰에 막히면 다시 뒤로 골목길 뛰어가며, 숨바꼭질 형태로 시위를 벌였다. 이들은 때로는 차량과 차량 사이를 뚫고 도로를 가두 행진 하다가 인도 위로 올라와 걸어가기도 했다.

이날 경찰이 시위대 앞과 뒤쪽에서 이동할 수 있는 길을 방패를 이용해 가로막아서 섰다. 또다시 시위대는 골목 안쪽으로 들어가 삼삼오오 흩어져 있다가 다시 모여서 가두 행진을 하는 산발적인 게릴라식 작전을 펼치기도 했다. 경찰들이 시위대 길을 막아서고 포위해 들어오자 격론을 벌인 끝에 시위대는 삼삼오오 흩어져서 자진 해산하기로 했다.

그리고 '원진비대위'와 원진대책위원회의 대표단은 "경찰들과 대치하는 집회가 장시간으로 이어지면 많은 사람들이 다칠 수 있다."라며 "청와대 가두 행진 종료하고 자진 해산합시다."라고 명령했다.

원진비대위, 종로경찰서장 고소 고발

　그러나 이날 경찰들의 곤봉과 방패를 이용해 집단 폭행으로 인하여 시위대 김명수, 이방우(38, '원진비대위' 조합원), 홍금영(35, 전해투), 한응지(한양대학교) 씨 등 20명이 크고 작은 부상을 입었다. 이들은 구급차로 인근 을지병원, 백병원 등으로 후송되어 응급치료를 받고 퇴원했다.

　이날 경찰은 여성시위대가 별다른 행동을 취하지도 않았는데도 불구하고 저항할 새도 없이 무작위로 강제 연행했다. 시위 현장에서 55명이 강제 연행되었다. 이들은 종로경찰서, 동대문경찰서 등에서 각각 조사받고 있었다. 이 가운데, 36명은 즉결심판으로 넘어갔다가 곧바로 석방되었다. 나머지 19명은 훈방 조치로 석방되었다.

　그리고 원진비대위와 원진대책위원회는 "25일의 문민정부 시대 최루탄 난사, 폭력진압과 구속에 대한 '원진'의 입장"이라며, 그리고 "책임자를 처벌하고 연행자 석방하고, 부상자 치료하라."라며 성명서를 한겨레신문 하단에 광고를 실었다.

　한편, 원진비대위와 원진대책위는 조합원 200여 명과 함께 26일 12시경 종로경찰서 앞에서 집회를 열었다. 이날 대표단은 "합법적인 집회임에도 불구하고 문민정부 시대에 경찰이 최루탄을 난사하고 폭력을 행사한 것은 용납할 수 없다."라며 "집단 폭행에 대한 진상규명과 책임자 처벌, 공개 사과, 강제 연행자 전원 석방" 등을 요구하였다.

한겨레신문 광고

문민정부시대의 최루탄 난사, 폭력진압과 구속에 대한 '원진'의 입장

최루탄 난사, 폭력 진압 책임자를 처벌하고 연행자 전원 석방, 부상자 치료하라!

현 정부는 마침내 최루탄을 난사하여, 원진 노동자를 방패와 곤봉으로 집단 구타를 했다.

지난 10월 23일 명동성당에서 원진 문제의 조속한 해결을 위해 김 대통령의 결단을 촉구하는 집회를 마치고 평화 행진하던 2,000여 명 대열을 경찰이 강제진압 과정에서 전치 16주 등 20여 명의 크고 작은 부상자가 속출했으며, 50여 명이 강제 연행됐다. 경찰은 이 중 수 명을 구속할 예정이다.

이날 대회에 참가한 3,000여 명의 대열이 명동미도파백화점을 거쳐서 종각에서 1시간 동안 도로 연좌 농성한 것은 원진 문제를 김 대통령이 결단으로 더 이상 기피하지 말라는 것이었다. 그러나 새 정부는 오직 수천 명의 경찰을 배치해서 청와대로 향하는 대열의 진압만을 기도했다. 이미 원진 문제가 반년 동안 해결되지 않고 있는 데다가 새 정부는 최근 원진 노동자를 법정에 세우는 등 탄압으로 일관했다. 그리고 방패와 곤봉으로 숱한 부상자를 만들고도 모자라 마침내 최루탄을 난사한 것이다. 과연 문민정부인가?

이날 발생한 불상사의 책임은 오로지 정부에 있다. 원진비대위와 대책위는 원진 문제의 조속한 해결만이 유일한 해결책임을 거듭 밝히며, 새 정부의 폭력 진압으로 발생한 사태에 대해 김영삼 정부가 사과하고 책임질 것을 아래와 같이 촉구한다.

- 아래 -

- 최루탄 발사, 폭력진압 책임자를 처벌하라!
- 50여 명의 연행자를 즉각 석방하고 부상자를 치료하라!
- 원진 전문병원, 정부 투자기관 재취업 등 근본적인 원진 대책을 보장하라!
- 김영삼 대통령의 결단으로 원진 문제를 조속히 해결하라!

1993. 10. 25.

직업병 대책과 고용 보장 쟁취를 위한 원진비상대책위원회
원진레이온 문제의 올바른 해결을 위한 원진대책위원회

이어서 황동환 위원장은 김형진 종로경찰서장을 폭력 혐의로 서울지방검찰청에 고소했다.

이후 서울종로경찰서 관계자는 "진압 과정에서 조합원들 부상자가 발생한 것에 대해 송구스럽게 생각한다."라며 사과했다. 그리고 "경찰서장은 경찰청장으로 승진을 앞두고 있다."라며, 고소·고발 취하를 요구했다. 이에 대해 "부상자 치료비와 강제 연행자 전원 석방하지 않을 시 취하할 수 없다."라고 입장을 밝혔다.

그리고 서울종로경찰서는 "명동성당 집회와 관련하여 조사할 것이 있다."라며, 박현서(한양대 사학과 교수, 원진대책위 공동대표), 황동환(비대위, 위원장), 박무영(구리노동상담소 대표) 씨에게 출석요구서를 보내왔다.

이로써 '원진비대위'와 원진대책위원회의 2천여 명 노학연대 집회의 투쟁력 등을 인정하지 않을 수 없게 되었다. 실제로 "원진레이온 단일노조, 단일사업장"이라고 하지만, 김영삼 문민정부를 뒤흔들어 놓을 수 있는 조직력 보여 주었다. 노정 양자에게 있어서 부인할 수 없었다.

제3차 조합원 총회, '비대위' 요구(안) 의결

1993년 9월 2일 박상봉 정책실장은 노동조합 회의실에서 정책소위원회, 위원들과 함께 "직업병 대책과 재취업 보장하라."라는 요구(안)를 도출했다. '원진비대위', 지도부 확대 간부 토론회의를 걸쳐서 검토하고 심의 의결했다.

이어서 그다음 날 9월 3일 오전 10시 사내 강당에서 원진비대위 황동환 위원장, 조합원 800명이 참석한 가운데, 제3차 조합원 총회를 열고, 직업병 대책과 재취업 보장하라는 폐업 관련 요구(안)에 대해 설명하고 만장일치로 기립박수 통해 원진 폐업 관련 후속 조치 요구(안)를 확정했다.

1993년 9월 4일 오전 10시 '원진비대위', 사무처장은 "직업병 대책과 재취업 보장하라."라는 요구(안) 공문서를 작성해서 노동부, 산업은행, 민자당 등 정부 관계 부처 민원실에 각각 접수했다.

원진비대위의 폐업 관련 후속 조치 요구(안)

- 현 위치에 전문병원 설립(약 82억 원)
- 750명의 원진 근로자들에 대한 재취업 보장
- 정기정밀검진 실시를 위해 기금을 확보(약 112억 원)
- 직업병 발생자에 대한 민사배상기금 확보(우선 200억 원)
- 폐업위로금 24개월분 일시불 지급(약 160억 원)
- 원진특별법(인) 설립 운영 시 운영자금 및 추가(예비비) 비용(약 30억 원)
- 폐쇄 이후 원진비대위(노동조합)에서 사용한 금액 배상(약 5,000만 원)

원진 폐업 노동부와 산업은행 측 실무교섭(안)

- 직업병 전문병원 설립은 현실적으로 어렵고 매각 잉여금 남을 경우나 가능하며, 검진병원은 노동부 부천중앙병원을 이용하라는 입장
- 재단법인의 설립은 현재 초안을 검토 중(설립 목적과 형태 등에 관한 자들의 법률적 사항 검토가 있었음)이고 운영관리 등은 산업은행이 맡든, 원진비대위 측이 맡든 상관없으며, 이사장은 원진비대위 추천자로 할 수 있다는 입장
- 민사배상기금 51억 원은 우선 마련하며, 나머지 100억 원은 잉여금에서 차입하는 것으로 하고, 폐업위로금은 폐업 수당(통상임금 3개월분)에 평균임금 3개월분을 추가 지급하고, 의증소견서 발급 비용(5만 6,000원), M.R.I 비용(25만 4,000원), 계속 검진 비용(2만 원씩 30년)을 3·3개월분의 폐업 수당, 개인별로 지급하겠다는 입장이었다.

국회, 원진특별법 제정 청원서 제출

'원진비대위', 지도부 노사정 3자 실무교섭과 별도로 황동환 위원장 청원인 되었다. 1993년 9월 14일 대한민국 국회의장 앞으로 '원진특별법 제정' 청원서를 제출하게 된다. 제목은 '원진 폐업에 따른 사후 대책에 관한 요구'이며, 주요 내용은 '직업병 대책과 재취업 대책'이다. 이 청원서의 소개 국회의원은 김말룡, 장석화, 홍사덕, 원혜영, 신계륜 등 의원이었다.

1993년 10월 21일 오전 10시 국회노동위원회는 과천 정부종합청사 노동부에 대한 국정감사가 열리고 있었다. 과천 정부종합청사 앞에서 '원진비대위', 황동환 위원장과 전국해고노동자복직투쟁위원회 조준호 위원장 등 공동 주관, 각 소속 노동자 800여 명 참여한 가운데 집회가 열렸다. 그리고 이들은 노동부 측에 직업병 대책과 고용 보장 대책을 요구하며, 농성을 벌였다.

이날 노동부에 대한 국정감사에서 이상직(산업은행 출자관리부장)과 황동환 노조위원장 겸 비대위위원장 증인으로 채택되어 참석했다. 국회노동위원회, 김말룡 의원, 박제상 의원, 박근호

의원, 최상용 의원 등이 원진 폐업 관련 후속 조치에 대해 질의했다.

이날 노동부 국정감사에 증인으로 참석한 이상직(산업은행, 출자관리부장)은 "원진비대위 측 요구사항 직업병 민사 배상 기금 350억 원에서 150억 원으로 변경하는 등 어느 정도 노사 잠정 합의안에 관한 의견의 접근을 하는 것으로 보고 있다."라고 말했다.

이와 같이 원진 폐업 관련 후속 조치 잠정 합의안 도출되기까지 '원진비상대책위', 조합원 동지들의 한여름 땀군 땀방울과 빗속 투쟁의 성과가 결실을 맺고 있었다. 그렇지만, 6월부터 10월까지 800여 명의 조합원 모두 5개월간 휴업급여와 생계비 한 푼도 받지 못했다. 그리고 이들은 체력적으로 지쳐 있는 상태였다. 그리고 '원진비대위', 지도부 노사정 3자 실무협의회 통해 잠정 합의안에 대해 발표하지 않았다. 그래도 지금부터 투쟁의 대오를 새롭게 정비해야 한다고 판단했다.

1993년 10월 30일과 31일 양일간 걸쳐서 고려대학교 노천극장에서 열리는 전태일 열사 정신 계승, 노동법 개정과 근로자파견법 및 공공자금관리기금법제정 저지를 위한 전국노동자대회 전야제가 열렸다. 이날 '원진비상대책위원회', 황동환 위원장의 연대사가 있었다. 그리고 산재 직업병 추방을 위해 (김태일 연출, 감독) 다큐멘터리, '원진별곡' 비디오를 상영했다. 그다음 날 31일 오전 10시 효창운동장 전국 노동자 본 대회에 원진비대위의 조합원 800여 명이 참가하여 연대투쟁 의지를 보여 주었다.

종교, 시민, 사회단체 잇따라 공청회

1993년 7월 20일 오후 3시경 서울 종로성당 3층, 노동사목회관에서 시민, 사회, 종교, 노동운동단체, 보건의료단체, 구리노동상담소 등 300여 명 참석한 가운데 '원진 문제의 올바른 해결을 위한 대책위원회' 이하 '원진대책위원회'가 결성 발족식 및 직업병 문제해결을 위한 공청회를 개최했다.

이날 공동 위원장 박현서는 출범 선언문을 통해 "원진 직업병 참사를 계기로 우리나라 직업병 현실을 극복하기 위한 대책 수립 및 직업병 제도 개선을 위해 '원진특별법 제정' 등 제도적 장치 마련과 노동자들의 안정된 고용 보장 확보를 위해 원진비대위와 연대 투쟁할 것"이라고 입장을 밝혔다.

1993년 7월 25일 오후 3시경, 가톨릭서울대교구 노동사목위원회(도요한 신부, 위원장), 한

국가톨릭노동청년 전국연합회가 공동 주관한 '산업재해 현황 보고 및 산재 환자를 위한 미사'가 서울 종로4가 종로성당 3층, 종로노동사목회관에서 '원진비대위'의 조합원, 시민, 종교 등 3백여 명이 참석한 가운데, "산업재해 현황 보고와 전망"이라는 이름으로 열렸다.

이날 '우리나라 산재 현황' 주제로 발표에 나선, 나성필 명동 노동문제상담소 사무장(65)은 "1992년 산업현장에서 재해 발생자 수는 총 10만 7,435명으로 이 중 사망자는 총 2,429명에 하루에 7명꼴로 산업재해로 목숨을 잃은 셈"이라고 밝혔다.

이어서 '원진비상대책위' 황동환 위원장은 "원진의 이황화탄소 중독 직업병 환자는 올해 5월 말 현재 229여 명에 이르고 있다. 이수자도 전현직 노동자 1만 3,000여 명 중 10%도 되지 않는 수치"라고 말했다. 이에 따라 '원진비상대책위'는 직업병 대책 없는 원진 폐업 반대, 직업병 인정 기준 완화할 것, 평생건강관리수첩 발급할 것 등을 요구했다.

이 밖에도 박석운 노동인권회관소장은 "원진레이온 지속적인 직업병 환자 치료와 검진을 위해 직업병 보상 기금이 마련되어야 한다."라며 "원진레이온 공장 부지 15만 평에 직업병연구소 및 산재종합병원 만들어져야 한다."라고 말했다.

그다음 1993년 11월 3일 오후 2시 여의도 국회의원회관에서 '민주화를 위한 전국교수협의회'(이하, 민교협), '민주화를 위한 변호사 모임'(이하, 민변), '인도주의 실천 의사협의회'(이하, 인의협) 등이 공동 주관하여 '원진비상대책위원회'의 조합원, 시민, 사회, 보건의료단체 등 100명이 참석한 가운데, '원진 직업병 산업재해 추방을 위한 공청회'를 개최하여 시민들로부터 관심을 불러일으켰다.

원진 폐업 노사정 잠정 합의(안) 도출

1993년 7월 15일부터 10월 30일까지 4개월간 총 18회에 걸쳐서 원진레이온 법정관리인인 산업은행 측과 노사 간의 실무교섭을 진행했다. 산업은행 측은 은행원을 '사측의 교섭실무자'라고 내세웠다. 새내기 은행원, 이들은 은행 창구에 앉아서 지폐 세고 계산기의 자판만 두들기는 입출금 담당이다. 은행원은 노사 관계에 대해 전혀 모르는 문외한인(門外漢人)이다. 이러한 사람과 노사 실무교섭을 하다 보니 심한 의견 차이가 있을 수밖에 없었다. 결국 노사 잠정 합의안을 도출해 내지 못하고 서로가 공방만 주고받음으로써 시간만 낭비했다.

이러한 식으로 노사 간의 자율적 실무교섭 했으나 합의가 이루어지지 못하자 과천 정부종합청사 노동부 회의실에서 노사정 6회에 걸쳐서 비공식 노사정 실무협의회를 개최하였다.

그리고 그해 9월 25일 우리나라 고유 명절 추석 전날에 과천 정부종합청사 노동부회의실에서 진행된 노사정 3자 실무협의회는 오후 2시부터 밤 12시까지 10시간에 걸친 마라톤 회의를 진행했다. 이날 실무협의회를 통해 원진 폐업 관련 노사정 3자 잠정 합의(안)를 도출하는 데 어느 정도 의견 접근이 있었다.

그리고 그다음 1993년 11월 4일 오전 7시부터 오후 3시까지 8시간 동안 서울시 영등포구 여의도 맨하탄호텔, 회의실에서 원진 폐업 관련 노사정 3자 본회의를 열었다. 이날 본회의는 8차례 걸쳐서 정 회의를 거듭했고, 본회의 8시간을 치르는 동안 노사정 3자 간의 열띤 토론과 공방을 주고받았다. 그리고 노사가 한 발짝씩 양보함으로써 마침내 원진 폐업 관련 노사정 잠정 합의서(안)를 도출하기에 이르렀다.

이날 본회의에는 노조 측 황동환 원진비상대책위원회 위원장 겸 노조위원장을 비롯해서 신현태 부위원장, 배기수 대의원, 김정식 위원, 정기환 씨가 사용자 측 원진레이온(주) 전덕수 사장, 이상직(산업은행 출자부장), 황인호(산업은행 대리), 김영삼 정부 측에서 우성(노동부 기획관리실장), 노정기획관, 산업보건 과장, 고용정책 과장, 당시 의정부 지방노동사무소장(현 의정부고용노동지청장), 담당 사무관이 참석하였다. 이외에 인명진 갈릴리교회 목사와 박석운(노동인권회관소장)가 참석하였다.

그리고 이날 본회의에서 원진 폐업 관련 노사정 3자 잠정 합의안은 원진비상대책위원회의 요구안을 대폭 수용한 것은 아니지만, 해고 노동자 전원이 복직되며, '원진비대위', 지도부 고소·고발을 취하하고, 직업병 환자에 대한 민사 보상금 150억 원 공익재단을 출연하기로 합의했다. 이어서 개인별 폐업위로금 및 취업대책비와 특수검진 비용을 확실히 보장하게 되었다.

그다음 날 1993년 11월 5일 오전 10시 원진레이온 사내 강당에서 조합원 400여 명이 참석한 가운데, 조합원 찬반 투표에서 '78.6%'라는 비교적 높은 찬성률로 통과되었다.

그리고 1993년 11월 9일, 오후 2시 경기도 과천 정부종합청사, 노동부 회의실에서 원진 폐업 노사정 3자 합의서 체결 조인식에 앞서서 당시 이인제 노동부장관은 모두 발언 통해 "그동안 원진레이온(주) 노동자들의 희생은 국가발전의 밑거름이 됐다고 말하고 원진사태 해결을 계기로 산업발전과 국가정책이 국가 '인간 중심'으로 전환하기를 기대한다."라고 강조했다.

이날 노조 측 황동환 원진비대위원회, 위원장 겸 노조위원장을 비롯해서 신현태 부위원장, 배기수 대의원, 사용자 측 원진레이온(주) 전덕수 사장, 이상직(산업은행 출자부장), 정부 측에서 우성(노동부 기획관리실장) 등 원진 폐업 노사정 3자 잠정 합의서에 각각 서명 날인하게 된다.

이로써 1993년 7월 6일부터 그해 11월 4일까지, 18차례의 노사 실무교섭과 6차례의 노사정 3자 본회의를 통해 원진레이온(주)의 폐업 관련 노사정 3자 잠정 합의서에 서명 날인을 했다. 이처럼 원진비상대책위원회, 이들의 폐업 투쟁은 일단락되었다. 그 합의서 내용은 다음과 같다.

원진 폐업 노사정 3자 합의서 체결

1993년 7월 9일 자 원진레이온(주)의 폐업과 관련하여 원진레이온(이하 '회사'라 한다)의 대표이사 전덕수와 원진레이온(주)에 근무하던 근로자(사무직, 월급직, 일급직, 노조원, 비노조원 등 호칭, 직급, 기타 사항을 불문한 전현직 임직원을 포함하며 이하 '근로자'라 한다)를 대표하는 노동조합 위원장 황동환 외 2인은 각각 합법적으로 회사와 근로자를 대표함을 확인하고 아래와 같이 합의한다.

원진 폐업 후속 조치 노사정 3자 합의서

I. 폐업에 따른 정밀검진

1. 정밀검진 실시
회사는 폐업에 따른 근로자의 정밀검진을 위하여 요양신청서 발급에 적극 협조하고, 근로자는 요양신청서를 발급받아 해당 검진기관에서 정밀진단을 받도록 한다.

2. 정밀검진과 관련한 비용 지급
회사는 전1-1의 정밀검사 시 산재보험 수가에 반영되어 있지 않은 MRI 촬영에 소요되는 비용으로 CT와 MRI와의 비용 차액금 이십오만사천 원(254,000원)을 본 합의일 익일부터 10일 내에 지급한다.

II. 폐업위로금

3. 폐업위로금 등의 지급
회사는 폐업에 따른 근로자의 생계지원을 위하여 회사는 다음과 같은 폐업위로금 등을 본 합의일의 10영업일 내에 지급한다.
1) 폐업위로금: 평균임금의 5개월분을 일률적으로 지급한다.
2) 취업대책비: 1인당 금 이백오십만 원(2,500,000)씩 지급한다.

3) 정기건강검진비: 폐업 후의 매년 정기건강진단에 해당하는 비용으로 1인당 금 일백이십오만사천 원(1,254,000)을 일시불로 지급하고 회사는 매년 정기검진에 대한 책임을 지지 아니한다.

III. 정밀검진과 관련한 비용, 폐업위로금 등의 지급 대상

4. 지급 대상

1) 전 I-2(정밀검진과 관련한 비용), 전 II(폐업위로금): 1993년 7월 10일 현재 국내 재직근로자에 한하여 지급한다.
2) 전 1)항에 불구하고 본 합의일 현재 직업병 환자로 확정되어 장해등급이 확정된 자는 지급 대상에서 제외하며, 본 합의일 현재 정밀검진이 진행 중인 자로서 회사가 MRI 촬영 비용을 이미 부담한 자에게는 전 I-2(정밀검진과 관련한 비용)는 지급하지 아니한다.

VI. 직업병 관련 기금(이하 "기금"이라 한다)

5. 기금 출연의 목적, 기존 민사배상제도와의 관계

1) 1993년 7월 5일 자 정부의 산업정책심의회 의결 사항 원진레이온 폐쇄 방안 중 보완 조치 "다"호의 정함에 따라 회사에 근무하던 중 이황화탄소에 피폭된 것이 원인이 되어 폐업 후 이황화탄소 중독증 환자로 확정됨으로써 재활할 수 없는 근로자를 돕기 위하여 회사는 일정액의 기금을 출연한다.
2) 기존의 민사배상제도는 기금에 의하여 설립되는 비영리 재단법인(이하 '공익법인')의 정관에 따라 운영하기로 하며, 공익법인의 설립과 동시에 기존의 민사배상제도는 자동으로 효력을 상실한다.
3) 본 합의일 현재 민사배상 등급이 확정된 근로자에 대하여는 회사에서 민사배상금 전액을 지급하기로 하며, 본 합의일 이후에 발생하는 민사배상금에 대하여는 새로이 설립되는 공익법인이 부담하기로 한다.

6. 기금의 출연 방법

1) 공익법인의 설립, 기금의 출연
폐업 후 발생하는 직업병 확정자 외 민사배상을 위한 공익법인 설립(노동부허가)을 전제로 동 법인에 대하여 다음 방법으로 기금을 출연하기로 한다.
가. 1차: 법인 설립 허가일로부터 7일 이내에 현금 50억 원
나. 2차: 파산채권 50억 원
다. 3차: 파산 종결 후 잉여재산 발생 시 50억 원 이내
2) 공익법인은 우선 회사에서 설립 추진토록 하되 법인설립(노동부허가) 이후 법인 임원을 교체할 필요성이 있는 경우 비대위 측과 합의하여 법인 임원을 교체하기로 한다.

V. 기타

7. 고소, 고발 등을 취하한다.

본 합의로서 회사와 근로자 간에 본 합의 이전의 사유로 인한 일체의 민형사상 또는 행정 법규 등에 정한 책임은 서로 묻지 아니하기로 하며, 본 합의 이전에 발생한 진정, 고소, 고발 등은 본 합의 즉시 취하하기로 한다. 또한 관련 기관 앞으로 선처를 호소하는 절차를 취하기로 한다.

8. 합의 내용의 이행을 위한 조치

1) 본 합의에 따라 지급되는 폐업위로금 등의 지급을 위하여 회사 측이 필요하다고 판단하여 근로자에게 요구하는 서류 등은 폐업위로금 수령 시 제출하기로 하고 본인의 부주의 또는 구비서류의 미비로 지급에 차질이 발생함에 따른 모든 불이익은 본인이 부담하고 일체 회사에 이의를 제기하지 않기로 한다.

2) 본 합의 대한 절차를 원만히 처리하기 위한 회사의 조치에 근로자는 조건 없이 따르기로 하고 본 합의 따라 지급되는 금품의 수령을 위한 경우 또는 회사의 요청이 있는 경우 이외의 근로자는 즉시 회사 내에서 퇴거하여야 하며, 이를 위반하여 발생하는 모든 책임은 근로자대표 및 당사자가 부담한다.

9. 효력

1) 본 합의서는 합의서와 동시에 효력이 생긴다.

2) 관련 법규의 착오, 해석의 오류, 기타 이유를 불문하고 결과적으로 근로자에 대한 임금 등의 미지급이 있는 경우 이는 본 합의서에 의한 폐업위로금의 지급으로서 당연히 청산된 것으로 한다.

3) 본 합의 따라 1988. 9. 14. 자 '회사와 회사에 근무하다가 피해를 입은 피해자 간의 합의서', 1989. 8. 10. 자의 '회사와 회사에 근무하다가 피해를 당한 피해자 간의 보충 합의서', 1990. 5. 31. 자의 '회사와 회사에서 근무하다가 직업병으로 인하여 피해를 입은 피해자 간의 합의서', 1990. 12. 31. 자 '단체협약서', 기타 명칭, 형식을 불문하고 회사가 책임과 의무를 부담하는 모든 합의서 등은 당연히 효력을 상실한다.

4) 회사와 근로자 간에 해석에 이견이 있는 경우에는 회사의 해석에 따르기로 한다.

본 합의서를 입증하기 위하여 합의서를 2부 작성하고 회사와 근로자대표가 각각 서명 날인한다.

1993년 11월 9일

서명자

회사: 원진레이온(주) 대표이사 전덕수
근로자: 원진레이온 노조위원장 겸 원진비대위원장 황동환
부위원장 겸 비상대책위원 신현태
대의원 겸 비상대책위원 배기수
입회인: 노동부 기획관리실장: 우 성

4장
원진 폐업 노사정 3자 합의서 체결 의미

합의서 체결, 노동계 연대투쟁의 큰 성과

1993년 6월부터 11월까지 6개월간 원진 노동자들 직업병 대책과 고용 보장 쟁취 투쟁을 통해 사회적인 각성과 시민들로부터 지지받으며, 관심을 불러일으켰다. 그리고 마침내 1993년 11월 9일 원진 폐업 노사정 3자 잠정 합의서 조인식을 이끌어 냈다. 이와 같은 합의서 체결, 노동계 연대투쟁에는 큰 성과와 의미가 있다.

원진레이온 노동조합은 원진비상대책위원회로 전환되었다. 그리고 곧바로 청와대로, 민자당으로, 노동부로, 산업은행으로 등 정부 관계 부처 20여 차례, 항의 방문을 전개했다. 정부 관계 부처의 책임 회피 및 성의 없는 태도에 하늘 높이 치솟아 오르는 분노에 맞서서 모든 전술 전략을 동원해 끈질기게 물고 늘어지며, 싸우고, 싸웠다. 노사 실무교섭 진행했지만, 성과가 없었다.

황동환 위원장과 조합원 800여 명은 8월 24일 제1차 명동성당 철야 농성에 돌입했다. 그다음 달 황동환 위원장과 조합원 800여 명은 9월 14일 제2차 명동성당 철야 농성에 돌입했다. 박인도 대내외협력국장은 40명의 조합원 한 그룹에 10명씩 4개의 그룹 소위원회 구성했다.

이들은 오전 10시부터 오후 7시까지 이화여대, 고려대, 연세대, 숭실대 등 서울 지역에 편성해서 총학생회를 방문했다. 이후 노학 연대 집회 조직했다. 8월 제1차에서 2차까지 명동성당에서 각계 인사, 보건의료계, 대학생, 조합원 등 1,200여 명 참석한 가운데 대규모 연대 집회 열었다. 그다음 10월 23일 제3차 명동성당에서 각계 인사, 보건의료계, 대학생, 조합원 등 2,000여 명, 참석한 가운데, '원진특별법 제정'을 촉구하는 대규모 연대 집회를 성공적으로 열었다.

이로써 김영삼 정부 측 원진비대위와 원진대책위원회 공동주최 대규모 연대 집회의 조직력을 인정하지 않을 수 없었다. 노정 양자에게 있어서 부인할 수 없는 실력이 입증되었다.

이 밖에도 산업재해 직업병의 상징적인 방독면 시위, 해골사면 시위, 영정 시위, 소복 시위, 상여 시위 등 종로성당 출발하여 종각(종로2가)을 걸쳐서 명동성당까지 도시지를 가로지르며, 가두 행진을 전개했다. 이날 시민들부터 지지받으며, 관심을 불러일으키는 데 성공했다.

원진 폐업 노사정 3자 잠정 합의서가 체결되기까지 노동운동계, 보건의료계, 학생운동계, 종교계 등 헌신적인 연대투쟁과 지원의 역할이 있었기 때문에 가능했다. 그리고 서울 종로성당 3층, 노동사목회관에서 시민, 사회, 종교, 노동자, 보건의료, 구리노동상담소 등 모여서 '원진 문제의 올바른 해결을 위한 원진대책위원회'(이하, 원진대책위원)를 결성, 공청회 열고 원진비대위와 연대투쟁을 선언하고 지원해 왔다.

이어서 서울 종로성당, 노동사목회관에서 가톨릭서울대교구 노동사목위원회, 한국가톨릭노동청년 전국연합회가 공동주최 '산업재해 현황 보고 및 산재 환자를 위한 미사'의 종교 행사 열고 '원진비대위'를 물심양면(物心兩面)으로 지원해 왔다.

이 외에도 '민주화를 위한 전국교수협의회'(이하, 민교협), '민주화를 위한 변호사 모임'(이하, 민변), '인도주의 실천 의사협의회'(이하, 인의협) 등 학술인들이 공동 주관 국회의원회관에서 '산재 직업병 문제 해결을 촉구'하는 공청회를 개최하여 시민들로부터 관심을 불러일으켰다.

이와 같이 노동계, 보건의료계, 학생운동계, 종교계 등 헌신적인 연대투쟁과 지원의 역할 있었기 정부와 회사 측을 노사정 3자 교섭의 테이블에 끌어내어 우리의 요구사항을 얻어 낼 수 있었다.

이로써 1993년 7월 15일부터 11월 4일까지 18차례 노사 실무교섭을 진행했다. 그다음 6차례 노사본회의를 열었다. 그리고 11월 4일 오전 7시부터 오후 3시까지 본회의는 8차례의 걸쳐서 정 회의를 거듭했다. 또한 본회의 8시간 동안 열띤 토론과 공방을 벌였다. 그리고 노사가 한 발씩 양보함으로써 마침내 원진 폐업 노사정 3자 잠정 합의안이 도출되기에 이르렀다.

이를 끝으로 1993년 11월 9일 경기 과천 정부종합청사 3층, 노동부 회의실에서 당시 이인제 노동부장관 모두발언에 이어서 원진 폐업 노사정 3자 잠정 합의서 조인식 서명 날인함으로써 원진비대위의 폐업 투쟁은 일단락되었다.

이러한 원진 폐업 관련 잠정 합의서 체결 의미, 직업병대책과 재취업 완전쟁취투쟁은 사회적인 각성과 시민들의 관심을 불러일으키며, 시민들로부터 전폭 지지받음으로써 커다란 성과 얻을 수 있었다.

이제 정부당국은 산재 직업병 후진국에 계속해서 머물지 말고, 이번의 원진레이온 사태의 계기로 제2의 사업장에서 직업병 환자가 집단으로 발병되어 사회에 물의를 일으키지 않도록 재발 방지 차원에서 정부당국 사업장 내에 작업환경 개선은 물론이고, 산업재해보건에 대한 근본적인 대책 마련이 시급하다.

5장
원진 폐업 노사정 합의서 언론 논평

원진 폐업 타결, 직업병 '빨간불' 확산 큰 공헌

한겨레신문은 1988년부터 1993년까지 5년여 동안 이황화탄소(CS_2) 산재·직업병 환자 문제 관련하여 사회기사, 사설, 해설기사 등 기획 연재를 쓰면서 보도해 왔다.

한겨레신문은 원진 폐업 관련 합의서 체결 그다음 날 1993년 11월 10일 사회면에 원진 폐업 관련 노사정 3자 합의서 내용을 인용하여 "'원진레이온' 5년 만의 타결 뭘 남겼나, 직업병 '빨간불' 확산 큰 공헌"이라는 제목을 달았으며, 이들은 "산업재해 직업병의 위험에 사회적 이슈를 끌어올리는 데 큰 성과와 의미 있다."라며 논평기사를 썼다.

그러면서 "지난 1988년 우리나라에서는 처음으로 이황화탄소 중독 직업병이 발생하면서 노동계 안팎에 파문을 몰고 왔다. 원진레이온 폐업 사태가 11월 9일 일단 마무리된 것은 원진레이온 노동자들의 끈질긴 투쟁과 산재와 직업병의 위험에 대한 사회적 관심이 맞물린 데 따른 것이라는 점에서 큰 의미가 있었다."라며, "만 5년 가까이 끌어왔던 원진레이온 사태는 이와 함께 이제까지 사각지대에 방치되어 있던 산업재해와 직업병에 대한 사회적으로 각성을 확산시켰으며, 이에 따라 소극적 예방 차원에 머물러 있던 노동부의 산업안전 보건정책을 적극적 대책으로 끌어올리는 계기가 됐다는 평가를 받고 있다."라고 논평했다.

그리고 이 신문은 "원진 노동자들은 이황화탄소 중독증 환자가 발견된 1988년 이후 피해자 가족협의회, 원진 직업병 피해 노동자협의회 등을 잇따라 결성해 조직적으로 당국과 사용자들의 성의 없는 태도에 맞서서 싸워 왔다. 퇴직 노동자인 김봉환 씨가 이황화탄소 중독증으로 사망한 1991년 장례위원회로 전환하여 원진 직업병 대책협의회(이하, 원대협)가 결성됐다. 곧바로 이어서 정부의 직업병 관련 대책인 '직업병 예방종합대책'을 마련하고 최병렬 노동부장관은 청와대를 방문하여 노태우 대통령에게 업무보고 하기에 이르렀다."라며, "이처럼 직업병 예방 종합대책이 마련되기까지 시작한 인도주의실천의사협의회, 노동과 건강연구회 등 재야 보건의료단체 관계자와 전노협 등 노동계의 헌신적 역할로 정부와 사용자 쪽의 무관심을 돌려놓는 중요한 연대투쟁을 해 왔다."라고 논평했다.

이 신문은 "아무튼 노동계는 노동자들의 죽음을 통해 직업병에 대한 사회적 각성을 불러일으킨 원진레이온 사태를 계기로 정부와 사용자 쪽이 더욱 적극적으로 수용해 산업안전보건에 대한 새로운 대책을 마련해야 할 것이라고 입을 모으고 있으며, 이번 노사정 3자 잠정 합의서 체결에 직업병연구소와 산재종합병원 설립 등에 대한 구체안이 없는 것으로 보아, 노사정 3자 잠정 합의서 체결 이후에도 다소 진통이 따를 것"이라며, "진보언론"이라고 불리고 있는 한겨레신문답게 논평했다.

원진레이온 사태 해결 의미

우리나라 산업재해 직업병이란, 생사(生死)의 삶과 죽음을 이르는 문제이다. '진보'와 '보수', '너'와 '나'가 따로 없다. 매일경제 사회면 논평 보도 경쟁에 뛰어든 것은 매우 드문 이례적이라며, 시민들로부터 극찬을 받는 평가가 있었다.

매일경제는 1993년 11월 9일 사회면에 원진 폐업 관련 노사정 3자 잠정 합의서 내용을 인용했으며, 이들은 "산업안전 보건정책 진일보, 원진레이온 사태 해결 의미"라며 제목을 달았으며, 그리고 "면적 66만 4,100여 제곱미터(㎡) 공장 부지 노른자 땅 부동산 건설업계 쪽에서 눈독"이라며, 매일경제신문답게 논평기사를 써서 눈길을 끌고 있다.

매일경제는 "원진레이온 폐업에 대한 노사정 3자 잠정 합의안 노동계의 최대 현안이 해결됐음을 의미한다. 원진레이온 사태는 그동안 풀리지 않는 숙제였다. 지난 1988년 7월 원진레이온 노동자 11명이 이황화탄소에 중독돼 강제 퇴사 조치됐다는 사실이 알려진 후 5년여 동안 이 사건은 꼬리를 물고 새로운 문제를 제기했다. 원진레이온 노조와 이황화탄소에 중독된 산재 노동자의 가두 시위, 항의 방문은 이 땅의 산업화가 낳은 어두운 그림자로 비쳤다. 원진사태가 발생하자 정부는 민영화 방안을 마련, 매각 대상자를 물색했으나, 원매자를 찾지 못했다."라며 논평기사를 썼다.

그러면서 이 신문은 "수도권 주변 노른자 땅에 눈독을 들임 직함에도 불구하고 원진레이온 노동자들에 대한 퇴직 및 후유증에 대한 보상은 선뜻 임자를 찾지 못하게 만들었다. 회사를 폐업시킨다는 새로운 정부안이 마련된 후에도 원진사태는 해결 기미를 찾기 어려웠다. 이런 의미에서 이번 원진레이온 노사정 폐업에 완전 합의하고 노조가 잠정 합의안을 조합원 총회를 걸쳐서 통과시키는 등 한 발씩 양보한 것으로 풀이된다."라고 논평했다.

그리고 신문은 "이번 노사정 3자 잠정 합의로 해고 노동자는 전원 복직되며, 회사 측에 대한 노조 지도부 고소, 고발도 취하돼 원진사태의 해결은 산업 평화에도 이바지할 것으로 기대된다. 총 282명(1993년 10월 현재)의 직업병 환자를 낳은 원진사태는 어떤 의미에서는 우리나라의 산업안전 보건정책을 획기적으로 진보시키는 계기가 됐다. 원진사태가 발발한 뒤 회사에 대해 작업환경 특별 진단이 실시됐으며, 정부 대책은 원진 한 회사에 머물지 않고 직업병 예방 종합대책을 마련하는 쪽으로 이어졌다."라며 산업안전 보건정책 관련 진일보 성과가 있었다는 내용으로 논평 기사를 썼다.

이 신문은 "또 서울대 보건대학원에서 직업병 환자에 대한 역학조사 및 작업환경측정을 실시하면서 보건의료계에서도 직업병에 대한 관심을 이끌어 냈다. 결국 원진레이온 노동자들은 생명으로 이 땅의 작업환경을 개선시키는 데 이바지한 셈이다. 원진레이온 노사정 3자 합의로 공장 부지 매각은 빠른 속도로 진전될 전망이다. 원진레이온 소유한 대지는 경기 남양주시 도농동 공장 부지의 면적 52만 5,610 제곱미터(m^2)와 경기도 용인시 용인공장의 면적 13만 8,490 제곱미터(m^2)로 합계 66만 4,100여 제곱미터(m^2)에 이르고 있다."라며 "이와 같이 막대한 노른자 땅은 811명의 종업원 처리 문제와 282명 직업병 산재 환자 보상 및 치료가 해결된다. 이에 따라 부동산 건설업계의 눈독을 들이는 요지로 부각될 것"이라며 논평했다.

이처럼 "산업안전 보건정책 진일보했다."라는 제목과는 달리 "남양주시 도농동 1번지(도농로 34) 원진레이온 공장 부지 면적 66만 4,100여 제곱미터(m^2) 노른자 땅은 부동산 건설업계 쪽에서 눈독을 들이고 있다."라며, "보수언론"이라고 불리는 매일경제신문답게 극찬을 받는 논평 기사를 쓴 것이다.

▲ 위 사진, 1994년 3월 12일 오전 11시께 서울시 종로구 종로3가 종묘공원 앞에서 원진 폐업 노사정 3자 합의서 이행 촉구 집회를 열었다.

제8부

원진 폐업 합의서 이후 사건

1장
원진 직업병 관리 재단법인 설립

산업은행 재단법인 150억 기금 출연

1993년 11월 9일 원진 폐업 관련 후속 조치 노사정 3자 잠정 합의에 따라 설립된 원진 직업병 관리 재단은 민법 제32조 공익법인의 설립 운영에 관한 법률 제4조 및 노동부 소관 비영리법인의 설립 및 감독에 관한 규칙에 의거 원진레이온 직업병 환자에 대한 재해위로금 지급 및 산업재해로 인하여 직업병자의 자활 지원사업을 위해 설립되었다. 허가 번호 172호로 1993년 11월 20일 설립 허가 통보를 받고 한국산업은행이 주도하여 11월 28일 재단을 설립하였다.

최초 원진재단법인 설립 신고 및 출범 시 원진비대위 측 대표가 배제된 채, 진행됐다. 정영택 한국산업은행 투자금융부차장을 이사장으로 하고 나머지 4인의 이사는 산업은행 임직원 부인들인 박현희, 김경옥, 배금연, 한은자 씨로 구성되었다. 재단 이사진 구성에 대해 산업은행 측은 "급하게 재단을 설립하는 과정에서 은행 임직원 부인들로 이사진을 구성하게 되었다."라며 "노동부로부터 허가를 받으면 원진비대위와 피해자 측 이사진을 받아들이겠다."라고 말했다. 노사정 3자 잠정 합의 내용과 같이 1차 재단기금으로 50억 원을 출연하였다.

원진 직업병 관리 재단은 1994년 6월 노동부로부터 재단 이사진 구성 변경 승인을 받았다. 원진비대위와 피해자 측 대표가 재단을 직접 운영하게 되었다. 1994년 8월 원진재단 사무국장 최승용 씨가 산업은행 측과 정식으로 업무를 인수인계를 받았다. 원진 공장 부지의 기계 매각 대금의 일부인 1억 6,000만 원을 추가 전입금으로 수령하였다. 원진재단의 구성은 원대협 의장이었던 한양대 사회학과 박현서 교수가 재단 이사장을 맡고, 상임이사에 박석운 씨, 이사에는 산업은행 파산관리인 황인호 씨, 원진비대위 박인도 위원장(이사), 직업병 판정위원회 간사(이사) 양길승 씨, 원진비대위 산업안전국장 최승룡 씨(사무국장) 등 초대 공익재단법인 이사로 구성되었다.

원진 직업병에 대한 판정은 직업병 판정위원회를 구성하여 판정하고 있는바, 위원회에는 양길승 씨와 함께 재단 측 판정위원으로 김철환, 김윤태 씨가 함께 참여했다. 판정 방법은 재단 측 판정위원(간사 포함)과 검진의료기관의 의사가 함께 판정하는 것으로 되어 있었다.

원진 폐업 관련 노사정 3자 잠정 합의서 규정에 의거 고려대학병원 이외에 경희대의료원, 순천향대병원 등 종합병원급으로 검진기관이 확대되었다. 이에 따라 검진기관의 의사는 자신의 소속 의료기관에서 자신이 검진한 직업병 환자에 대하여만 판정에 참여했다. 1995년 판정에 함께 참여하고 있는 검진기관과 검진 의사는 고려대구로병원의 김순덕 교수, 순천향대병원의 김주자 교수, 경희대의료원 최현림 교수 등이다. 또한, 검진기관이 고려대병원 이외에 다른 의료기관으로 확대될 수 있었던 것은 업무상 재해 인정 기준 개정에 따라 중앙대병원, 국립병원 등 종합병원급 의료기관에서 건강검진 가능해졌기 때문이다.

원진 폐업 전 1987년 9월부터 1994년 3월까지 7년간 직업병 환자 359명, 사망자 16명, 원진 폐업 이후 1994년 11월부터 1998년 4월까지 4년간 직업병 환자 420명, 이황화탄소 중독 직업병 환자로 판정받은 사람은 모두 779명에 이르고 있었다. 당시 검진을 받고 판정을 기다리고 있는 사람들과 검진 대기 중인 사람들은 이 숫자에 포함되어 있지 않기 때문에 앞으로 원진 직업병 환자들의 숫자는 계속해서 늘어날 것으로 예상된다.

1993년 원진 폐업 관련 노사정 3자 잠정 합의서에 의해 원진레이온에 근무하였던 사람이면 누구나 직업병 여부의 건강검진을 받을 수 있다. 이른바, 비유해, 위험 부서, 유해 부서 근무 여부와 구분 없이 경비직이나 관리직, 식당(종업원), 의무실 간호사 등 근무 직종의 관계없이 누구나 건강검진 과정을 거쳐서 이황화탄소에 의한 중독으로 직업병 환자로 판정받고 보상금 받을 수 있게 되었다. 그동안 원진레이온을 거쳐서 간 노동자 수가 '1만 2,000여 명'이라고 한다. 1만 2,000여 명 가운데, 앞으로 추가 발생할 직업병 환자가 몇 명이나 될지는 아무도 모르고, 예상하기 어렵다.

또한, 무중독자로 판정을 받은 사람들에 대한 재검진의 횟수도 제한이 없기 때문에(노동부는 무중독 판정 후 1년이 경과한 뒤에 재검진을 할 수 있도록 하고 있음) 원진 직업병의 잠복기간을 최하 1년에서 최고 30년이라 할 때, 지속적인 검진이 이루어질 것으로 예상된다.

이와 같이 향후 이황화탄소 중독 직업병으로 판정받은 환자들에 대한 민사 보상금인데, 현재도 전입금 51억여 원으로 부족하여 1994년, 1995년 보상금 지급대상자 222명에게 지급 금액의 60%만 지급했다고 한다. 1989년부터 1994년 9월 30일까지 지급된 민사 보상금은 대상자 361명에 156억 원이었다. 직업병 환자 보상금을 지급받아야 할 직업병 환자가 앞으로 계속해서 증가됨에 따라 약 100억 원의 증자를 해야만 하는 상황에 놓여 있었다.

2장
녹색병원 설립 기금 확보 투쟁 전개

산업은행 측에 410억 기금 출연 요구

한국산업은행 측의 원진레이온 청산 이후 및 원진레이온 공장 부지 토지의 매각 과정 내용을 살펴보았다. 당시 원진레이온 도농공장(남양주시 도농로34), 면적은 52만 5,610제곱미터(㎡)이다. 이 외에도 경기도 용인시 용인공장의 면적은 13만 8,490제곱미터(㎡)이다. 특히 남양주시 도농지구는 서울의 남쪽에 있는 인접 지역이라서 주택 수요가 큰 곳이다. 1996년 2월 남양주시 측은 도농지구 공장 부지를 준공업지역에서 주거지구로 적합하게 용도를 변경해 주었다.

이어서 곧바로 산업은행 측은 1996년 2월 27일 남양주시 도농동 1번지(도농로34) 공장 부지 공개입찰을 실시했다. 이날 원진레이온 공장 부지 '금싸라기 땅'에 눈독을 들이고 참여한 경쟁입찰에서 중견건설업체인 부영건설(주) 등 4개사가 참여한 컨소시엄이 현대산업개발, 대우건설, 경남기업(주), 나산종합건설 등 6개, 유원건설, 한보건설 등 총 33개의 쟁쟁한 대기업과 중소기업 컨소시엄을 제치고 낙찰받았다.

산업은행은 "부영건설(주) 외 동광주택, 광영토건, 동광토건 등 4개사로 구성된 컨소시엄이 가장 높은 가격 3,670억 원을 써냄으로써 최종낙찰자로 선정됐다."라고 발표했다.

부영건설(주)은 곧바로 이어서 남양주시 도농동 1번지(도농로34) 공장 부지의 철근콘크리트 건물을 즉시 철거하고 동년 여름에는 7,000~8,000가구의 고층아파트 단지와 상가건물 등의 조성 및 건설공사에 착수하고 있었다.

원진레이온 법정관리인인 산업은행 측이 원진레이온 공장 터 3,700여억 원에 팔고 3월 초 잔금을 받아 채권 2,100억 원 등을 제외하니 1,600억 원이 남았다.

1997년 2월 채무와 채권 총청산 결과 산업은행 측에는 약 1,600억 원의 순이익금이 발생했다. 이 잉여금은 당연히 국고로 몰수된다는 사실을 알게 된 것이다. 원진 노동자들은 이를 묵과하지 않았다. 이로 인해 제4차 410억 원 기금확보 투쟁이 시작된 것이다. '원진 직업병 관리 재단'이 보유한 산업은행 측으로부터 출연받은 50억 원의 기금은 1993년 회사가 폐쇄된 4개월 후인 11월 26일 바닥나게 되었다. 그다음 해 8월 시설 매각 대금 2억 원을 추가 수령했지만, 직업병 판정자에 대한 민사 보상금으로는 충분하지 않았다. 기금이 고갈되어 채권발행도 검토했으나, 재단의 정관의 규정상 불가능하다고 판단되어 큰 곤경에 처해 있었다.

1995년 7월에는 용인 부지의 매각 대금 48억 원을 추가로 증자하고 1996년 9월에는 도농 부지의 매각 대금 50억 원이 증자될 때까지 기금총액은 150억 원에 달했다. 그러나 780여 명에 달하는 직업병 환자들에게 지급해야 할 총액은 이를 상회하여 사실상 재단의 기금은 사실상 바닥을 드러낸 것이다.

우리 원진 노동자들은 원진레이온 공장 터를 팔아서 1,600억 원의 순이익이 발생한 호기를 잡아 충분한 기금 확보는 물론이고, 모든 원진 노동자들 염원이었던 직업병 전문병원 및 직업병연구소를 이번 기회에 꼭 설립해야 했다. 재단 설립 당시 재단은 1993년 11월 9일 원진노조와 산업은행 측과 폐업 관련 후속 조치 노사정 3자 잠정 합의서에 의해 위로 보상금 기금을 충분히 확보하는 것 그 외에 산재종합병원의 설립과 운영, 복지시설의 확보와 직업병의 종합적이고 장기적인 대책 방안을 마련하기 위한 직업병연구소 설립과 운영 그리고 이것에 대한 기타 사항을 관장하는 것이 재단의 임무라는 점이 정관에 명문화되었다. 재단 설립의 취지와 목적을 실현하기 위해 원진 노동자들은 투쟁하였다.

원진 노동자들은 원진레이온 공장 터 495,670제곱미터(m^2)를 팔아서 1,600억 원의 순이익금 기금을 확보하기 위해 11월 6일 공문서를 산업은행 측에 발송했다. 그러나 이에 대한 답변이 없었다.

원진 노동자 직업병위원회(구기일 위원장)는 1996년 27일 오후 2시 경기 남양주시 도농동 옛 원진레이온 정문 앞에서 '원진전문센터' 건립 촉구 결의대회를 가졌다.

이날 원진레이온에 근무하면서 직업병 판정을 받은 환자 640명으로 구성된 이 위원회는 이날 400여 명이 참석한 가운데, 원진병원 및 복지관 등을 포함한 원진전문센터 건립 확정을 요구했다.

이어서 구기일 위원장은 성명서를 통해 "1996년 11월 6일 원진레이온 부지 매각 잉여금 1,603억 원 중 원진 직업병 환자 치료를 위한 원진전문센터 설립을 위해 410억 원을 책정해 줄 것을 원진레이온 법정관리인인 산업은행 측에 요청했다. 그러나 이에 대해 회신 등 답변이 없어 결의대회를 갖게 됐다."라고 밝혔다.

원진공동대책위원회 결성 투쟁 돌입

원진레이온 직업병 문제와 관련, 민주노총, 참여연대, 경실련 등 시민단체, 사회단체가 모여서 원진공동대책위원회(이하, 원진공대위) 결성했으며, 대표는 구기일, 양길승 씨 공동대표로 구성되었다. 이날 원진공대위 연석회의를 열고 서울시 중구 명동성당 철야 농성에 돌입하기로 했다.

1997년 3월 14일 원진 노동자 직업병위원회 400여 명은 명동성당 철야 농성에 돌입했다. 이들은 3월 중순 차가운 바람이 세차게 몰아치는 초봄 날씨에도 불구하고 명동성당 앞 한구석에 비닐 천막을 설치했다. 날씨가 추운 관계로 두꺼운 담요를 두르고 석유난로 곁에서 밤을 새웠다. 그리고 낮에는 한 그룹에 50명씩, 3개의 그룹으로 나누어서 철야 농성에 들어갔다. 그리고 이들은 원진레이온 법정관리인인 한국산업은행으로, 노동부로, 청와대로 등 정부 관계 부처의 책임 회피에 분노를 느끼며 항의 방문을 다니며, 투쟁을 전개하였다.

그리고 이들은 산업은행 본관 앞에서 확성기를 이용해 '철의 노동자' 노동가요를 부르며 집회를 열었다. 산업은행 측은 서울종로경찰서 경찰 병력을 투입하여 불법집회 및 고성방가 경범죄 혐의로 96여 명을 강제로 연행했다.

이들은 종로경찰서, 중부경찰서, 동대문경찰서, 청량리경찰서 등 10여 개의 경찰서로 각각 나누어서 분산시켜 놓고 30시간 동안 유치장 안에서 감금되기도 했다. 이들은 불법집회 혐의로 각각 경찰서에서 조사받았다. 이 가운데, 8명은 즉결재판에서 벌금형을 선고받고 석방되었다. 그리고 나머지 85명은 훈방 등을 걸쳐서 석방되었다. 또다시 이들은 명동성당 농성장으로 복귀했다.

이후 원진공대위 지도부는 연석회의를 통해 투쟁의 수위를 높이기로 결의했다. 농성단 탄원서를 각각 작성했다. 노동부, 재경부, 청와대 등 정부 관계 부처 민원실에 접수했다. 그리고 청와대 김영삼 대통령의 정치적 결단을 촉구하며, 공세를 더욱더 힘차게 전개했다.

이 외에도 농성단은 서울지하철에 승차하여 시민들에게 호소문을 담은 전단지를 배포하고 시민들로부터 서명을 받았다. 원진공대위 지도부는 여야당, 국회의원 면담, 신문사, 방송국 등을 방문했다. 우리의 전단지를 배포 및 전달하며, 지지를 호소했다.

원진레이온 직업병 문제와 관련, 민주노총, 참여연대, 경실련, 보건의료단체 등 시민, 사회단체로 구성된 공동대책위원회는 1997년 26일 오전 9시, 서울 중구 명동성당 앞에서 기자회견을 갖고 "원진 직업병 환자들을 위한 산재전문병원을 조속히 설립하라."라며, 김영삼 정부당국의 결단을 촉구했다.

이날 기자회견에서 이들은 "원진레이온 공장 부지 매각, 이익금은 원천적으로 원진 노동자들의 피와 눈물로 생겨난 것이므로 사용처 결정에서 원진 환자들의 요구가 최우선 순위가 되어야 한다." 그리고 "1988년부터 1993년까지 318명이었던 원진 직업병 환자는 해마다 늘어나면서 올해 들어서 새롭게 발견된 28명을 포함, 689명이 원진 직업병 환자로 판명됐고 앞으로도 700여 명의 환자가 추가로 발생할 것으로 예상된다."라며 "원진 직업병 환자를 전문적으로 치료하기 위한 병원 설립이 시급하다."라고 말했다. 이어서 "원진 피해자들을 위한 보상 기금이 바닥난 상태"라고 하면서 "원진 공장 부지 매각을 통해 1,600억 원의 순이익금을 챙긴 원진레이온 법정관리인인 산업은행은 산재 보상 기금 확충을 위한 실무교섭 테이블에 적극적으로 나서라."라고 촉구했다.

이에 대해 산업은행 측은 "1,600억 원 순이익금 가운데, 세금 500억 원을 빼고 남는 1,100억 원의 사용처를 두고 있다."라며 "남양주시 문화예술회관 건립 및 장학기금 400원 억"이라며, "서울 구로구 구로동에 세우는 산재전문병원 제중병원에 지원금 100억 원을 지원할 것"이며, 그리고 "원진레이온 직업병과 관련해서는 추가 환자 보상금 100억 원 등 모두 200억 원 지원할 계획"이라고 밝혔다.

이어서 산업은행 측은 "원진 노동자들은 모든 투쟁을 중지하고 명동성당 철야 농성을 철회하면 실무교섭에 성실히 임하겠다."라고 의사를 표명해 왔다.

원진공대위는 대표자 연석회의를 걸쳐서 산업은행 측과 실무교섭은 계속해서 이어졌다. 그리고 원진공동대위는 사회적 파급력 발휘하여 주말에 총동원령을 내렸다. 명동성당에서 시민, 사회, 노동자, 보건의료 등 참석한 가운데, 대규모 연대 집회 열고 곧바로 종각교차로를 걸쳐서 종로2가를 경유하여 서울시 종로구 관철동 삼일빌딩, 산업은행 본관 앞까지 가두 행진을 전개했다.

원진 직업병 추가보상금 410억 원 요구 여론화

1997년 3월 14일, 400여 명의 원진 직업병 환자들이 산업은행 측에 추가보상금 400억 원을 요구하며, 명동성당 철야 농성에 돌입했다. 그러나 대부분 일간지 신문들은 취재하여 보도하지 않고 팔짱을 끼고 바라보고 있었다. 이에 대해 원진 노동자들은 5명씩 3개의 팀으로 나누어 조선일보, 동아일보, 중앙일보 등 일간지 신문사를 방문하여 사회부국장을 면담하면서 산업은행 측 원진 직업병 추가보상금 410억 원 요구에 대해 전단지를 배포하며 적극적인 취재 협조를 요청했다.

그리고 원진 노동자 직업병위원회(구기일 위원장)는 그해 3월 26일 오전 10시 명동성당에서 기자회견을 열고 "원진 직업병 추가보상금 410억 원 절박하다."라고 말하면서 "산업은행 측은 합의안을 도출하기 위한 협상 테이블에 나서야 한다."라고 촉구했다. 이날 조선일보, 동아일보, 중앙일보 등 일간지 신문사 취재기자들은 나타나지 않으며, 기자회견 내용들을 보도하지 않는 등 보수언론들은 원진 노동자들의 외침을 침묵하거나 외면했다.

이에 반면, 한겨레신문은 원진 노동자들의 외침을 외면하지 않았다. 한겨레신문은 칼럼, 논단, 사회면 등 부분적으로 보도하였다. 그해 2월 19일 김은희 노동과 건강연구회 대표는 한겨레신문에 "원진 직업병 추가보상 절박하다"라며, 기고 머리기사와 함께 사회적인 이슈로 부각시켰다.

"직업병 제조공장으로 더 잘 알려졌던 원진레이온이 폐업한 지도 4년째 접어든다. 67년도에 일본에서 쫓겨난 공해기계를 수입해 가동한 뒤 93년 폐업할 때까지 대략 1만 8,000여 명이 그곳에서 일했다. 이들 중 1,792명이 직업병 여부를 밝히기 위해 정밀진단을 받았는데 자그마치 637명이 이황화탄소 중독이라는 직업병 판정을 받았다. 그리고 28명이 그 후유증으로 사망했다. 그러나 그것으로 원진 직업병이 끝난 것은 아니다. 이 공장에 근무했던 노동자 중 10% 정도만 진찰을 받았을 뿐이었다. 그렇다면 나머지 90%에 달하는 1만 5,000여 명에 대한 정밀진단을 했다면 어떤 결과가 나타났을까, 이후 적어도 700여 명이 넘는 직업병 환자가 더 발생할 것으로 보고 있다. 이에 따라 원진레이온 공장 부지 면적 495,670제곱미터(㎡)를 매각해 빚을 갚고도 1,600억 원이 남아 있다. 그러나 원진을 법정관리 했던 산업은행은 이 돈을 그대로 국고로 넘기려는 것이다. 이후 추가로 발생할 직업병 환자들의 보상 기금 250억 원, 원진 전문병원 설립기금 150억 원 등 400억 원을 산업은행 측에 요구했다. 이런 원진 노동자들의 요구를 외면해서는 안 된다. 원진 노동자들이 산업화의 대가로 얻은 병이다. 눈부신 경제성장의 한 기둥이 원진 노동자들의 죽음과 직업병으로 지탱됐던 것이다."라며, 김은희 노동과 건강연구회 대표의 기고 기사(한겨레신문)가 보도되었다.

원진레이온 노동자의 절규

그리고 그해 4월 3일 원진 직업병 환자를 치료해 왔던 양길승 성수의원 원장은 "원진레이온 노동자의 절규"라며, 기고 머리기사(한겨레신문)와 함께 사회적인 의미를 제대로 부각했다.

"지난 3월 26일 아침 10시 명동성당 앞 경사진 길, 휠체어에 의지한 사람을 포함해 30명이 넘는 원진레이온 직업병 환자들이 기자회견을 했다. 원진레이온이 93년 7월 문을 닫은 뒤 직업병 대명사처럼 알려졌던 원진레이온 직업병 문제도 함께 사람들의 기억에서 사라졌다. 그러나 그동안에도 환자들의 고통은 계속돼 왔다. 이날의 기자회견은 그동안 환자들끼리만 안고 있던 고통을 털어놓는 자리였다. 원진레이온 직업병은 다른 질병과는 다른 이황화탄소 중독으로 이 병에 대해서는 알려진 치료 방법이 없다. 이에 따라 환자가 많이 발생한 우리나라에서 어떠한 치료법이 얼마나 효과가 있는지를 평가하고 보다 나은 방안을 연구하고 조사하지 않으면 안 된다. 직업병 진단만 해 줄 뿐 이황화탄소 중독을 다룰 전문적인 기관과 사람이 없다. 이 때문에 환자들은 그냥 방치돼 고통에서 벗어나지 못하고 있다. 산업은행 원진레이온 공장 부지를 팔아 모든 빚을 갚고도 1,600억 원이 남았다고 한다."라고 말하면서 "이 남은 돈 중에서 일부를 최우선적으로 그 공장에서 일하다가 불치의 병을 얻고 신음하는 원진레이온 환자들을 위해 쓰는 것은 너무도 당연한 일이다. 이 당연한 요구를 관철하기 위해 100여 명의 환자들이 천막에서 고통을 참아 가며 밤을 지새우는 비참한 일이 더 이상 계속되어서는 안 된다. 제대로 치료받고 더 나아가 재활이 가능하도록 도와 달라는 직업병 환자들의 요구가 곧바로 받아들여져 이들이 삶에 희망을 갖게 되기를 간절히 바란다."라며, 양길승 성수의원 원장의 기고 기사(한겨레신문)가 보도되었다.

한겨레신문은 그해 3월 31일 사회면 머리기사로 "원진레이온 공장 터 매각수익금 직업병 환자 지원 '뒷전'"이라며, "직업병의 대명사인 원진레이온 공장 터를 팔아 순이익금으로 남은 1,600억여 원의 용도를 놓고 사회적 논란이 일고 있다."라고 보도했다.

이어서 한겨레신문은 그해 4월 23일 사회면 머리기사에 "찬바람 볼 때 시작해 개나리꽃이

만발한 철까지 이어진, 하지만 그 끝을 기약할 수 없는 싸움, 원진레이온 이황화탄소 중독 노동자들이 명동성당에서 40일째 계속하고 있는 농성투쟁의 한가운데 박인도(41) 씨 부위원장은 서 있다."라며 취재기사 형태로 보도했다.

원진공대위, 산업은행 측과 합의 과정

이후 원진공대위는 산업은행 측과 실무교섭 타결의 시점을 놓고 저울질하며, 고민에 빠져들게 되었다. 원진공대위와 산업은행 측과 5차례 실무교섭에서 잠정 합의안이 도출될 것으로 보았으나, 우리 원진 노동자들의 명동성당 철야 농성 35일째로 접어들면서 청와대 김영삼 대통령 정치적 결단을 촉구하며, 선택의 갈림길에 섰다. 또한 직업병 환자들의 명동성당 철야 농성에 라면과 김밥으로 삼시 세끼의 식사를 하고 있어서 체력도 급격히 떨어지고 건강 상태가 매우 좋지 않은 것으로 확인되었다.

이어서 민주노총, 전국연합, 경실련 등 각계각층 시민사회단체 대표 20여 명은 1997년 4월 24일 오전 9시, 서울 중구 명동성당 앞 향린교회에서 기자회견을 열었다. 이날 "이황화탄소 중독에 시달리고 있는 원진레이온 직업병 환자를 위한 산재전문병원을 설립하라."라고 촉구했다.

이어서 "원진 직업병 피해자들을 위한 보상 기금이 바닥난 상태"라며, "원진레이온 공장 부지 매각을 통해 1,600억 원의 이득금을 챙긴 원진레이온 법정관리인인 산업은행은 보상 기금 확충에 적극적으로 나서라."라고 산업은행 측을 압박하며 수위를 높였다.

이날 기자회견에 이어서 원진공대위, 대표단은 원진레이온 법정관리인인 산업은행 측과 4월 24일 오전 10시부터 오후 7시까지 9시간 동안 산업은행 5층, 회의실에서 본회의를 열었다.

이날 본회의는 5차례 정회의를 거듭하며, 본회의 9시간에 걸쳐서 양자는 열띤 토론과 공방을 서로 주고받았다. 그리고 원진공대위와 산업은행 측은 양자 간 한 발씩 양보함으로써 마침내 잠정 합의안 도달하기에 이르렀다.

이날 원진공대위와 산업은행 측 양자 간 '원진레이온 전문병원 건립 기금 110억 원, 추가 직업병 환자 발생 민사 보상금 96억 원, 총 206억 원을 원진재단법인 출연할 것에 대한 잠정 합의서에 서명 날인 및 조인하였다.

그리고 그다음 날 25일 오전 10시 원진 노동자 직업병위원회(구기일 위원장)는 명동성당에서 기자회견을 갖고 "우리는 410억 원의 기금출연을 산업은행 측에 요구하면서 44일간 명동성당 철야 농성에 돌입했으나, 교섭 과정에서 서로가 한 발짝씩 양보하면서 산업은행 측과 206억 원 기금출연 잠정 합의서에 서명 날인했다"라며, 입장을 발표하고 철야농성 자진 회산함으로써 투쟁은 일단락되었다.

　이와 같이 기금을 바탕으로 추가로 직업병 판정 예상되는 직업병 환자 320명에게 1인당 3천만 원씩 위로 보상금을 지급할 수 있게 되었다. 그리고 원진종합센터는 1999년 6월 5일 서울시 중랑구 사가정로49길 53(면목동)에 녹색병원을 건립하여 개원했으며, 김록호 씨가 녹색병원 초대원장을 역임했다. 그리고 경기도 구리시 동구릉로 65(인창동)에 원진녹색병원, 노동환경건강연구소 등 우리나라 최초 산재 직업병 예방 및 직업병 치료 전문기관으로 각각 출범하였다.

3장
원진 직업병 피해자단체

원진 직업병 피해자단체 '원산협' 통합

 원진 직업병 대책협의회(원직협), 원진 직업병 피해자단체로는 1988년의 원가협, 1990년의 원노협, 1991년 김봉환 노동자 장례위원회가 발전적으로 해체되어 결성한 원대협, 원가협, 원노협과 88그룹(원진 직업병 인정 미달자 협의회) 등을 통폐합했다.

 1992년도 서울대 역학조사 결과 직업병을 판정받은 현직자 위주로 최초 32명이 결성하여 78명으로 증가한 또 다른 원피협, 1992년 고려대안암병원에서 판정받은 45명의 환자들이 모인 친우회, 한마음회, 그리고 35명 피해자 등이 있었다. 비공식적인 원진 피해자 모임 등이 결성 과정에서 중복되는 경우도 있었다. 예를 들어 최초의 원직협의 1992년도 서울대 보건대학원의 역학조사 결과 서울대 보라매병원에서 이황화탄소 중독 유소견서를 받았으나 직업병 판정을 위해 고려대안암병원에서 다시 검진을 받은 환자들이 결성한 것으로 되어 있다. 이들도 최초에는 무중독 판정을 받은 87명(또는 88명)이 87그룹(또는 88그룹)을 결성하였다. 이 중 45명은 1992년도에 판정을 받아 탈퇴하고 남은 32명이 모임을 유지하였다. 이들도 1993년도에 판정을 받았다. 직업병 환자단체를 해체하고 다시 36명의 보라매병원 직업병 환자단체로 결성하였다.

 이러한 공식, 비공식적인 원진 직업병 환자단체와 모임들이 다시 통폐합되었다. 그리고 1994년 1월 29일, '원진산업재해자협회'(약칭: 원산협)으로 발족되었다. 원산협은 "고용노동부 산하 근로복지공단으로부터 직업병을 판정받은 직업병 환자들의 권익 향상, 건강 유지, 산업재해와 직업병 추방 운동을 지속적으로 전개한다."라는 목표를 내세우고 발족하였다. 초대 회장으로 원노협 '총무'라는 직책을 맡고 있었던 구기일 씨가 추대되었다. 그러나 구기일 씨는 해외 출장 과로로 인하여 질병이 급격히 악화되었다. 그는 귀국하여 입원치료를 받는 도중 사퇴했다. 그다음 회원들의 보궐선거를 통해 노조위원장 역임했던 한창길 씨가 원산협 회장을 맡았다.

그리고 뒤를 이어서 박민호 씨가 원산협 회장을 맡았으며, 이후 2022년 6월 30일 회원들의 선거를 통해 황동환 씨가 당선되었다. 그해 9월 27일 오후 2시 구리시청 대강당에서 백경현 구리시장, 권봉수 시의회의장, 양길승 원진 직업병 관리 재단 이사장, 임상혁 서울녹색병원장, 김미정 구리녹색병원장 등 내빈을 비롯해서 회원 300여 명이 참석한 가운데 이취임식 열렸다. 이날 취임한 황동환 회장의 임기는 3년이며, 정관 규정에 따라 한 차례에 한하여 연임할 수 있다. 황동환 회장은 노조 '사무장'이라는 직책을 걸쳐서 노조위원장과 비상대책위원장 역임을 한 바 있다.

직업병 환자 915명 국내 최대

1987년 이전부터 2000년 이후까지 20년간 이황화탄소(CS_2) 직업병 환자가 915명으로 국내 최대 발생한 것으로 밝혀졌다.

최근 원진재단 직업병 환자 발생 현황 자료에 따르면 원진레이온을 거쳐서 간 전현직 노동자 가운데, 5년간의 단위로 살펴보면 1987년 이전 5명, 1988년부터 1992년까지 253명, 1993년부터 1997년까지 537명, 1998년부터 2000년까지 100명, 2000년 이후 20명으로 이로써 이황화탄소(CS_2) 직업병 환자는 모두 915명으로 집계되었다.

이에 따라 원진레이온 1993년 폐업 전과 1993년 폐업 이후 직업병 발생 현황 비교 분석해 보았다. 1993년 폐업되기 전까지 258명의 직업병 환자 발생되었다. 그러나 1993년 폐업부터 2000년 이후까지 657명의 직업병 환자가 발생된 것으로 나타났다.

이와 같이 1993년 폐업 이후 원진 노동자들이 나이가 들고 체력이 떨어지고 심신이 쇠약해져 있다. 이들은 2년에서 20년간의 체내에서 이황화탄소(CS_2) 잠복기를 거치면서 사지 마비, 정신 이상, 기억력이 급격히 감퇴되는 등 만성질환자 나타났다. 이처럼 1993년 폐업 이후 10년, 20년, 30년 되었는데 만성 직업병 환자 657명(39.2%) 증가한 것으로 각각 분석되었다.

이와 관련하여 원산협은 매년 1월부터 12월 초순까지 1만여 명의 원진 퇴직자 대상으로 이황화탄소(CS_2) 건강진단을 받고자 하시는 분들의 접수를 받고 모집하고 있다. (원산협 상담전화 031-551-4886) 건강진단을 받고자 모집된 사람은 12월 중순에 서울녹색병원에서 1차 건강진단 결과 이황화탄소(CS₂) 의증 소견이 나타나면, 경희의료원에서 2차 건강진단을 실시하고 있다. 이에 따라 1만여 명의 원진 퇴직자 가운데 앞으로 이황화탄소(CS₂) 만성 직업병 환자가 추가로 발생될 것으로 보인다.

　이황화탄소(CS₂) 직업병 환자들은 현재 경희대의료원, 고려대안암병원, 순천향대서울병원, 서울녹색병원, 구리녹색병원, 남양주 마석원병원, 기타병원 등 각각 나누어 입원치료 및 통원치료를 받으며 산재요양을 받고 있다.

　이 외에도 직업병 환자 915명, 가운데 5년간의 단위로 사망자 살펴보면 1988년부터 1992년까지 6명, 1993년부터 1997년까지 25명, 1998년부터 2000년까지 18명, 2001년부터 2005년까지 34명, 2006년부터 2010년까지 57명, 2011년부터 2015년까지 50명, 2016년부터 2020년까지 61명, 2021년부터 2022년까지 48명이며, 이로써 299명의 직업병 사망한 것으로 나타났다.

　그러나 지금 우리나라는 '100세까지 사는 시대'라고 말하지만, 실제로 직업병 환자 299명 사망자 가운데 이들의 평균연령은 59.8세에 불과했다. 이들의 가족은 근로복지공단으로부터 휴업급여 70% 받아서 생활했지만, 집안의 가장이 사망하면서 근로복지공단으로부터 받아 오던 휴업급여 70%가 하루아침에 뚝 끊어지면서 유가족들의 생계가 매우 어려움에 놓여 있다.

　이와 관련하여 우리나라 이황화탄소(CS₂) 직업병 환자와 사망자가 몇 명이며 현재 산재요양 치료를 받고 있는 사람은 몇 명인지 궁금했다. 이와 관련 고용노동부 산하 근로복지공단에 정보 공개를 청구했다. 근로복지공단 관계자는 "전산시스템 오류가 발생해 집계할 수 없다."라며 정보를 공개하지 않았다. 이에 따라 그 내용은 기재할 수 없었다.

이황화탄소(CS₂) 직업병 환자 현황

5년간의 단위	직업병 판정	비고
1987년 ~ 이전	5명	폐업 전
1988년 ~ 1992년	253명	〃
1993년 ~ 1997년	537명	폐업 후
1998년 ~ 2000년	100명	〃
2000년 ~ 이후	20명	〃
합 계	915명	

■원진재단: 자료

이황화탄소(CS_2) 직업병 환자 사망자 현황

5년간의 단위	사망자	비고
1987년 ~ 이전	0명	폐업 전
1988년 ~ 1992년	6명	〃
1993년 ~ 1997년	25명	폐업 후
1998년 ~ 2000년	18명	〃
2001년 ~ 2005년	34명	〃
2006년 ~ 2010년	57명	〃
2011년 ~ 2015년	50명	〃
2016년 ~ 2020년	61명	〃
2021년 ~ 2022년	48명	〃
합 계	299명	

■원진재단: 자료

요양급여 외에 상병보상연금

이황화탄소(CS_2) 직업병 환자로 판정받아 요양급여를 받고 있는 사람들 중에서 요양 개시 후 2년이 경과한 날 이후에 인정 요건에 해당하는 상태가 계속될 경우 산업재해보상보험법에 의하여 요양급여 외에 상병보상연금을 청구할 수 있게 되어 있다. [「산업재해보상보험법 시행령」 제64조 제1항, 「보상업무처리규정」(근로복지공단 규정 제1300호, 2021. 12. 23. 발령, 2022. 1. 1. 시행) 제40조 제1항, 별지 제7호서식 및 별지 제8호서식]

이황화탄소 중독증은 완치가 불가능한 질병이다. 피해자들은 정신적 또는 육체적 훼손으로 노동 능력이 상실되었다. 또한, 원진 직업병 피해자들은 업무상 재해로 인하여 2년 이상 장기 요양을 요구하는 중증요양상태에 놓여 있다. 이들은 의료보장과 생활 안정을 위해 지급되는 상병보상연금의 신청대상자에 해당된다. 중증요양상태등급은 원칙적으로 최초 청구나 변동에 상관없이 의사의 진단서가 발급된 날부터 적용된다. 그날부터 상병보상연금은 폐질 등급에 따라 각각 지급된다. 상병보상연금 수급권자가 사망하는 경우도 발생할 수 있다. 3년 이내에 청구하지 않으면 소멸된다. 3년 이내에 사망한 수급권자의 경우 유족이 대신 받을 수 있다. 상병보상연금을 받으려면 관할 근로복지공단에 미지급 보험 청구서를 제출하면 된다. 미지급 급여에 대해서는 지급 결정이 된 날로부터 14일 이내에 지급된다.

그리고 폐질 등급 판정은 산재노동자 자신이 요양을 하고 있는 산재보험의료기관에서 중증요양상태를 증명할 수 있는 담당 의사의 진단서를 발급받아 첨부하여 고용노동부 산하 근로복지공단에 신청하면 된다.

이와 관련하여 근로복지공단 공단은 제103조 제4항에 따라 심사 청구서를 받은 날부터 60일 이내에 자문의사 또는 자문의사회의 심의 및 의결을 걸쳐서 심사 결과를 근로자에게 통보한다.

근로복지공단에 상병보상연금 청구했는데도 불구하고 불승인 통보를 받게 되면 어떻게 할까. 재심사 청구는 심사 청구에 대한 결정이 있음을 안 날부터 90일 이내에 반드시 문제 제기를 해야 한다. 재심사 청구하지 않으면 종결 처리된다. (산업재해보상보험법 제106조 제3항 본문)

상병보상연금표

중증요양상태등급	상병보상연금
제1급	평균임금의 329일분
제2급	평균임금의 291일분
제3급	평균임금의 257일분

4장
원진 폐업 합의서 이행 촉구 전개

제2의 원진비상대책위원회 지도부 출범

 1993년 11월 20일 오전 10시 경기 구리시 수택동 구리체육관에서 실시한 조합원총회에서 서경춘 전 노조위원장을 누르고 박인도 위원장이 선출되었다.
 이날 위원장 박인도 씨, 사무처장 겸 정책실장 박상봉 씨, 대외협력국장 오성규, 산업안전국장 최승용 씨, 후생복지국장 오명섭 씨, 배기수 씨 등 제2의 원진비상대책위원회 지도부가 새롭게 구성됐다. 새로운 원진비상대책위원회의 지도부는 총회를 열고 미완의 과제인 원진 산재종합병원 설립과 제2기 서울도시철도(서울교통공사), 한국전력공사, 한국도로공사, 남양주 영화촬영소 등 정부 투자기관 재취업을 완전 쟁취하기 위해 제2차 원진 노동자들의 투쟁이 다시 시작되었다.
 경기도 남양주시 도농동 1번지(도농로34), 원진노조 사무실에서 경기도 구리시 수택동으로 이전했다. 곧바로 우리의 요구사항을 수록한 '얼룩진 원진레이온 이력서'라는 '산재·직업병백서'를 500부의 책으로 발간했다. 국내 주요 일간지에 신문광고를 하면서 책 권에 2천 원씩 판매하기 시작했다. 노동단체, 시민단체, 학생단체, 보건의료단체 등 투쟁자금, 수익금을 위해 판매하며, 합의서 이행 촉구를 위해 투쟁에 박차를 가해 왔다.
 원진비상대책위원회 출범 당시 811여 명의 조합원 있었다. 이후 직업병 판정을 받은 사람들이 직업병 피해자단체로 소속을 변경하고 구직 등록을 하였던 641명 가운데, 자영업 등으로 '원진비대위'를 탈퇴했다. 그리고 조합원 144명, 정부 출연, 투자기관 재취업을 기다리면서 '원진비대위', 사무실에 출근했다.
 원진 폐업 노사정 3자 잠정 합의서 후속 조치의 대상 인원은 759명이다. 산업은행 측 폐업

위로금, 취업대책비, 건강검진비와 대상 인원 665명에게 지급되는 정밀검진비 등 60억 4,000여만 원은 1993년 11월 30일까지 지급이 완료되었다.

그리고 그해 11월 29일 정부와 민자당은 이인제 노동부장관, 윤순달 경기도지사, 우명규 서울시 부시장, 강삼재 민자당 정책조정실장, 최상용 민자당의원 등 참석한 가운데, 노사정 3자 잠정 합의서 후속 조치를 위해 당정협의회를 개최했다. 원진 폐업으로 실직하게 된 원진 노동자 811명 가운데, 노동부에 구직 등록을 한 사람은 모두 650명이다. 이들을 위해 정부 관계부처 실무자들이 참석한 가운데, 재취업 대책 회의를 가졌다.

이날 원진 노동자들의 재취업 보장을 위해 정부와 지방자치단체가 산하 출연, 투자기관의 신규 인력 채용 시 원진 노동자를 우선적으로 채용토록 하고, 원진 노동자들의 업무의 유사성과 통근의 편의성 등을 고려했다. 제2기 서울시 지하철공사에 300명의 재취업을 추진키로 하고, 한국도로공사에 50명, 경기 구리시 농수산물유통센터와 남양주시 종합촬영소에 300명을 취업시키는 방향으로 검토하며, 50세 이상 고령자의 경우 한국도로공사 매표원, 시청 민원상담원, 주차요원, 경비요원 등에 재취업을 지원키로 하였다.

이러한 계획으로 1993년 12월 31일 구직등록자 650명 중 취업이 결정된 사람은 환경관리공단 1명, 한국도로공사 4명, 일화(주) 6명, 청우식품 8명 등 19명에 그쳤다. 이후 정부가 구상한 원진 노동자들의 정부 출연, 투자기관 재취업 계획은 말 그대로 계획에 그치게 되었다. 김영삼 정부는 노조와 약속, 국민과 약속을 이행하지 않았다.

정부는 노사정 3자 잠정 합의서 체결 이후 11월 29일 당정협의회를 통해 "원진레이온 노동자들을 정부 출연, 투자기관인 제2기 서울도시철도(서울교통공사), 경기도 구리시 농수산물유통센터, 남양주시 종합영화촬영소 등에서 인력을 새로 채용할 때 먼저 채용하도록 하겠다."라고 발표했다.

그러나 이때부터의 투쟁은 어려움을 겪게 된다. 1994년 1월 4일에는 노정 재취업특별위원회 구성 요구하여 4인 특별위원회를 구성하기도 하였으나, 여전히 문제의 해결과는 거리가 있었다.

1994년 4월 7일 오전 10시 당시 의정부 지방노동사무소(현 의정부고용노동지청) 회의실에서 박인도(비대위, 위원장)는 제2기 지하철, 구리 농수산물센터, 남양주시 종합영화촬영소 관계자들, 노동사무소장 등이 참석한 가운데 원진 노동자 재취업 문제를 놓고 실무교섭을 진행했다.

구리 농수산물센터 관계자는 "1996년 개장 예정으로 5개 청과수산물도매상은 자체 인력을 확보할 계획이며, 경비와 청소는 용역으로 위탁 운영할 계획"이라고 말했다. 그리고 남양주시 영화촬영소 관계자는 "1996년 9월부터 부분 가동할 예정인데 대다수가 전문직(음향, 녹음, 현상)이며, 경비와 청소는 입찰 공고를 통해 용역으로 위탁 운영할 계획"이라고 밝혔다. 이어서 서울시와 제2기 지하철, 서울도시철도(서울교통공사) 관계자는 "임직원 모집은 사규에 따라 6월께 공개채용 할 계획이며, 제1기 지하철보다 제2기 지하철은 시험과목 수는 많다."라고 밝혔다.

이후 당시 의정부 지방노동사무소(현 의정부고용노동지청) 회의실에서 정부 출연 투자기관의 대표자가 참석한 가운데 '재취업 대책회의'를 가졌으나, 서울도시철도 관계자는 "원진 폐업 관련 노사정 3자 합의서 체결의 당사자가 아니다."라며 모두 책임을 회피했으며, 이렇다 할 해결책이 나오지 않은 채 협의회를 마무리했다.

1993년 2월부터 1994년 4월까지 김영삼 문민정부 출범 금융실명제 발표를 통해 지지율 70% 육박하는 등 시민, 사회, 학생, 노동 등 특이한 쟁점이나, 이렇다 할 이슈가 없었다. 노동부, 민자당, 서울시, 구리 농수산공사 등 관계 부처에 항의 방문하며 노사정 3자 합의서 이행 촉구를 요구했다. 정부 관계 부처의 책임 회피에 항의 방문하고 명동성당 앞에서 대규모 연대 집회를 열었다. 그리고 시민, 사회, 노동, 보건의료, 총학생회 등 이들은 "원진비상대책위원회(박인도 위원장)와 구속·수배·해고 노동자 원상회복투쟁위원회(조준호 위원장)의 경우 공통점이 있고 사회적 '이슈'로 떠오르고 있다."라며, "공동 주관하여 연대 집회할 것"을 제안해 왔다.

원진비대위와 전해투 공동 투쟁 전개

1994년 4월 초 당시 김영삼 문민정부 측에 맞서서 원진비대위 재취업과 전해투 한국자동차보험 해고자 복직 등 사태가 사회적 이슈가 되고 있었다. 그리고 논의의 쟁점으로 떠올랐다.

노동부는 한국자보 노사 문제와 관련하여 노조 측으로부터 교섭권을 위임받은 한국노총, 그리고 회사 측 대표와 3자 협의를 가졌으나, 노사 양측의 주장이 팽팽히 맞서 중재에 아무런 진전을 보지 못했다.

이에 대해 노조 측은 19명이 1994년 4월 22일부터 18일째 노총회관에서 단식 농성을 벌이며, 회사 측에 대해 노사대화합 선언, 노조의 원상회복, 회사 측의 부당노동행위 근절을 요구했다.

1993년 6월 8일 김영삼 정부 "신경제 100일 계획"이라며, 당정협의회를 통해 폐업 조치된 원진레이온 실직노동자의 재취업 문제를 놓고 노동자 측과 취업을 약속했던 제2기 지하철공사인 서울도시철도공사 측과 이견이 해소되지 않아 노동부 측은 중간에서 곤혹스러운 입장을 보여 왔다.

서울시는 "1993년 11월 29일 당정협의회를 통해 제2기 지하철 서울도시철도공사가 발족하면 원진레이온 노동자를 우선 취업시키겠다."라고 약속했었다. 원진 폐업 이후 즉시 결성된 '원진비상대책위원회'의 조합원 8백여 명 가운데, 재취업이 되지 않고 있는 사람은 250명을 서울도시철도공사에서 모두 받아들여 줄 것을 요구하며 항의 방문했다.

서울도시철도 관계자는 "29세 미만의 고졸자들을 대상으로 직원들을 공채할 계획"이라며, "평균 연령이 39세로 무기능자인 원진레이온 실직노동자들을 무조건 재취업시켜 줄 수 없다."라는 입장을 고수하고 있었다.

1994년 4월 20일 경기 구리시 수택동 사무실에서 원진비상대책위원회(박인도 위원장)와 구속·수배·해고노동자 원상회복투쟁위원회(전해투·위원장 조준호) 등 연석회의를 열었다. 그해 4월 21일부터 6월 11일까지 매주 토요일 공동 주관하여 대규모 연대 집회와 공동투쟁을 벌이기로 협의하여 발표했다. 원진비대위와 전해투 이들의 향후 연대투쟁이 어떠한 방법으로 진행될지에 대해 노동계 뜨거운 감자로 떠오르기 시작했다.

그리고 제1차 1994년 5월 21일(토) 오후 2시 종묘공원에서 원진비대위(박인도 위원장)과 전해투(조준호 위원장)는 공동 주관으로 하여 '원진 노동자 재취업과 해고 노동자 원직 복직 완전 쟁취 및 어용한국노총 해체' 대규모 연대 집회를 개최했다.

해고 노동자 복직 및 원진 노동자 재취업 보장, 한국자보사태 등 당면 노동문제 해결을 촉구하는 시민, 사회, 각계각층의 원로 인사 54인이 모여 1994년 5월 27일 오전 11시 서울시 중구 태평로1가 한국언론회관(한국프레스센터)에서 기자회견을 열었다. 이날 이돈명 변호사, 박형규 목사 등 이미 법원으로부터 복직 판결을 받은 해고 노동자들의 즉각 복직과 정부 출연, 투자기관 해고 노동자들의 복직을 위한 적극적인 조치를 촉구했다.

이들은 또한 병역특례 해고 노동자 14명의 전원 원상 복직과 수배 해제 및 제2국민역 편입, 노동조합활동 관련 해고 노동자들의 복직, 원진레이온 노동자들의 정부 출연, 투자기관 재취업 보장, 한국자보사태의 올바른 문제해결 등을 요구했다.

그리고 시민, 사회, 각계각층 원로 인사 54인은 십시일반, 동심동덕의 마음으로 모금운동 통해 그다음 날 5월 28일 아래와 같이 해고 노동자 복직과 원진·자보 문제 등 당면 노동문제 해결을 촉구하는 성명서와 "박 아무개"라며, 한 사람도 빠짐없이 실명을 각각 넣었다. 한겨레신문 2면에 하단광고를 실었다.

각계각층 원로 인사 54명 기자회견

원진 자보 문제 해결 촉구, 한겨레신문 광고
해고 노동자 복직과 원진·자보 문제 등 당면 노동문제 해결을 촉구하며

지금은 급변하는 국제정세 속에서 전 국민의 참여와 창의성 발휘를 통해 국가경쟁력을 강화하여야 할 때이다. 이런 때 지도 측이 앞장서서 소외당하고 고통받는 사람들의 아픔을 덜어 주고, 온 국민이 하나로 뭉쳐 선진적 민주사회를 이룩해 나가야 한다.

인간의 존엄과 자유를 억누르던 과거 권위주의 시대를 마감하고 개혁을 주창하는 문민정부가 등장하여 지난날의 폐해들을 고치기 위해 노력하고 있는 데 대해 우리는 기대와 희망을 가지고 있다. 군부 내의 사조직을 뿌리 뽑고, 공직자 재산공개로 깨끗한 정치를 구현하고자 하는 등의 개혁 조치는 국민으로부터 환영을 받았다. 또한 전교조 해직 교사들의 복직, 민주화 과정에서 희생당한 학생들의 복학과 군대 문제해결 등은 큰 결단의 소신이었다. 그러나 우리나라 경제를 이만큼 발전시키는 데 소중한 밑거름이 되었던 노동자들에게는 아직도 어두운 구석이 많이 남아 있다. 5·6공 군사정권하에서 구속, 수배되거나 해고된 노동자들이 아직도 원상회복되지 않고 있다. 또 원진 노동자들 가운데는 이황화탄소 등 유독가스로 많은 사망자와 직업병 환자가 생기고도 아직 치료와 보상이 충분하게 이뤄지지 못할 뿐 아니라, 재취업이 보장되지 않아 생활 불안을 겪고 있으며, 한국자보에서 보듯 기업주의 부당노동행위가 철저히 근절되지 않고 있는 실정이다. 그리하여 해고 노동자들이 원래의 일터로 돌아가기를 요구하며, 벌써 360여 일을 철야로 농성하고, 작년의 38일간에 이어 최근에는 28일간의 목숨을 건 삭발, 단식을 하였으며, 원진 노동자들이 재취업을 요구하여 정부 여당을 항의 방문하고, 한국자동차보험의 노조 간부들이 아직도 노총회관에서 단식 농성을 그치지 않고 있는 모습은 참으로 안타까운 일이 아닐 수 없다.

지난해 노동부는 구속자 석방과 수배자 수배 해제, 해고자 복직을 위해 가시적인 노력을 보이겠다고 약속한 바 있다. 그럼에도 불구하고 지금까지 3,600여 명의 해고자 중에서 겨우 260여 명이 복직되는 데 그치고 있다. 더구나 최근에 들어서는 당면한 노동문제를 해결하기 위한 효과적인 정책 노력마저 보이지 않고 있으며, 오히려 후퇴하고 있는 느낌을 자아내고 있다. 또 개혁조치 차원에서 단행된 원진레이온 공장 폐쇄 이후, 두 차례 걸친 집권 여당과 정부의 정부 투자기관 재취업 약속이 제대로 이행되지 않고 있다. 사유야 어떻든 해고자 문제 등은 과거 비민주적인 통치 질서에서 생긴 불행한 일이다. 이제 노동자들의 근로의욕과 창의성을 높여 생산성 향상과 국가경쟁력 강화에 기여하도록 하는 것이 급선무이다. 그러기 위해서는 과거의 아픔을 감싸안아 해고 노동자들에게 복직의 길을 열어 주고 원진 노동자에게 재취업을 보장해 주며, 전근대적인 부당노동행위를 일소함으로써 노동자들이 일할 수 있는 여건을 만들어 주어야 한다. 그것이 바로 개혁의 출발이자 국가경쟁력 강화를 위한 필수적인 요건이라 할 것이다.

이에 우리는 해고 노동자 복직을 포함하여 당면한 주요 노동문제가 하루빨리 해결되길 간절히 바라면서 다음과 같은 우리의 입장을 밝히는 바이다.

첫째, 우선 정부는 이미 법원에서 복직 판결이 난 해고 노동자들을 즉각 복직시켜야 하며, 의료보험 조합을 비롯한 정부 출연·투자기관의 해고 노동자들을 복직시키는 데 적극적인 조처를 취해야 할 것이다.

둘째, 방위산업체에서 5~6년을 근무하고도 기업주의 해고로 인해 강제로 군대에 입대하는 것을 거부, 3~5년 동안 수배 생활을 하고 있는 병역특례 해고 노동자 14명의 정상적인 사회복귀를 위해 인도적 차원에서 전원 원상복직, 수배 해제 및 제2국민역 편입 조치를 취해야 할 것이다.

셋째, 노동조합활동과 관련하여 해고된 노동자들은 노동자의 권익 향상과 노동기본권 보장을 요구하다 희생당한 사람들이므로 이들의 복직은 국민화합 차원에서 반드시 해결되어야 할 정책 과제이다.

넷째, 원진레이온 공장 폐업 이후 정부의 사전 사후 대책 미흡으로 원진 노동자들은 직장을 갖지 못하고 참담한 고통을 겪고 있다. 지난해 11월 24일 집권 여당인 민자당과 정부의 합의사항인 정부 투자기관 재취업 보장이 아직도 이행되지 않고 있다. 불안에 떨고 있는 원진레이온 노동자들에게 하루빨리 일터를 보장해 주어야 한다.

다섯째, 노동부가 기회 있을 때마다 강조해 온 부당노동행위 근절이 철저하게 이루어지지 않고 있다. 한국자동차보협의 노조에 가해지고 있는 부당노동행위가 바로 그런 경우이다. 정부는 노동자의 인권 보장과 노사관계의 안정을 위해 한국자보사태를 옳은 방향에서 해결해야 할 것이다.

1994년 5월 28일

강만길(고려대 교수), 강원룡(크리스챤 아카데미 원장), 고은(시인), 구중서(문학평론가, 수원대 교수), 권처흥(전국노동조합협의회 고문), 계훈제(민주주의 민족통일 전국연합 고문), 김관석(새누리신문 회장), 김금수(한국노동교육협회 대표), 김동완(한국기독교 교회협의회 총무), 김병걸(문학평론가), 김성수(성공회 관구장 주교), 김승훈(천주교 정의구현사제단 대표), 김윤수(미술평론가, 영남대 교수), 김윤환(고려대 명예교수), 김정한(작가, 민족문학작가회의 명예회장), 김중배(한겨레신문 대표이사), 김진균(서울대 교수), 김찬국(상지대 총장), 박순경(자주평화통일 민족회의 공동대표), 박용길(통일맞이 7천만 겨레모임 대표), 박형규(전 기독교장로회 총회장), 방지하(불교 조계종 총무원 부원장), 변형윤(서울사회경제연구소 이사장), 백기완(통일문제연구소 대표), 백낙청(문학평론가, 서울대 교수), 서영훈(정의로운 사회실현을 위한 시민운동협의회 상임공동대표), 설조(불교 조계종 개혁회의 부의장), 송건호(한겨레신문 고문), 송기숙(민족문학작가회의 회장), 신경림(시인), 염무웅(한국민족예술인총연합 이사장), 오충일(한국기독교 교회협의회 회장), 유현석(서울지방변호사회 시민인권상 운영위원장), 윤공회(천주교 광주대교구 대교구장), 윤정옥(정신대문제 대책협의회 공동대표), 이돈명(전 조선대 총장), 이문영(경기대 대학원장 명예교수), 이소선(전태일기념사업회 고문), 이창복(민주주의 민족통일 전국연합 상임의장), 이효재(한국여성단체연합 고문), 장임원(민주화를 위한 전국교수협의회 공동의장), 장을병(성균관대 총장), 조아라(광주YWCA 명예회장), 조용술(군산 복음교회 원로목사), 조화순(목사), 지선(불교조계종 개혁회의 부의원장), 지원(불교 실천승가회 지도위원), 천승세(작가, 민족문학작가회의 상임고문), 청하(불교 실천승가회 회장), 최창무(천주교 서울대교구 사회사목 주교), 탄성(불교 조계종 총무원 원장), 한승헌(변호사), 함세웅(천주교 장위동교회 주임신부), 홍성우(민주사회를 위한 변호사모임 대표) 등 (가나다순) 각계 원로 인사 총 54인 그리고 그다음 제2차 5월 28일 오후 2시 명동성당에서 구속·수배·해고노동자 원상회복투쟁위원회(전해투·위원장 조준호)와 원진비상대책위원회(원진비대위·위원장 박인도) 공동 주관으로 연대 집회에 이어서 제3차 6월 4일(토) 오후 2시 명동성당에서 '전해투'와 '원진비대위' 공동 주관으로 연대 집회를 열었다. 이날 '원진비대위', 박인도 위원장은 대회사를 통해 "어용한국노총 해체 및 정국 창출 위해 국민대회로 정세를 주도해 나갈 것"이라고 선언했다.

이어서 '전해투' 조준호 위원장은 "김영삼 정부는 이미 법원에서 복직 확정 판정을 받은 500여 명의 노동자들이 아직 복직하지 못하고 있는 것은 법치국가의 질서를 근본적으로 뒤흔드는 것"이라며, 이들에 대한 우선적 복직 조치를 요구했다.

이날 연대 집회를 마치고 명동성당 출발하여 중구 을지로 2가를 거쳐 종각(종로2가)까지 가두 행진을 했다. 이어서 종각역에서 지하철에 승차하여 노량진역에 하차했다. 전해투, 이들은 영등포구 여의도 한국노총 항의 방문을 전개했다.

원진배대위 조합원은 서울시 영등포구 여의도 민자당 중앙당사 찾아가서 당시 사무총장 강삼재 면담을 요구했다. 그러나 "지금은 부재 중입니다."라며, 책임 회피 및 성의 없는 태도를 보여 만날 수 없었다. 노동부, 서울시, 민자당 등 정부 관계 부처에 항의 방문 투쟁을 전개했지만, 정부 투자기관 재취업 약속은 이행하지 않고 여전히 불투명한 상태에 놓여 있었다.

이러한 투쟁 과정에서 원진비대위 지도부 간의 갈등이 있었다. '원진비대위', 박인도 위원장 노사정 3자 잠정 합의서 이행 촉구에 대한 정부 측 대응 전술 전략 및 조직 내부 갈등의 책임을 지고 사퇴했다. '원진비대위' 지도부는 조합원과 함께 총회의를 열어 위원장으로 이홍주 씨가 선출됐으며, 부위원장 배기수 씨, 사무처장 겸 정책실장 박상봉 씨, 대외협력실장 오성규 씨, 후생복지국장 오명섭 씨가 맡았다.

1994년 9월 18일 오전 9시 '원진비대위', 이홍주 위원장은 조합원 15명 함께 3대의 승용차에 각각 나누어 타고 추석을 맞이하여 고향을 방문하는 민자당 사무총장 강삼재 의원, 경남 마산 민자당 지역구에 항의 방문을 전개했다.

"강삼재 의원께서 원진 노동자와 약속을 이행하지 않고 있다. 이로 인해 원진 노동자들 재취업 길이 막혀 생계 막막하다."라며 경남 마산 고속버스터미널 광장에서 시민을 대상으로 전단지 배포했다.

결국 강삼재 의원, 이 지역 지구당 관계자가 고속버스터미널에 찾아왔다. 강 의원은 "전단지를 배포하다니 참으로 우리 당원들 보기에 부끄럽고 창피하다."라며, "전단지 배포를 중지하고 점심 식사를 함께하자."라고 제안했다.

'원진비대위', 이홍주 위원장과 조합원은 강삼재 의원, 마산 지역구 지구당 사무실에서 짜장면, 짬뽕, 볶음밥 등으로 점심 식사를 함께했다. 그리고 강삼재 의원께서 "고향에서 추석 명절 보내고 서울로 곧바로 올라갈 것"이라며, "여의도 민자당 사무실에서 만나서 재취업 관련 협의회를 합시다."라고 약속했다. 그리고 이홍주 위원장은 강 의원에게 "추석 명절 잘 보내십시오. 서울에서 다시 만납시다."라며, 인사를 나누고 곧바로 서울로 올라왔다.

원진 노동자 기술자격증 취득 재취업

이후 1994년 9월 23일 오전 10시 '원진비대위', 이홍주 위원장과 박상봉 사무처장 등 강삼재 의원, 여의도 민자당 사무총장실에서 간담회를 했다. 이날 이홍주 위원장은 "원진 폐업 관련 노사정 3자 잠정 합의서 정부 출연, 투자기관 재취업 약속이 이행되지 않고 있습니다."라며 항의했다. 그리고 이를 위해 "노당 2자 실무협의회 체계를 구성합시다."라고 제안했다.

이에 대해 강삼재 의원이 동의했다. 강삼재 의원은 보좌관에게 "'원진비대위', 박상봉 사무처장 등 실시간 만나서 재취업 관련 실무협의회를 하라."라고 지시했다.

그 이후 노동부, 강삼재 의원, 보좌관, 박상봉 사무처장 등 3자 실무협의회 통해 도시철도 측에 재취업을 요구했다.

우리는 서울지하철공사 측이 직업훈련소를 운영하고 있으며 이곳에서 6개월간 전기, 전자, 통신, 설비, 건축, 보선 등 기술교육을 받고 자격증 취득한 사람은 정규 직원으로 채용했다는 정보를 입수했다.

'원진비대위'는 이와 같은 근거를 제시하면서 서울시와 제2기 서울도시철도공사 관계자를 설득했다. 서울도시철도 관계자 "원진 노동자가 기술자격증이 있으면 직원으로 채용할 수 있다."라고 입장을 밝혔다. 이로 인해 기술자격증 취득한 조합원 12명이 1995년 12일 서울도시철도 정규 직원으로 취업할 수 있었다.

이후 노동부 측과 실무협의회를 통해 노동부 산하 한국산업인력공단 직업훈련소 46명이 입소했다. 이들은 전기, 전자, 설비, 건축, 보선, 특수용접 등 기술교육을 받고 시험에 응시 46명 모두 기술자격증 취득했다. 이들은 1996년 서울도시철도 정규 직원으로 재취업했다. 그리고 서울시설관리공단 조경관리 직원 5명, 도로공사 구리영업소 매표직원 5명, 구리시청 1명, 등으로 각각 재취업했다.

그리고 '원진비대위' 이홍주 위원장은 구리 농수산물센터 설립 이후 소규모의 자영업 점포라도 얻어 운영할 수 있도록 해 달라고 요청했다.

이에 대해 구리 농수산물센터 관계자는 "특혜 분양 시비가 우려된다."라고 했다. 당시 경기도 농수산물센터는 공사가 80% 진행 중이었다. 관리 주체가 구성되어 있지 않은 관계로 협상이 진행되지 않았다. 그리고 '원진비대위' 이홍주 위원장은 남양주시 측 원진레이온 공장 부지에 산재종합병원 2천여 평을 요구했다.

이에 대해 남양주시 측은 "남양주시에 병원 설립 부지가 없다."라며, "남양주시 조안면 외진 곳에 산재종합병원 건립하라."라고 제안했다. '원진비대위'는 남양주시 측에 "외진 곳에 병원을 설립할 경우 어느 누가 진료를 받으러 가겠나? 어처구니없다."라며 항의했다. 이후 추가 협의회를 진행되지 않았다.

그리고 마지막으로 '원진비대위', 박인도 위원장은 2000년에 서울도시철도로 재취업했다. 이로써 원진비상책위원회는 일단락되었다. 그리고 지금은 친목회 모임 형식으로 2개월에 한 번씩 모임을 갖고 있다.

제9부

원진 노동자가 글 쓰는 이유?

1장
노동 현장에서 글쓰기 시작

어린 시절 성장 과정

 어린 시절 자라고 성장하면서 누구나 수많은 추억이 있다. 그러나 사람들은 "어린 시절 수많은 추억들이 있는데, 이러한 것들을 이야기로 엮어서 책으로 펴내지 못하는 것이 매우 안타깝다."라고 말을 한다.

 필자는 어린 시절 성장 과정들을 기억하면서 하나씩 더듬어 본다. 충청북도 제천시 송학면 무도리 1번지, 이곳에 "송학교"라는 다리가 있었는데, 그 다리의 양편으로 마을이 있다. 그 마을 중 한쪽은 "음지 편 위치에 있다."라고 하여 "음지 방아다리"라고 불리고 있으며, 한쪽은 "양지 편 위치에 있다."라고 하여 "양지 방아다리"라고 불리고 있다.

 이처럼 물레방아처럼 둥그스름하게 산이 둘러싸고 있었다 해서 붙은 "지명"이라는 설도 있다. 그리고 물레방아처럼 사람들이 "둥그스름하게 모여 살았다."라는 이야기도 있다. 그렇지만, 아직까지 마을의 유래를 확실하게 잘 아는 사람은 없다.

 1997년 1월 ××일 "음지 방아다리"라는 마을에서 3남 1녀의 장남, 농부의 아들로 태어났다. 시골의 자연환경 속에서 아무런 걱정이 없었다. 아무런 고민도 없었다. 그저 평범하게 자라면서 성장했다.

 아버지는 "음지 방아다리"라는 마을에서 "장례지도사"라는 궂은일을 도맡아서 하셨다. 그때, 그 당시에 대가를 받지 않고 자원봉사를 하셨다. (지금의 장례지도사는 궂은일이지만 "거액의 연봉"이라서 그런지 몰라도 나이나 학력에 대한 제한 없고 자격증 취득하면 남녀노소 누구나 일을 할 수 있으며, 정년퇴직 없는 평생직업이며, 인기 있는 직업이다.) 상갓집 장례식에 필요한 기구와 설비 등을 구해 주었다. "염습"이라고 하는 시신을 목욕시키며, 알코올 솜으로 깨끗이 닦는 일을 한 후 수의를 입혀 입관한다. 20여 명의 동네 어르신들이 시신이 들어 있는 관을 실은 꽃상여를 메고 농다리를 건너서 장지에 도착하면 묘역을 살피고 하관을 돕는다. 그렇게 2박 3일간 장례식을 마치고 집으로 오셨다.

그리고 아버지는 곧바로 집으로 오셔서 어머니와 함께 곡괭이, 쇠스랑, 호미 등 농기구 이용해서 비탈진 산을 깎아서 계단식으로 개간하여 밭을 일구고 논을 만들었다. 아버지는 봄이 되면 밭에 보리, 밀, 고추, 콩, 옥수수 등 씨앗을 뿌려 놓았다. 여름에는 밭에서 자라나는 잡초 제거하고 곡식을 키우고 가을에는 노랗게 무르익은 곡식을 수확하는 등 논과 밭작물 농사일을 하셨다.

학교 귀가 후 농촌 일손 도우며 성장

나는 학교를 마치고 귀가 후 공부할 시간이 없었다. 농촌에 일손이 많이 부족했기 때문에 책가방 집어 던지고 곧바로 농사일을 도와드렸다. 우리나라에 봄, 여름, 가을, 겨울 등 사계절 있듯이 내가 살던 시골의 일손 돕기는 계절마다 각각 다르다.

봄철에 밭에는 씨앗을 뿌리기 시작한다. 논에는 물을 대고 못자리에 볍씨를 뿌려 놓는다. 이 볍씨가 일정 기간 생육되어 한 뼘쯤 자란다. 모내기 날짜를 잡아 놓는다. 농사철에 마을 사람들끼리 힘든 일을 서로 거들어 주면서 서로 간에 품을 지고 갚는다. 모내기하는 날 이른 아침에 품앗이 일꾼 어르신 20여 명이 모였다. 이들은 모를 뽑아서 단으로 묶는다. 이날 모단을 지게로 짊어지고 논의 이곳저곳에 듬성듬성 던져 놓았다. 그다음에 어르신과 함께 모 줄을 띄워 놓고 줄눈에 맞추어서 모심기, 모내기를 하며, 일손을 도왔다. 이후 모를 심어 놓은 논에 잡풀이 자라면, 호미를 이용해서 제거하기 위해 논매기 작업에 참여해 뜨거운 햇볕 아래 구슬땀을 흘렸다.

여름철에는 쇠꼴을 베기 시작한다. 날마다 밭두렁, 논두렁, 계곡 둔치 등을 돌아다니며, 초입에 돋아난 쇠꼴 한 벌채를 낫을 이용해서 베었다. 쇠꼴을 싸리나무로 엮은 소쿠리를 얹은 바지게에 짊어지고 왔다. 외양간에 있는 송아지에게 쇠풀(여물)과 사료를 챙겨 주었다. 그리고 송아지 배설물까지 깔끔하게 처리하면서 시골의 일손 도왔다.

가을에는 추수 거두기를 시작한다. 무럭무럭 자라서 익은 벼를 낫으로 베어서 한 아름이 되게 묶는다. 묶은 볏단을 논 중간에 며칠간 세워 두어 건조를 시킨다. 볏단을 집 마당으로 옮기려고 논에서 손수레를 끌기도 했지만, 갯벌처럼 물렁물렁한 논바닥에 바퀴가 빠져 짐을 나르기는 쉽지 않았다.

그러나 지금은 이앙기를 이용해서 모내기를 하고, 콤바인으로 벼를 베어 내는 동시에 탈곡하는 등 기계를 이용하고 있다. 지게를 져야 했던 옛날 그때 시절, 기계가 들판에 다닌다는 것은 상상도 할 수가 없었다. 볏단을 지게가 아니면 머리에 이거나 어깨에 메고 짐을 나를 수밖에 없었다. 지게와 바지게를 이용하여 볏단을 짊어지고 구불구불하고 좁은 논둑길 걸으며, 1km를 1일 50회 이상, 일주일간 걸쳐서 자택의 앞마당에다가 산더미처럼 볏단을 쌓아 놓았다. 그 다음 날 아침부터 저녁 늦게까지 자택의 앞마당에서 품앗이 일꾼 10여 명 어르신이 모여서 탈곡기를 이용해서 벼 타작을 했다. 벼의 이삭을 떨어낸 볏짚을 나르며, 일손을 도왔다.

겨울철 땔나무 구해서 쌓아 놓다

한겨울을 무사히 넘기려면 땔나무를 많이 구해서 쌓아 둬야 한다. 그래야 마음도 풍족해진다. 마을 앞에 이름 없는 산 하나가 가로놓여 있다. 그런데 이곳 사람들은 이것을 '앞산'이라고 불렀다. 그때는 '앞산'에 땔감의 나무가 없었다. 땔감조차도 무지 귀했다.

제천시 송학면 북동부에 산지를 이루고 있는 무등산이 있다. 아침 일찍 두 시간 거리 약 6km를 걸어서 해발 620m 높은 산까지 올라가서 땔감을 구했다. 이곳에서 마른 갈대를 낫으로 베고, 철사 꾸부려서 만든 갈고리로 소나무 밑에 떨어진 마른 솔잎을 긁어서 모았다.

이렇게 긁어서 모은 땔감 나무를 지게에 밧줄로 꼭 묶었다. 나무 무게는 70kg이다. 이를 짊어지고 산 중턱까지 내려왔다. 해발 높은 '산'이라서 그런지 몰라도 눈도 자주 왔다. 바람도 유난히 많이 불었다. 영하 10도까지 떨어진 추운 겨울에 바람이 불어서 얼어 버린 뺨을 때리면 몹시 아프기도 했다. 또한 심술궂은 하얀 눈송이는 나의 눈으로 들어간다. 이럴 때마다 눈물이 아닌 눈물이 날 때도 있었다. 눈물이 뺨으로 뚝뚝 흘러내렸다. 눈가에서 뺨으로 흘러내리는 눈물을 손수건으로 닦고 닦았다. 눈이 쌓인 가파른 언덕을 오르고 내리기를 반복하며, 구불구불한 산길을 내려왔다. 땔감 '나뭇짐'을 짊어지고 무사히 집에 도착했다. 그러나 집에 아버지는 안 계셨다. 강원도 정선군 산판(場伐木場)에서 "돈을 벌러 오겠다."라며 집을 나가셨다. 그리고 어머님께서는 "우리 아들 나무를 해서 오느라 수고 많이 했다." 하며 따끈따끈하게 된장찌개를 끓여서 저녁 밥상을 차려서 주었다.

이처럼 "10살"이라는 어린 나이임에도 불구하고 이른 새벽에 일어나서 아침을 먹고 지게를 지고 산에 가서 땔나무를 해다가 앞마당에 산더미처럼 쌓아 놓았다. 또한 논과 밭에 거름을 내거나 씨앗을 뿌리거나, 논에 모내기하고 추수 거두는 일과 외양간에 매어 놓은 송아지 등을 대빗자루로 쓸어 주며, 여물을 주는 등 농촌의 일손을 도와 가면서 자라고 성장했다.

그리고 농촌에서 가난하게 사는 것도, 그것이 사람 팔자거니 생각하고 아무런 문제를 이야기할 수 없었다. 또한 행복한 일이 어떤 것인지 잘 몰랐다. 그저 세상에 태어났기 때문에 사는 것이다. 그냥 농촌의 일손을 도우며, 즐겁고 행복하게 지냈다.

군 복무를 마치고 서울 상경하다

나는 잘생긴 남자도 아니다. 남자로서 키가 크지도 않고 키가 작지도 않은 그저 평범한 166cm이다. 눈과 코와 얼굴은 늘 웃는 것도 아니고, 꽉 다문 입을 가진 것도 아니다. 관상을 보았는데, 얼굴을 자세히 관찰하더니, "밀양 박씨라서 고집스러운 점도 있으면서 광대뼈가 튀어나온 네모난 얼굴에 전반적으로 다부져 보인다."라며 "시골에서 벗어나 도심지에서 성공할 수 있다."라고 말했다.

70~80년 새마을 운동 시작으로 마을의 길도 넓히고 초가지붕도 없애고, '보릿고개'라는 가난을 떨쳐 내기 시작되었다. 그리고 곧바로 근대 산업화 시대에 접어들었다. 더불어 우리나라는 고도성장하게 된다. 이처럼 우리나라 산업화 시대로 고도성장 과정에서 시골에서 농사를 통해 발전할 수 없다는 것을 일찌감치 느꼈고 깨달았다. 이에 따라 농촌에서 벗어나 도심지에서 성공하고 싶었다.

이러한 생각으로 군 복무를 마치고 전역했다. 그리고 무작정 중앙선 제천역에서 승차권 구매해서 무궁화 열차에 올라탔다. 그리고 충북 제천 송학면 시골 촌놈이 서울 상경하기 시작했다. 서울 동대문구 청량리역 경유해서 시내버스를 이용해 서울시 중랑구 상봉동에 도착했으며, 이곳에서 정착하게 된다.

원진레이온(주) 입사 과정

원진레이온(주) 생산직 후처리과에 입사한 과정이다. 그러니까, 1984년 4월 ××일, 서울신문 하단에 원진레이온 기능직 및 생산직 사원 모집 공고를 보았다. 남녀 ××명, 학력은 중졸 이상, 연령은 18세부터 40세까지, 기타 사항으로는 병역 기피 사실이 없는 자이며, 군필자 및 면제자를 환영한다는 내용이었다. 첫째, 기능직 사원은 해당 직종 2년 이상 유경험자 및 국가 기술 자격증 소지자를 우대한다. 둘째, 고압가스 냉동 기계 기능사 1급 면허 소지자는 특별 우대한다. 셋째, 여자는 미혼 여성에 한한다. 그리고 미금읍 도농리 공장의 위치 등 광고 내용이 눈에 확 띄었다.

그때 당시 경기도 남양주군 미금읍 도농리 1번지(현, 경기도 남양주시 도농로34) 원진레이온(주) 본사 건물 1층 인사과에 찾아갔다. 자필 이력서, 주민등록등본 등 구비서류를 제출했다. 그리고 구내 강당에서 실시한 면접시험을 거쳐서 합격 통지서를 받고 입사했다.

그다음 날 아침 회사 측에서 제공한 통근버스를 이용해서 출근했다. 회사 사내 강당에서 직무교육을 받았다. 그리고 그다음 날 후처리과 정련반으로 인사 발령받았다. 이곳에서 3개월간 수습 과정 걸쳐서 정규 직원이 되었다. 원진레이온 노동조합 유니온 숍으로 운영하고 있었다. '유니온 숍'이란 무엇인가, '유니온 숍'은 노사단체협약 규정에 따라 노조 가입 원서를 작성하지 않고 입사 동시에 자동으로 노조 가입한다는 것이다.

그리고 입사 6개월 만인 1985년 3월 20일 "현장의 고충을 시정해 달라."라며, '멋모르고' 노조집행부에 건의했다. 그 결과 노조집행부가 실명을 거론하면서 회사 쪽에 이를 알리는 바람에 회사 측 관리과장으로부터 호출받고 불려 갔다. 이날 곤욕을 치르기도 했다. 그 뒤 크게 찍혔다. 그 이후 작업장 배치를 다시 받았다. 후처리과 인조견사 세척 및 탈수 작업 끝난 것을 이동식 트롤리에 적재했다. 그리고 영상 120도에서 180도까지 오르고 내리는 건조실 밀려서 넣는 최악의 작업조건 속에서 숨을 죽이고, 땀을 뻘뻘 흘리고 일을 하면서 언젠가는 나에게도 명예 회복을 노릴 수 있는 반전의 기회가 찾아올 것으로 생각했다. 그리고 명예 회복을 노릴 수 있는 절호의 기회가 다음과 같이 찾아왔다.

회사 측 근로기준법 위반 진정 사건

필자가 회사 입사 5년 차 되는 해였다. 그러니까, 1989년 3월 20일 서울시 어느 서점에서 '근로기준법'이라는 책 한 권을 구입했다. 근로기준법 제1조에서 제100조까지 차례로 독학했다. 이 책의 부록에 대법원 판례 등과 함께 해설과 용어 있었다. 그리고 책에 나오는 노동관계

법령 해설과 용어들은 뭔가 와닿으며, 쉽게 느껴졌다. 근로기준법을 모르는 나와 같이 뭘 해도 이해력 부족하고 멍청하고 무식한 사람도 쉽게 이해할 수 있었다. 이 책을 한 쪽씩 넘기면서 읽다가 보면 어느새 노동관계 법령 및 노무관리 분야의 전문가 된 느낌을 받았다. 그리고 한눈에 확 띄는 조항이 있었다. 그것이 바로 근로기준법 제53조(연장 근로의 제한) 및 제56조(연장·야간 및 휴일 근로)의 내용이다.

근로기준법(연장·야간 및 휴일 근로)

제53조(연장 근로의 제한) ① 당사자 간에 합의하면 1주간에 12시간을 한도로 제50조의 근로시간을 연장할 수 있다.
② 당사자 간에 합의하면 1주간에 12시간을 한도로 제51조 및 제51조의2의 근로시간을 연장할 수 있고, 제52조 제1항, 제2호의 정산기간을 평균하여 1주간에 12시간을 초과하지 아니하는 범위에서 제52조 제1항의 근로시간을 연장할 수 있다.

④ 사용자는 특별한 사정이 있으면 고용노동부장관의 인가와 근로자의 동의를 받아 제1항과 제2항의 근로시간을 연장할 수 있다. 다만, 사태가 급박하여 고용노동부장관의 인가를 받을 시간이 없는 경우에는 사후에 지체 없이 승인을 받아야 한다.

제54조(휴게) ① 사용자는 근로시간이 4시간인 경우에는 30분 이상, 8시간인 경우에는 1시간 이상의 휴게시간을 근로시간 도중에 주어야 한다.
② 휴게시간은 근로자가 자유롭게 이용할 수 있다.

제55조(휴일) ① 사용자는 근로자에게 1주에 평균 1회 이상의 유급휴일을 보장하여야 한다.
② 사용자는 근로자에게 대통령령으로 정하는 휴일을 유급으로 보장하여야 한다. 다만, 근로자대표와 서면으로 합의한 경우 특정한 근로일로 대체할 수 있다.

제56조(연장·야간 및 휴일 근로) ① 사용자는 연장근로(제53조·제59조 및 제69조 단서에 따라 연장된 시간의 근로를 말한다)에 대하여는 통상임금의 100분의 50 이상을 가산하여 근로자에게 지급하여야 한다.
② 제1항에도 불구하고 사용자는 휴일근로에 대하여는 다음 각호의 기준에 따른 금액 이상을 가산하여 근로자에게 지급하여야 한다.
1. 8시간 이내의 휴일근로: 통상임금의 100분의 50
2. 8시간을 초과한 휴일근로: 통상임금의 100분의 100
③ 사용자는 야간근로(오후 10시부터 다음 날 오전 6시 사이의 근로를 말한다)에 대하여는 통상임금의 100분의 50 이상을 가산하여 근로자에게 지급하여야 한다.

연장근로수당 계산 방법

연장근로수당이란, 근로기준법에서 법정근로시간(1일 8시간, 1주 40시간)을 초과하는 근로를 의미한다. 1일 8시간 "또는" 1주 40시간을 초과하는 경우 연장근로가 적용된다. 예를 들어, 1주 40시간을 초과하지 않더라도 1일 8시간을 초과하는 경우, 5인 이상 사업장은 통상시급×1.5×연장근로 시간을 계산하여 지급하고, 5인 미만 사업장에서는 통상시급×1×연장근로 시간을 계산하여 지급해야 한다. 그리고 연장근로수당 계산 방법은 다음과 같다.

* 5인 이상 사업장: 통상시급 × 1.5 × 연장근로 시간
* 5인 미만 사업장: 통상시급 × 1 × 연장근로 시간

야간근로수당 계산 방법

야간근로수당이란, 근로기준법에서 밤 10시부터 새벽 6시까지의 근로를 '야간 근로'라고 정하고 있으며, 소정근로시간 이내의 근로라고 하더라도 야간근로 시간에 해당하면 가산수당을 지급하여야 한다. 예를 들어, 3조×3교대(주/후/야), 3조 2교대(주주/야야/비휴), 1조×2교대(주/야)제 근무로 인해 밤 9시부터 다음 날 아침 8시 30분까지 근무하는 경우, 밤 10시부터 새벽 6시까지의 가산수당이 지급되어야 한다. 그리고 야간근로수당 계산 방법은 다음과 같다.

* 5인 이상 사업장: 통상시급 × 1.5 × 야간근무 시간
* 야간근무 및 연장근무인 경우, "통상시급 × 2 × 연장근무 시간"을 계산한 값을 지급한다.
* 5인 미만 사업장: 야간근무수당에 대한 지급 의무가 없다.

휴일근무수당 계산 방법

휴일근무수당이란, 근로 제공의 의무가 면제된 날로, 법정휴일(주휴일, 근로자의 날 등)과 약정 휴일(창립기념일, 노사 간 별도 협의)로 나눌 수 있다. 예를 들어, 임금을 100% 수령하면서 쉬는 날(유급휴일) 불가피하게 근무할 경우에는 근로기준법 제56조에 규정에 따라 휴일근로수당을 8시간까지는 통상 시급의 1.5배를 지급받을 수 있으며, 연장근로 중 야간일 경우 2배가

책정된다. 휴일, 연장, 야간으로 중복되었을 때의 수당은 "각각" 가산하여 8시간 초과한 시간은 통상 시급의 2.5배 받을 수 있다.

또한, 1일 소정근로시간이 9시부터 18시(휴게 1시간)로 1일 소정근로시간이 8시간이고 주 5일을 근무하면서 월급제인 경우는 수당 계산을 위한 시급은 "통상시급에 해당하는 항목의 합계 값÷209"로 산출한다. 또한, 일급제의 경우에는 "일급÷1일 소정근로시간"으로 계산한다. 그리고 휴일근무수당 계산 방법은 다음과 같다.

* 5인 이상 사업장: 통상시급 × 1.5 × 휴일에 근로한 시간
* 5인 이상 사업장: 8시간 초과 통상시급 × 2 × 휴일 및 연장 근로한 시간
* 5인 이상 사업장: 8시간 초과 통상시급 × 2.5 × 휴일, 연장, 야간 근로한 시간
* 5인 미만 사업장: 통상시급 × 1 × 휴일에 근로한 시간

필자는 제53조(연장 근로의 제한) 규정에 의거 회사 측 3조×2교대(주주/야야/비휴) 1일 12시간씩 오전 근무(09:00~21:00)와 오후 근무(21:00~익일 09:00) 시간이 당사자와 합의하지 않고 노동부장관의 인가 없이 1일 4시간 연장근로를 실시했다는 것을 밝혀냈다.

또한, 산업안전보건법 제139조(유해·위험작업에 대한 근로시간 제한 등)에 따르면 근로자는 1일 6시간, 1주 34시간을 초과할 수 없다. 그러나 방사과 유해 작업장 종사자들은 3조×2교대(주주/야야/비휴)로 1일 12시간씩 오전 근무(09:00~21:00)와 오후 근무(21:00~익일 09:00)를 실시했다. 당사자와의 합의 없이 1일 6시간 연장근로를 실시했다는 것을 추가로 밝혀냈다.

이에 대해 필자는 조합원의 신분으로 해고당할 각오로, 회사 측의 근로기준법과 산업안전보건법 위반행위에 대해 진정서를 작성해서 당시 의정부 지방노동사무소(현, 의정부고용노동지청)에 제출했다.

그리고 의정부 지방노동사무소 근로감독관으로부터 전화 연락이 왔다. 근로감독관은 "회사 측 노무과장과 함께 출석하십시오"라고 말했다. 이에 따라 회사 측 총무부장, 노무과장 등과 함께 담당 근로감독관 사무실에 출석했다. 회사 측으로부터 매월 지급받은 급여명세서를 책상 위에 펼쳐 놓고 근로감독관과 함께 시급별 임금을 계산했다. 회사 측에서 통상임금의 100분의 50에 해당하는 연장근로수당 지급하지 않고 있다는 것이 확인되었다.

또한, 회사 측은 방사과 유해 작업장에 근무하는 근로자들에게 통상임금의 100분의 50에 해당하는 연장근로수당을 지급하지 않고 있다는 것이 밝혀졌다.

이 외에도 회사 측은 야간근로(오후 10시부터 다음 날 오전 6시까지)에 대한 통상임금의 100분의 50에 해당하는 야간근로수당을 지급하지 않은 것으로 나타났다.

이날 담당 근로감독관에게 조사받는 과정에서 회사 측이 연장근로수당과 야간근로수당을 3년간 30억 원 체불한 것으로 밝혀졌다. 그리고 노동부는 회사 측에 근로기준법 위반 혐의로 형사처벌의 면죄부를 받기 위해서는 체불임금을 지급해야 한다고 지침을 내렸다.

이날 회사 측 총무부장, 노무과장은 함께 출석했다가 노동부 근로감독관으로부터 "근로기준법도 모르는 사람들이 노무관리 업무를 담당하고 있다니."라며, 개망신만 당하고 다시 회사로 돌아왔다.

그 후 노동부 지침 내려왔다. 노동부는 "근로기준법 제49조를 보면 임금채권은 3년간 행사하지 아니한 때에는 시효로 인하여 소멸한다고 규정하고 있다."라며, "민법 제60조 임금채권의 소멸시효 기간은 채권을 행사할 수 없다."라고 했다.

이에 따라 회사 측은 통상임금의 100분의 50에 해당하는 연장근로수당 및 통상임금의 100분의 50에 해당하는 야간근로수당을 3년간 소급 적용하여 조합원 1인당 250만 원씩 1,200명에게 30억 원을 지급했다.

그리고 곧바로 노조 위원장과 회사 사장은 본관 2층 회의실에서 노사협의회를 개최하였다. 당시 "비유해 부서"로 불리고 있는 이탄과, 원액과, 산회수과, 정비과, 후처리과 등은 3조×3교대(주/후/야), 1일 8시간 오전 근무(07:00~15:00), 오후 근무(15:00~23:00), 야간 근무(23:00~익일 07:00)로 각각 교대근무로 변경하여 실시했다.

이 외에도 당시 "유해 부서"로 불리고 있는 방사과는 4조×4교대(주/후/야/야) 1일 6시간 오전 근무(07:00~13:00), 오후 근무(13:00~19:00), 야간 근무(19:00~익일 01:00), 야간 근무(01:00~07:00)로 교대근무로 변경하여 실시했다. 그 후 회사 측은 연장근로를 실시하지 않았다. 이에 따라 노동부로부터 원진레이온(주)의 전현직 사장들은 무혐의 처분을 받음으로써 이 사건은 종결 처리되었다.

노조 산업안전보건위원회 활동

회사 측과 노조는 1991년 임단협 잠정 합의안에 서명 날인했다. 1991년 임단협 노사 잠정 합의안 부대 약정서 살펴보면 첫째, 노조가 지정하는 기관에 의한 역학조사를 실시한다. 둘째,

검진기관을 노조가 지정하는 종합병원급의 특수검진기관으로 이전한다. 셋째, 노조가 추천하는 전문가에 의해 산업안전 보건교육을 분기별로 3시간 이상 유급 교육을 실시한다.

그해 5월 임단협 잠정 합의안 부대 약정서의 후속 조치로 노사 각각 9명으로 꾸려진 노조 산업안전보건위원회 간사를 직책을 맡으면서 노조 활동을 본격적으로 할 수 있었다. 산업안전보건위원회 소식지를 발행해서 대내외적으로 홍보하려고 했다. 그러나 내가 이제껏 노동자의 수첩에 메모해 놓은 것들이 초등학교 1학년 수준의 글짓기를 했다는 생각이 들을 정도로 엉망진창이었다.

글쓰기 '독후감' 모임에 가 봤더니, 나의 독후감 글은 쪽팔려서 내놓을 수 없었다. 이날 회원들은 독후감 써 와서 낭독하는데 대부분이 고수들이었다. 내가 무슨 똥배짱으로 여기까지 왔던가, 그냥 왔던 길로 돌아갈까도 생각해 봤지만, 이미 늦었다. 어쨌든 가긴 가는데, 지금부터라도 '정신 차리자'라고 생각했다. 출발선이었던 시점으로 돌아가 보면 글쓰기에 관한 생각이 더 명확해질 것이라고 생각했다.

그리고 신문 기사 글쓰기 관련 책을 읽었다. 글쓰기란, 글을 통해 자기만의 느낌, 생각, 감정, 상상력 등을 솔직하게 표현하는 그것이라고 교과서에 쓰여 있었다. 누구나 읽어 보면 다 아는 말이다.

그러나 막상 쓰려고 하면 왜 그렇게 방해하는 잡념들이 많은지, 이런저런 이유를 갖다 붙이며, 결국은 안 되겠다. 그냥 덮자고 끝나 버린다. 이미 내 마음을 잘 알면서도 새삼 내 마음을 다시 붙잡는 화두인 '솔직한 글쓰기' 그 단어 앞에서 싸움이 시작됐다. 글을 썼다가 지우고, 글을 썼다가 지우고 계속해서 반복됐다.

어느 때는 국문 대학 졸업생도 아니다. 시나리오작가도 아니다. 그저 노동자니까 글을 못 쓰는 게 당연하지, 다른 사람이 쓴 글과 비교하면 부끄럽고, 창피하니까, 그저 내 생각과 나의 방식과 나의 수준대로 하고 싶은 이야기를 솔직하게 마음먹고 글 한번 써 보자고 했다.

전태일 평전 읽고, 글쓰기 시작

1987년 5월 20일 청계천 6가에서 7가까지 헌책방 아이쇼핑을 하고 있었다. 그런데 청계천 헌책방 골목 상가에서 '전태일 평전'이라는 헌책이 눈에 확 띄었다. 그래서 500원에 책 한 권을 구매해서 배낭에 넣어서 서울시 중랑구 상봉동 자택으로 가지고 와서 읽기 시작했다.

노동자의 인권을 부르짖은 '전태일 평전'은 조영래 변호사가 전태일의 일생에 대하여 평론을 곁들여 적은 전기이다. '전태일'이라는 인물의 삶이 우리나라 노동운동과 인권, 민주화 발전에 어떻게 기여했는지 보여 주었다. 이 책 중간중간에 전태일 열사의 일기가 담겨 있었다.

전태일 열사의 일기에 "평화시장 피복공장의 뿌연 먼지, 재봉틀의 소음으로 가득한 곳에서 노동하고 있었으며, 15살 어린 여공들이 폐결핵에 걸리고 피를 토하며 쓰러진 모습을 목격했다."라고 쓰여 있었다.

그리고 그는 평화시장 노동 조건의 실태를 조사해서 노동청과 서울시청에 진정서를 제출했지만 무시당하고 그는 평화시장 앞에서 "근로기준법을 준수하라.", "내 죽음을 헛되이 말라."라고 소리를 지르며 근로기준법 해설의 책을 안고 분신했다. 전태일 열사의 일기의 평화시장 피복공장과 원진레이온 작업장 환경이 비슷하다는 것이 한눈에 확 들어왔다.

전태일 열사의 일기처럼 글을 쓰면 되겠구나, 마음속에 공감대가 형성되었다. '전태일 평전' 일기의 글쓰기를 통해서 나 자신을 정리하고 생각과 실천을 진전시키고 결단했다.

육하원칙에 속하는 6가지 요소는 누가, 언제, 어디서, 무엇을, 어떻게, 왜이며, 각각의 알파벳 글자를 따서 '5W1H'라고도 부른다. 육하원칙은 기고문, 사설과 같이 신뢰성을 담보로 하는 글에는 반드시 포함되어야 하는 요소이다. 이를 깨우치기 위해서는 다른 사람이 쓴 각종 신문지면 논설문과 신문지면 사설을 읽어 보는 것이 최선의 방법이었다.

지금은 스마트폰 하나만 있으면 언제, 어디서든 별다른 장비가 없어도 누구나 실시간 인터넷 유튜브 방송할 수 있다. 앞으로 "1인 미디어"라는 것은 계속해서 커질 것으로 생각한다. 그리고 유튜브에서 얻는 수익은 한 달에 '2천만 원'이라고 한다. 그럼 연봉으로 따지면 2억 5,000만 원 되는 돈이다. 매우 많은 돈이다. 그러니까, 많은 사람이 유튜브를 시청하는 것이다. 스마트폰으로 촬영하고 녹화된 파일을 편집해서 유튜브에 올리고 수입이 들어온다. 그렇다면 꿩 먹고 알 먹고 아니겠는가, 과연 1인 미디어가 '차세대 산업'이라고 말을 하고 있다. 앞으로 1인 미디어 차세대 사업은 어떠한 모습으로 변해서 나아갈지 매우 궁금하다.

이뿐만이 아니라, 지금은 스마트폰만 하나만 있으면 각종 사건 사고 취재하여 인터넷뉴스 시민 기자를 할 수 있다. 또한 스마트폰 하나로 원고를 작성해서 인터넷뉴스 올리면 은행 계좌 원고료가 들어온다.

1990년에는 286컴퓨터가 있었다. 컴퓨터는 한글 워드 문서작업 이외에는 다른 용도로 사용할 수 없었다. 인터넷 케이블 조성되지 않았다. 그때 당시 TV 뉴스, 종이신문을 통해 세상 돌아가는 사건과 사고를 실시간 접할 수 있었다.

당시 노사정 3자 간 주요 쟁점 시긴 있았다. 노동부가 직업병 판정 회사 쪽 추천 의사에만 맡겨 놓는 등 불합리한 사항들을 취재하여 수첩에 메모해서 놓았던 글을 정리했다. 그리고 곧바로 한겨레신문 편집부에 원고를 보냈더니 기고문은 다음과 같이 실렸다.

노동부 직업병 판정, 회사 쪽에만 맡겨

노동부 직업병 판정, 회사 쪽에만 맡겨 관행을 무시 노동자 쪽 추천 의사 배제, 노동부 '직업병 종합대책' 빈말, 91년 노동부는 원진레이온의 직업병 환자에 대한 판정 제도를 개악함으로써 노동자들이 직업병 판정을 받을 수 있는 여지를 좁혀 놓았다. 고 김봉환 씨 사건 이후 "직업병 예방 종합대책을 마련한다."라며, 진일보한 태도를 보이는 듯싶더니 입에 발린 얘기였을 뿐이다.

과거 노사 양쪽이 2명씩 추천하는 판정위원회에서 직업병 판정을 하던 것을 지난 5월 이후 회사 쪽 의사 2명에게만 맡긴 것이다. 이에 따라 판정위원회에서는 3년 동안 115명 가운데 직업병 83명, 무중독 32명(27%)이던 것이 제도가 바뀐 이후 56명 가운데 직업병 28명, 무중독 28명(50%)으로 판정됐다.

노동부는 "직업병 판정 심의는 노동부의 고유 권한"이라고 한다. 이에 우리는 "그러면 공정한 판정을 위해 노동부 안에 기존의 판정위원회와 같은 기구를 구성하라."라고 요구했다. 그러자 노동부는 회사 쪽 추천 의사들이 거부하고 있고 또 이외에 이황화탄소 중독에 대한 전문가가 없어서 별도로 판정위원회를 만들기가 곤란하다는 것이다.

그러나 회사 쪽 추천 의사들이 판정위원회를 거부하는 것은 노동부가 기존의 판정위원회에서의 판정을 불법이라고 경고했기 때문이다. 또 직업병 판정을 담당해 온 예방의학 교수들이 있기 때문에 노동부의 말은 설득력이 없다.

노동부가 지금까지의 관행을 무시하고 직업병 판정 과정에 노동자 쪽 추천 의사를 배제하는 것은 모호한 증상의 중독환자에 대해 직업병 인정을 하지 않으려는 행위로밖에 해석할 수 없다. (한겨레신문, 1991. 11. 15. 기고문)

원진레이온 노동자 건강수첩 발급을

원진레이온 노동자 건강수첩 발급을, CS_2 중독 위협 수준 노동부 거부 이유 불합리하다.

노동부는 당시 91년 그러니까, 지난해 4~5월 원진레이온 직업병 사망사건이 큰 사회적인 문제로 떠오르자 전문가 23명으로 종합대책추진기획단을 구성하여 직업병 예방 종합대책을 발표하면서 "유해 작업장 종사자들에게는 평생 건강관리를 위해 이직할 때 건강관리수첩을 내줘 해마다 건강검진을 받도록 하겠다."라며 전향적인 태도를 보였다. 그러나 이런 대책의 직접적인 원인과 계기가 되었던 유해 물질(이황화탄소)에 대해서는 건강관리수첩 발급 대상에서 제외하는 모순된 모습을 보이고 있다.

이황화탄소 중독 증세는 일반 산업재해처럼 원인과 장해의 증상이 확실히 구분이 되어 조기에 발견되는 것이 아니다. 이물질은 인체에 들어가 당장 눈에 띄는 증상을 일으키지는 않지만 오랜 잠복기간을 거친 뒤에는 치명적인 장해를 일으키는 것이다. 또한 이황화탄소 중독 증상이 나타났을 때 치료의 시기를 놓치면, 신체 각 부위를 마비시키면서 끝내 죽음에 이르게 하거나, 정신질환과 성격 파탄을 일으켜 끝내 자살에까지 이르게 하는 매우 심각한 결과를 낳는다.

이 때문에 직업병 전문 의사들도 이황화탄소 중독 직업병을 현대의학으로는 고칠 수 없는 '불치의 병'이라고 말하고 있다. 이에 따라 이 병을 조기에 발견, 치료하기 위해서는 매년 정기적으로 건강검진을 받아야 하며, 그러기 위해서는 건강관리수첩이 있어야 한다.

지난 88년 이래 이황화탄소 중독환자는 4년 동안 154명이나 되며, 이 가운데 재직 중 발병한 환자는 45(29%), 이직한 뒤 1~20년이 지나서 발병한 환자는 109명(71%)이나 된다. 이를 보아도 이 병은 이직하고 많은 시간이 지난 뒤에 오히려 많이 발생하고 있음이 명백하다.

그런데도 노동부는 이 물질은 발암성 유해 물질이 아니기 때문에 건강관리수첩을 발급해 줄 수 없다고 한다.

그렇다면 노동부에서는 발암성 유해 물질에 대해서만 수첩을 발급하고 있는가? 그것은 아니다. 분진(진폐)에 대해서도 수첩을 발급하고 있다. 또한 발암성 유해 물질로 인한 직업병 환자가 한 사람도 없는 것을 보아도 노동부의 말은 앞뒤가 맞지 않는다.

노동부는 노동자들의 편에 서서 제도 개선을 하겠다고 떠들어 놓고 이제 와서는 원진레이온 전현직 노동자들에게만 의도적으로 불리한 조처를 취하고 있는 것이다. 원진레이온 노동자도 인간이다. 즉시 원진레이온 전현직 노동자들에게 건강관리수첩을 발급해 줄 것을 강력히 촉구한다. (한겨레신문, 1992. 4. 21. 기고문)

작업장 이황화탄소 허용치 더 낮춰야

원진레이온 작업장 이황화탄소 허용치 더 낮춰야, 10ppm 위험, 원진 노동자 쓰러져야 직업병 인정

노동부는 당시 91년 그러니까, 지난해 이황화탄소 중독 직업병 인정 기준을 새로 만들면서 오히려 그동안 합의서에 따라 회사 쪽과 피해자 쪽이 추천하는 같은 수의 의사들로 구성되는 '직업병 판정위원회'에서 실행해 오던 기준마저 무시하고 개악해 버렸다. 이는 판정위원회 소속 의사들에 의해 확인된 것이며, 회사 쪽 의사들도 이 점을 인정하고 있다. 2가지 이상 중증의 질병을 요구하는 노동부 이황화탄소 중독 직업병 인정 기준은 노동부의 자랑(?)과는 달리 우리 노동자들에게 직업병 인정을 받기 위해 중환자가 되어 쓰러져 버릴 것을 강요하고 있다.

지난 88년부터 이황화탄소 중독 직업병 판정위원회에서 규정한 이황화탄소 중독 직업병 인정 규정에 따라 이루어져 왔다. 그러나 노동부가 이 위원회를 불법이라고 규정하는 바람에 많은 사람들(서울보건대학원 역학조사 결과 88명 포함)이 실제 직업병 유소견자인데도 직업병으로 판정받지 못하고 있는 것이다. 또한 기존의 인정 기준에 따라 이미 직업병으로 판정받은 사람이 새로 제정된 기준에 미달되는 경우도 전현직을 포함해 13명이나 되고 있다.

그런데도 원진레이온 회사 쪽은 실질적인 직업병 예방 조처는 취하지 않고 "매각" 운운하며, 책임 회피에만 급급한 실정이다. 사실상 정부와 회사는 직업병 대책 마련을 포기한 채 원진레이온을 매각하며 얻게 될 이해타산에만 골몰하고 있는 것으로 보인다. 원진레이온 노동자들은 직업병 대책이 없는 매각은 무조건 반대한다.

노동부의 이황화탄소 중독 인정 기준은 이 물질의 농도가 10ppm 이상 되는 작업환경에서 일한 사람만이 직업병 인정을 받을 수 있도록 한 것이다. 그러나 국제적인 연구 결과는 10ppm이 위험한 수준임을 밝히고 있고, 미국 등 선진국에서는 이황화탄소의 허용 농도를 1~4ppm으로 낮추려 하고 있다.

그리고 지난해 12월 원진레이온 직업병 대책협의회를 방문한 일본의 이황화탄소 중독 직업병 전문의사 하라타 교수도 "10ppm 기준은 질병 예방에 어떠한 도움도 되지 않는다."라고 밝힌 바 있다. 노동부의 인정 기준은 두 가지 이상의 증상을 요구하고 있다. 그러나 건강검진 결과 이황화탄소 중독의 한 가지 증상이라도 나타나면 직업병으로 인정돼야 한다.

1992년 서울보건대학원 역학조사 결과 직업병 환자가 원진레이온의 모든 부서에 걸쳐서 나

타나고 있음이 입증되었다. 이는 그동안 노동부와 회사에서 설정해 온 유해 및 비유해 부서의 구분조차 전혀 근거가 없는 것임을 드러내는 것이다. 그러므로 합의서에도 명시되어 있는 것처럼 모든 부서 노동자에 대한 특수검진을 계속 실시해야 한다.

앞으로 원진레이온 노동자들은 사회 각계각층의 긴밀한 협조 아래 직업병 예방을 위한 다각적 대응책을 정부 당국과 사회에 요구할 것이다. 우리는 먹고살기 위해 밤낮없이 일만 한 죄밖에 우리에게는 아무 잘못이 없다. (한겨레신문, 1992. 5. 14. 기고문)

이처럼 기고문 기사는 당시 '진보언론'이라고 불리고 있는 한겨레신문 매체를 통해 보도되었다. 이를 계기로 개인 방독마스크를 착용하고 작업하는데 매우 불편했다. 그러나 회사 측 시설 개보수공사를 통해 우주복처럼 생긴 공기주입, 송기마스크를 착용하는 등 작업환경이 개선되었다.

서울대 보건대학원 김정순 교수 팀 역학조사 1991년 8월부터 1992년 2월까지 7개월간 원진레이온 전현직 노동자 1,376명을 상대로 실시했다. 그 결과 노동부의 업무상 재해 인정 기준에 의거한 이황화탄소 중독 직업병 유소견자는 32명이며, 업무상 재해 인정 기준에는 못 미치지만 88여 명이 이황화탄소 중독 의증으로 나타나는 등 모두 120명이 직업병 증세를 보이고 있는 것으로 밝혀냈다.

이와 관련 회사 측에 산재요양신청서를 발급받아 2차 특수건강검진 실시한 결과 70명이 직업병 환자로 판정을 받았다. 또한, 그해 서울대학교 보건대학원 김정순 교수 팀 역학조사 발표를 통해 원진레이온 직업병은 사회적인 문제로 이슈화되었다. 서경춘 노조위원장은 노동부와 회사 측에 직업병 인정 기준 완화를 요구했다.

원진레이온 법정관리인인 산업은행 측에서는 적자와 작업환경 및 이황화탄소 중독 직업병 환자 발생 문제로 1992년 9월 4일, 일간지 신문광고를 통해 매각을 공고 및 민영화 방안을 추진되고 있었다. 이에 따라 취재하여 다음과 같이 한겨레신문에 기고문 실었다.

원진레이온 매각 조건 직업병 예방 대책 소홀

직업병으로 물의를 빚은 원진레이온은 지난 5월 1일 산업정책심의회에서 조건부로 매각하기로 결정했다. 그때 결정된 매각조건은 첫째, 인수자는 작업환경 개선에 350억 원을 투자하고 둘째, 2년 이내에 정상 가동해야 하며, 최소한 5년 이상 가동해야 한다는 것이다. 그런데 여기서 가장 중요한 문제는 직업병 예방 대책이 소홀히 다루어질 수 있다는 점이다. 일이 순조롭게 풀려 완전 가동해도 연간 400억 원 정도밖에 매출을 올리지 못할 것으로 예상되는데, 어느 누가 350억 원의 거액 자금을 선뜻 환경 개선에 투자할지 의문스럽기 때문이다. 현재 우리 회사는 직업병에 대한 두려움으로 이직자들이 발생하여 노동자 수가 줄어들고 있는 실정이다. 지금은 더욱이 인력난으로 인하여 공장가동률은 더욱더 떨어지고 있다.

이에 따라 인수자는 일할 사람이 없다는 이유로 공장문을 닫고 공장 터를 다른 용도로 전환할 가능성마저 있다. 그럴 경우 우리 노동자들은 어떻게 되겠는가. 그런 만큼 매각하기 전에 구체적인 공장 자동화 시설 계획과 직업병 예방 대책을 철저하게 세우고 또 현재 일하고 있는 사람들이 고용안정 방안도 함께 마련해야 할 것이다.

그리고 현재 한국산업은행에서 우리 회사를 법정관리 하고 있는데, 이왕이면 민간기업에 매각하기보다는 정부가 직접 나서서 운영하면 어떨까 생각한다. (한겨레신문, 1992. 8. 9. 기고문)

이와 같은 내용 취재하여 "원진레이온 인수기업 직업병 예방 대책을 마련토록 해야 한다."라며 그다음 동아일보(1992. 8. 27.)에 기고문이 실렸다.

1993년 6월 8일 당시 여당으로 불리는 민자당의 강삼재 정책조정실장의 주재로 경제기획원, 재무부, 상공자원부 등 관계자들이 참석한 가운데, 회의하고 "원진레이온 공장을 폐업한다."라고 발표했다.

이러한 소식 뉴스를 통해 접했다. 800여 명의 원진 노동자들은 인조견사 생산 공장 폐업으로 하루아침에 일터를 잃고 실업자 신세가 되었다. 집안의 가장으로서 앞으로 가족과 함께 살아갈 길이 막막했으며, 그냥 한숨만 푹푹 쉬면서 먼 산만 바라보고 있을 수가 없었다.

이에 따라 이른바 당시에도 '보수언론'이라고 불리고, 지금도 '보수언론'이라고 불리고 있는 동아일보에 "원진레이온 노동자들 직업병 생존권 문제 해결돼야 한다."라며 절박한 심정으로 취재하여 다음과 같이 기고문 실었다.

원진 노동자들 직업병 생존권 문제

새 정부는 원진레이온의 직업병 문제와 생존권에 대한 보장도 없이 경기도 남양주시 도농동

(도농로34) 면적 495,670제곱미터(㎡) 공장 부지에 대한 부동산 투기가 우려되고 있다.

과거 노태우 군사정부는 지난해 5월 산업정책심의회에서 첫째, 공장 개보수를 통한 직업병 발생 방지 대책을 마련하고, 둘째, 2년 이내 정상 가동을 한다는 것 등에 대한 매각조건을 내걸고 섬유업체로 하여금 공동인수단을 구성하여 매매키로 하고 협상을 추진해 왔었다. 또한, 우리 역시 이러한 조건으로 매각이 될 것으로 철석같이 믿고 있었다.

그러나 이와 같은 산업정책심의회 결과를 무시한 채 6월 8일 김영삼 정부의 '신경제 100일 계획'이라며 민자당 강삼재 정책조정실장의 주재로 경제기획원, 재무부, 상공자원부 등 관계자들이 참석한 가운데, 회의하고 원진레이온 공장을 폐쇄한 후 면적 495,670제곱미터(㎡) 공장 부지를 용도변경 해 아파트 단지를 짓고 노동자에게 퇴직금만 지급하기로 했다.

김영삼 문민정부가 원진레이온 문제 처리 과정에서 당사자인 원진 노동자들과 아무런 사전 협의도 하지 않은 것에 대해 분노하지 않을 수 없다.

이렇게 될 때 우리 노동자들의 직업병 문제와 생존권에 대한 위협은 어찌하란 말인가. 우리는 이미 건강이 훼손되었고 별다른 기술이 없어서 다른 직장에 취업하기가 불가능한 상태에 놓여 있다.

이에 따라 직업병 문제와 생존권 보장 없는 폐업 조치 결정은 무조건 철회되어야 한다. 또한 서울의 관문인 원진레이온 남양주시 공장 부지와 경기도 용인시 공장 부지의 총면적은 약 529,240제곱미터(㎡)이다. 이를 공개경쟁 입찰방식으로 매각 처분할 경우 총 4천억에서 5,600여억 원이 조성될 것이다. 이 돈은 현재 부채 1,400여억 원을 공제하더라도 약 2,600억에서 4,200여억 원 정도의 차액이 남는데도 이에 대한 언급이 없는 원진레이온 공장 부지 처분에 대한 특혜 시비와 비리를 불러일으킬 것이다.

원진 폐업 조치 결정은 노사정 3자 공개토론회 방식으로 진행하게 해야 한다. 더 나아가 원진 노동자를 포함한 사회의 각계각층이 참여하는 공청회까지도 개최하여 전 국민의 여론을 수렴하는 과정이 있어야 할 것이다. 만약 그것이 어렵다면 국회의원 차원이나, 당정 차원에서 공개토론회를 통해 합리적으로 해결해야 할 것이다. (동아일보, 1993. 6. 19. 기고문)

원진 폐업 이후 4개월간 정부 관계 부처 수십여 차례 항의 방문과 실무교섭을 진행했지만 성과는 없었다. 원진비대위, 지도부와 800여 명 조합원은 허탈했다. 체력도 떨어지고, 투쟁의 대오 출근율도 50%까지 뚝 떨어지고 분열되고 있었다. 이러다가 성과를 얻지 못하고 다 죽고 끝나는 것 아닌가 걱정이 되어 밤에 잠을 잘 수 없었다.

박정희, 전두환, 노태우 등 역대의 대통령들노 본인에게 오는 편지는 직접 읽고 답장했으며, 김영삼 대통령 "본인에게 보내온 편지는 직접 읽고 답장을 한다."라는 소식을 접했다. 그래서 취재하였다. 취재한 내용으로 김영삼 대통령에게 보내는 편지를 썼다. 그리고 김영삼 대통령의 결단을 촉구하는 심정으로 청와대(서울 종로구 청와대로1)와 한겨레신문(서울 마포구 효창목길6)에 각각 편지를 보냈다. 한겨레신문에 다음과 같이 실렸다.

원진 노동자 김영삼 대통령 보내는 편지

김영삼 대통령님!
"우리는 폐품이 아닙니다. 직업병에 울고 사회의 냉대에 울고 인간적 대접을…."
지난 6월 8일 민자당의 주도로 공해 기업 원진레이온 폐업 결정이 있었던 뒤, 지난 7월 10일 원진 법정관리인인 산업은행 쪽은 800여 명의 원진 노동자들 집단 해고하고, 통상임금 6개월분과 20만 원의 건강진단비용만을 주고 정당히 마무리할 태세다.
800여 명의 원진 노동자는 직업병 환자로 낙인찍혀 마치 음성나병환자와 같이 취급받고 있어서 다른 직장에 재취업을 할 수 없다. 다른 직장에 재취업을 했다가 국민연금을 납부할 때 "원진레이온(주)에서 근무했다."라는 사실이 밝혀지면 "병원에 가서 건강검진이나 받으시오." 하는 식으로 모두 해고되었다.
이에 800여 명의 원진 노동자는 재취업의 길이 막혀 찬 이슬 내리는 명동성당 앞 길거리에서 라면, 국수, 주먹밥 따위로 삼시 세끼를 때우고 있다.
88년부터 실시한 특수건강검진 결과 300여 명이 직업병 환자로 판정되었다. 이황화탄소 중독 직업병에 시달리다가 숨진 수는 15명, 이 가운데 91년 1월 김봉환 씨, 그해 5월 권경룡 씨, 93년 5월 고정자 씨는 병원을 전전하다 치료 한번 제대로 받지 못하고 우울증에 시달리다 자살했다. 지금도 200명의 직업병 환자가 고대병원에서 쫓겨나 이 병원, 저 병원을 전전하고 있다.
이러한 상황을 개선해 보려고 항의하던 직업병 환자들은 경찰 병력에 의해 방패와 곤봉으로 집단 폭행을 당해 조합원 5명이 2주 이상 진료를 요구하는 상처를 입었다.
이황화탄소로 인한 중독은 죽음에 이르게 할 정도로 치명적이다. 그렇지만 직업병을 일으키는 열악한 작업환경에 노동자들이 계속해서 방치되어 왔다는 것이 더 큰 문제이다.
이에 따라 양심 있는 사람이라면 산업안전보건제도 자체를 문제로 삼지 않을 수 없다. 산업안전보건제도는 노동자를 직업병 및 각종 산업재해로부터 보호한다기보다는 거꾸로 산업재해의 존재를 사회와 언론으로부터 은폐함으로써 사업주들이 재해보상 비용을 될 수 있는 한 지급하지 않거나 절약할 수 있도록 만들어져 있다.

   그래도 공장이 가동될 때는 1년에 2회 이상 건강검진을 받을 수 있는 제도가 있었다. 그러나 폐업이 됨에 따라 검진받을 수 있는 법적인 제도가 없어졌다. 퇴직 뒤에도 해마다 1회 이상 건강검진을 받을 수 있는 법적인 제도가 필요한 실정이다. 문민정부가 들어선 이 마당에 직업병에 걸려 폐품으로 처리당하는 원진 노동자들도 인간적인 대접을 받고 살고 싶은 것이 소원이다. 또한 김영삼 대통령에게 개혁 의지가 진심으로 있다면 하루빨리 조치를 취해 주시길 간절히 바란다. (한겨레신문, 1993. 9. 24. 기고문)

원진 노동자 재취업 6개월 방치

   민간업체서 문전박대, 700명 일자리 없어서 생계가 캄캄하다. 원진레이온 폐업 문제가 여섯 달이 다 되도록 해결되지 않고 있다.

   정부당국은 폐업 관련 노사정 3자 합의서 후속 조처로 지난해 11월 24일 당정 협의에 이어 다음 날 국무회의를 통해 "원진 노동자들의 정부 투자기관 재취업 종합대책"을 마련하면서 문민정부가 "직업병 공장 원진레이온 문제를 잘 해결했다."라며 자부했지만, 문제는 해결되지 않고 있다.

   정부는 노사정 3자 합의서 후속 조처로 당시 당정협의회에서 "원진레이온 노동자들을 정부투자기관인 제2기 서울지하철공사, 경기도 구리 농수산물유통센터, 남양주시 종합영화촬영소 등에서 인력을 새로 채용할 때 먼저 채용하도록 하겠다."라고 발표한 바 있다.

   그 이후 지난 7일 의정부 지방노동사무소(의정부고용노동지청) 회의실에서 제2기 서울지하철, 구리 농수산물센터, 남양주 영화촬영소 등 정부 출자, 투자기관의 대표들이 각각 참석한 가운데 원진 노동자 재취업에 대해서 교섭했다.

   구리 농수산물센터 관계자는 "96년 개장 예정으로 5개의 청과 수산 도매상은 자체 인력을 확보할 계획이며, 경비와 청소는 용역으로 할 계획"이라고 말했다. 남양주 종합영화촬영소는 "95년 9월부터 부분 가동할 예정인데 대다수가 전문직(음향, 녹음, 현상)이며, 경비와 청소는 용역 처리할 계획"이라고 말했다. 제2기 서울도시철도(서울교통공사)은 "모집은 사규에 따라 6월에 공채로 할 계획이며, 1기 지하철공사보다 시험과목 수는 많다."라고 밝혔다.

우리 원진 노동자는 30대가 7%, 40대가 70%, 50대가 23%로 거의 고령자이기 때문에 입사 시험을 통해 정부 투자기관에 취업할 수 없는 실정이다. 가족과 함께 먹고살기 위해 재취업하려고 이력서를 써서 민간기업에 내밀었으나, 가는 곳마다 "종합병원에 찾아가서 특수건강검진을 받으십시오."라며, 문전박대해 700명의 원진 노동자는 재취업 길이 막막하다.

정부당국이 "직업병 공장 원진레이온 문제를 해결하겠다."라는 의지를 갖고 있다면, 노사정 3자 합의서를 하루속히 이행할 것을 강력히 촉구한다. (한겨레신문, 1994. 4. 19. 기고문)

원진 노동자 취업 정부 차원 배려를

당시 민자당 주관으로 공해기업 원진레이온 폐업 결정이 있은 뒤 서울도시철도(서울교통공사)에 17명만 재취업을 시키고 적당히 마무리할 태세이다. 600여 명의 원진레이온 노동자는 직업병 환자로 낙인찍혀 마치 음성나병환자와 같이 취급받고 있어서 다른 직장에 재취업을 했다가 국민연금을 납부할 때 (원진레이온 출신 노동자로) 밝혀지면 "종합병원에 가서 특수건강검진이나 받으십시오."라는 식으로 모두 해고, 600여 명의 원진 노동자 재취업의 길이 가로막혀서 더 이상 갈 곳이 없는 처지에 놓여 있다.

지난해 폐업과 관련 노사정 3자 합의서의 내용에는 잇따라 직업병 환자 발생시키고 경영 적자의 누적으로 원진레이온이 문을 닫은 이후 갑작스럽게 실업자가 된 600여 명의 노동자들을 정부 투자기관에 재취업을 시키겠다고 했다.

원진비대위는 우선 실질 노동자 600명을 재취업시키기 위해 서울시에 협의를 요청했으나, 서울시는 "섬유업계에 종사하던 노동자들을 전문기술이 요구되며, 대부분이 자동화 시설로 설비가 이뤄지는 제2기 지하철에 투입할 경우 공사의 업무 효율을 크게 떨어뜨리게 될 것"이라며, "공사 인력 충원 때 공개채용을 하겠다."라며 약속 이행을 거부하고 있다.

원진 노동자는 이황화탄소 가스가 발생되는 열악한 작업장에서 저임금, 장시간 노동에 시달리면서까지 우리나라 산업발전의 산업역군으로서 기여했는데, 하루아침에 평생 실업자가 웬말인가. 원진레이온 노동자는 정부당국이 하루속히 재취업 약속을 이행할 것을 요구한다. (매일경제, 1994. 10. 10. 기고문)

원진 기계 중국판매 안 될 말

직업병 환자 양산한 '살인 기계' 폐기 처분 마땅하다. 수많은 노동자를 이황화탄소 중독 직업병 환자로 만들거나 숨지게 한 살인 기계를 중국에 팔아넘기는 비양심적인 일이 진행되고 있다.

나전모방(사장 남재우)은 지난 4월 21일 원진레이온 법정관리인인 산업은행 공개입찰에서 54억 1,000만 원에 일괄 낙찰을 받아 5월 31일 서울워커힐호텔에서 중국 랴오닝성 단둥시 황준영 부시장 일행과 경기도 국제협력담당관실 오영학 과장이 참석한 가운데, 원진레이온 방사 기계, 직기 등 생산설비 모두를 58억 원을 받고 중국으로 팔아넘겼다.

지난 6월 16일 은밀히 입국한 중국인 노동자 150명이 외출을 통제한 채 공장 내 기숙사에서 먹고 자며, 공장설비 해체 작업을 벌이고 있다.

원진 기계 148대를 비롯해서 발전설비와 심지어 공장 천장에 설치하는 인조견사 운반용 레일까지 철거 작업을 하고 있다. 중국 노동자는 이 기계를 해체하는 대로 수천 개의 컨테이너에 실어 인천항을 통해 중국 랴오닝성 단둥시 화학섬유공사로 옮기고 있다.

지난 59년 화신백화점의 박흥식 씨가 일본 동양레이온으로부터 당시에 이미 20년 이상 사용한 중고 기계를 들여와 설립한 공해 공장, 코를 찌르는 악취에도 불구하고 그나마 일자리가 아쉬워 이곳을 거쳐 간 노동자만 1만 5,000여 명이다. 사장이 13차례나 바뀌어 흥한화학섬유(주)에서 세진레이온으로 또, 원진레이온 등으로 상호변경을 거듭해 온 부실기업이다.

이 녹슨 기계를 중국에서 또다시 재가동한다면 얼마나 많은 노동자가 직업병에 걸려 죽거나 몸져누울지, 상상만 해도 끔찍하다. 원진레이온 기계는 대표적인 '직업병 발생 기계'이고, 공해 발생 기계이다. 그러기 때문에 원진레이온 대부분의 기계는 폐기 처분하고, 그중 일부는 노동박물관과 같은 것을 설립해 보존해야 한다고 생각한다.

우리 원진 노동자는 정부당국에 원진 기계 해체 작업을 즉각 중단하고, 중국인 노동자를 추방할 것을 요구했다.

그러나 상공부 관계자는 "물품 수출입에 관한 사항은 대외무역법 제18조의 규정에 따르고 있어서 원진 기계 중국 수출 계획을 철회할 수 없다."라고 말했으며, 외무부 인권사회과 관계자는 "이미 정부가 원진 기계를 중국에 수출하기로 했던 사항을 어떻게 막을 수 있느냐."라고 답변했다. 또한, 법무부 인권과 관계자는 "직업병 환자를 발생시키는 살인 기계라고 할지라도 중국 이전을 막을 수는 없다."라며, "언론기관에 제보해서 여론을 확산시키는 방법밖에 없다."라고 말했다.

우리 원진 노동자는 원진 기계 중국 수출 계획을 철회시키기 위해 일본 직업병 피해노동자들과 긴밀한 협조 아래 국제연대를 끊임없이 전개하고 있다. (한겨레신문, 1994. 8. 16. 기고문)

원진레이온 터에 직업병 위령탑 세우자

직업병의 대명사로 알려진 원진레이온은 지난 93년 7월 공장 문을 닫은 뒤 495,670제곱미터(㎡)의 공장용지를 주거 용도를 변경해, 입찰받은 부영건설은 모두 5천여 가구의 아파트 단지 건설공사가 진행 중이다. 이 터에 원진레이온 직업병 위령탑을 세워 이곳을 거쳐서 간 17,000여 명 노동자의 한을 풀어 주어야 한다.

원진레이온은 이황화탄소 때문에 34년간 우리나라의 대표적인 공해업체로 손꼽아 왔다. 공장 주변의 쇠를 시뻘건 녹으로 삭여 버리는 독가스로 인해 720여 명의 노동자가 노동부 산하 근로복지공단에서 직업병 환자로 판정받았으며, 이 가운데 30명이 직업병을 앓다가 사망했다. 공장 주변에 사는 주민들의 생활 도구, 철제 대문 등이 녹슬고 황폐화했다. 이러한 우리나라의 기초산업화 단계의 상흔들이 아파트 단지 조성과 함께 고스란히 묻히고 있다.

원진레이온은 우리나라 산업발전사의 증거물로 보존될 필요성이 있다. 이는 과거 59년 박흥식 씨가 일본에서 20년 이상 사용한 중고 기계를 들여와 설립한 이 공해 공장은 13차례 사장이 바뀌고 상호 변경을 거듭해 온 부실기업이다. 이러한 특징은 바로 우리나라의 산업 발전 과정을 상징적으로 압축해 놓은 것과 다름이 없다.

원진레이온의 대표적 설비와 상징적 공해물은 아파트 단지가 들어선 뒤에도 한 모퉁이에 직업병 위령탑과 함께 보존하는 것이 마땅하다. 우리의 눈에 보이는 흔적을 없앤다고 과거의 문제들이 모두 사라지는 없어지는 것은 결코 아니다. 원진 직업병 위령탑은 자라는 어린아이들에게 들려줄 의미 있는 역사적인 교훈이 되기에 충분한 가치가 있다고 생각한다. (한겨레신문, 1994. 8. 16. 기고문)

현장에서 취재 기고문 쓰다

이처럼 현장에서 일어나는 사건 사고를 하나도 빠짐없이 나의 수첩에 꼼꼼히 메모해 놓았다. 그리고 원고를 A4용지에 정리해서 팩스를 이용해서 신문사 편집국에 보냈다. 편집국에서 원고를 검토하고, 그다음 날 담당 직원이 전화를 통해 "원고 내용 사실 확인하겠다."라며 연락해 왔다. 그다음 날 기고문은 신문 지면에 보도됐다.

7년 남짓, 그러니까, 1991년 11월부터 1998년 6월까지 나의 수첩에 메모하여 일간지 신문에 기고문 원고를 써 왔다. 정부 관계 부처 관계자들은 '미친놈'이라고 웃어넘길 수 있겠지만, 그러나 그때 그 당시 원진 노동자들은 다니던 직장이 폐업함으로써 생존권 문제가 걸려 있었기 때문에 웃을 수가 없다.

지금은 인터넷뉴스 취재 활동을 하고 있다. 최근 전국에서 노사 간의 분쟁 사건 사고가 일어나고 있다. 우리가 살고 있는 노동 현장에서 좋은 일보다는 나쁜 일, 잘한 일보다는 못한 일 등이 쟁점이 되고 '이슈'거리가 된다. 그래서 노사 간의 분쟁 현안을 끈질기게 파고들고 근성을 가지고 이를 취재하여 보도한다면 노사가 막판 줄다리기까지 가지 않고 협상을 원만히 타결할 것이다. 그리고 노사 간 신뢰를 쌓고 노동자가 주인 되는 세상이 반드시 찾아올 것으로 생각한다.

나는 가끔 이런 생각을 해 본다. 원진레이온에 입사하지 않았다면 나는 어떻게 됐을까? 한겨레와 동아일보, 조선일보, 매일경제 등 기고문 원고 글을 쓸 일도 없었을 것이다. 그저 중소기업에서 평범한 사원으로 월급쟁이가 되었을 것이다. 아침에 출근해서 업무를 마치고 저녁에 퇴근하면서 선후배들과 포장마차에서 술 한 잔 마시면서 때로는 신세타령하면서 무의미한 생활했을 것이다.

누구에게나 어려운 상황이 찾아온다. 그것을 어떻게 받아들이고 또 어떠한 방법으로 적절하게 대응하고 일을 잘 처리하느냐에 따라 그 사람의 신분은 여러 차례 탈바꿈할 수 있다. 이처럼 역사에 길이길이 남는 좋은 글쓰기를 연습 꾸준히 해 왔다. 그러다 보니 원진레이온 노조 조합원 신분으로 노조 총무, 산업안전보건위원, 원진비대위 정책실장, 사무처장 등을 역임했다.

공사 측 구조조정 저지하며 싸우다

그리고 1996년 4월 16일 서울도시철도(서울교통공사)에 입사하여 노조 조합원 신분으로 대의원, 산업안전보건위원, 건축지부장 역임하는 중 서울도시철도(서울교통공사) 측은 음성직 사장 재임 기간에 조직개편 및 구조조정을 실시했다. 이에 구조조정을 저지하고, 노동자와 시민의 안전을 쟁취하기 위해 맞서서 싸웠다.

2008년 4월 15일 자, 서울도시철도(서울교통공사) 음성직 사장은 "조직을 통폐합하고 남는 인력"이라며, 서비스 강화 부문으로 인사 발령하는 등 강도 높은 조직개편 및 구조조정을 단행했다. 이처럼 6개 본부를 4개 본부로 축소했다. 본사와 현장의 중복 조직도 통폐합했다. 또한 건축, 신호, 기계, 전기, 전자, 통신, 토목 등 7개 직렬의 107개, 기술 현업분소를 13개 기술사업소로 통합, 합동 근무를 해 조직을 슬림화했다.

그리고 근무 형태도 밤 근무를 줄여 낮 근무에 인력을 집중적으로 투입하고 야간 근무는 무숙박 근무로 바꿨다. 기존 업무에 투입됐던 임직원 840명을 창의업무지원센터(532명), 서비스지원단(308명)으로 각각 인사 발령했다. (창의업무지원센터 임직원의 주요 업무는 지하철 편의시설 종합 유지 관리와 역사 리모델링, 서비스지원단 임직원의 주요 업무는 지하철 잡상인 등 무질서 행위를 단속하는 업무를 했다.)

이뿐만이 아니라, 기술직 임직원(150여 명)을 지하철 역무실로 인사 발령하여 배치 전환을 실시했으며, 또한 근무 평가제도는 수·우·양·가의 4단계 평가로 진행했다. 이 가운데 최하위 '가' 근평을 받은 사람을 사업소별 3~4명씩, 임직원 35여 명을 색출했다. 이들을 업무 배제하고 외부 위탁하여 직무 재교육 및 퇴출 프로그램을 시행했다.

이와 같은 서울도시철도(서울교통공사) 측 구조조정 및 인력 감축에 분노하여 노조 조합원들과 함께 맞섰다. 곧바로 천호대로 346, 서울도시철도(서울교통공사) 본사 앞 광장에서 노조 조합원 6천여 명과 함께 주말마다 항의 시위 집회를 열고 머리에 빨간 띠를 둘렀다. 그리고 "노동자와 시민의 안전을 위협하는 구조조정 웬 말인가, 음성직 사장 즉각 사퇴하라."라며, 피켓을 들고 구호를 외치며 해고와 구속을 각오하고 싸웠다. 결국 서울도시철도(서울교통공사) 음성직 사장의 구조조정은 시민으로부터 지지를 받지 못하고 오히려 역풍을 맞게 된다.

당시 필자는 오마이뉴스 시민기자 활동을 하고 있었다. 서울도시철도(서울교통공사)의 조직개편 및 구조조정을 실시하던 음성직 사장이 "전격 자진 퇴사를 했다."라는 소식을 접하고 취재하여 2011년 3월 3일 자 오마이뉴스 보도를 했다.

음성직 사장은 스마트 몰 특혜 혐의에 대한 검찰의 수사망이 좁혀오자 6개월 남은 임기를 채우지 못하고 전격 자진 사퇴했다. 서울도시철도(서울교통공사)는 "음성직 사장은 그해 2월 28일 서울시에 사표를 제출했으며, 서울시는 사표를 수리했다."라고 3월 2일 밝혔다.

참여연대가 2010년 8월 업무상 배임, 업무방해, 입찰방해, 뇌물수수 혐의 등으로 음성직 사장을 서울중앙지검에 고발했다. 이 사건을 수사한 서울중앙지검 2010년 12월 음 사장 등을 무혐의 취지로 '각하' 처분 내린 바 있다.

이에 대해 감사원은 2010년 12월 28일 대검찰청에 음성직 사장 등 고위 간부 3명의 업무상 배임과 입찰방해 의혹 등 혐의로 수사 의뢰해, 현재 서울중앙지검 특수2부(부장 최윤수)가 재수사를 착수하면서 검찰소환 조사를 앞두고 있었다. 이날 음 사장은 사직서를 제출하고 물러나게 됐으며, 정관 규정에 따라 장정우 서울시 교통본부장이 서울도시철도(서울교통공사) 사장 겸직을 맡게 됐다.

그리고 필자는 정년퇴직을 1년을 앞두고 있었다. 정년퇴직 이후 창업·재취업 등 생애 설계 삶을 미리 준비하고 있었다. 그리고 노조 활동을 마지막으로 유종의 미를 거두기로 했다. 조합원으로부터 추천받고 마지막으로 노조 중앙선거관리위원장을 맡았다. 서울도시철도(서울교통공사) 노조위원장, 부위원장, 사무처장, 정책실장 선거는 4명을 동시에 선출하는 러닝메이트(running mate) 방식으로 진행했다. 러닝메이트란(running mate), 미국의 대선과 비슷하다. 노조위원장 선거에 출마하는 입후보자와 팀원을 구성해서 함께 노조 선거에 나서는 버금 직위의 입후보자를 말한다.

이 외에도 중앙선관리위원장은 선거 때마다 불거지는 후보자들 간의 음모와 비방을 단호히 척결했다. 특히 "선거운동원들을 철저히 교육시켜 수행 풍토를 어지럽히는 자들은 엄정하게 다스릴 계획"이라고 단호하게 입장을 밝혔다. 중앙선관리위원장의 철저한 감시와 감독을 통해 노조 선거 유세 기간 내내 후보자들 간의 비방하는 흑색선전은 없었다. 이번 선거에서 공사 측의 특정 후보를 지지하는 선거 개입은 없었다. 서울도시철도(서울교통공사) 노조위원장 선거에서 A 후보가 B 후보를 누르고 당선이 확정되었다. 이로써 노조위원장 선거에서 B 후보가 패배를 받아들이며, 아무런 문제 없이 일단락되었다. 그리고 2017년 12월 31일 서울교통공사 건축팀 차장의 직급에서 부장의 직책으로 승진되어 정년퇴직했다.

2장
인생은 '이모작'(二毛作)

자원봉사왕 금메달 표창패 받다

아침에 눈을 뜨는 그 순간부터 "오늘도 불우이웃 돕고, 봉사활동을 하면서 살아갑시다." 하는 것은 나의 가치관이고, 나의 생활 신념이다. 이러한 가치관과 생활 신념으로 2012년 1월부터 연탄 배달 자원봉사활동을 시작했다.

경기 남양주시 연탄은행에 모여든 자원봉사자들과 함께 매년 12월 초순부터 그다음 해 3월 말까지 남양주시, 구리시, 하남시, 양평군 등 도시가스가 들어오지 않고 달동네와 고지대에 거주하고 있는 어려운 취약계층 기초생활수급자 2,000여 가구를 선정했다. 한 가구당 300장에서 400장까지 모두 10만 장의 '사랑과 나눔' 불우이웃돕기 연탄을 직접 전달했다. 우리들은 연탄을 부엌에 쌓아 놓고 돌아서 대문을 통해 밖으로 나왔다.

이에 대해 연탄을 전달받은 어르신은 "경제불황의 여파로 연탄 없어서 올겨울 어떻게 지내나 걱정을 많이 했는데, 추운 날씨 속에도 불구하고 연탄을 보내 주셔서 감사합니다."라며 아픈 다리를 이끌고 밖으로 나오시면서 눈가에 눈물을 보이시며, 고맙다고 인사를 하셨다. 우리들은 어르신이 눈물을 흘리는 모습을 보고 마음이 뭉클했다. 그리고 앞으로 어려운 이웃을 위해 열심히 봉사하겠다고 다짐했다.

이 밖에도 배식 자원봉사에 참여했다. 매주 화요일과 목요일 오전 9시부터 오후 2시까지 5시간 남양주시 와부읍 덕소로237, 경의중앙선 도심역 광장에 마련된 무료 급식소가 문을 열고 있었다. 이 지역의 어려운 이웃들에게 '더불어 함께 사는 세상'을 몸소 실천하기 위해 취약계층 독거노인, 노숙인 등 250명에게 직접 밥을 퍼 주는 배식 봉사에 나섰다.

이곳에 삼삼오오 모여든 50여 명의 자원봉사자와 함께 이 지역에 거주하는 저소득 취약계층 어르신들을 대상으로 점심 식사 준비를 위해 팀으로 나누어서 시작했다. A팀은 쌀을 수돗물로 씻어서 가마솥으로 밥을 지었다. B팀은 감자, 양파, 대파, 마른, 고추 등 각종 양념과 쌀뜨물 넣고 따끈따끈하게 끓인 된장찌개를 비롯해서 배추겉절이김치, 두부조림, 콩나물볶음 등 250인분 이상의 점심 식사 준비는 끝이 났다.

그리고 이어서 배식을 진행했다. 이날 이른 아침 시간대부터 모인 이들이 도심역 광장 무료 급식소 간이천막에서 점심을 먹기 위해 식탁에 둘러앉았다. 김이 모락모락 솟아오르는 밥상을 기다리고 있다. 이 지역 어르신들에게 "차린 건 없지만, 점심 식사 맛있게 드십시오."라며, 일일이 인사를 하면서 1식 3찬으로 식판에 하얀 밥을 담아 국을 푸고 밥상을 나르며, 직접 밥을 푸며 배식했다. 어르신은 "오늘 이곳에 왔더니 반갑게 맞이해 주고 따뜻한 밥상을 차려 주셔서 참으로 감사합니다."라고 말하면서 "모두들 복 받으실 것"이라 인사하고 밥을 맛있게 드시고 떠나셨다.

이로써 점심 식사는 모두 끝이 났다. 이제부터 마무리해야 했다. 식판과 그릇 설거지하기, 의자와 식탁 접기, 간이천막을 접기 등 모든 주방용품과 집기를 손수레 싣고 컨테이너창고 안에 차곡차곡 가지런히 쌓아 넣고 철재 출입문 열쇠를 걸어서 잠근다. 이곳을 빗자루와 쓰레받기 등 청소용품을 이용해서 깔끔하게 뒷정리까지 마무리했다. 그리고 "오늘도 자원봉사 여러분! 수고 많이 하셨습니다."라며, 인사를 서로 나누고 각자 귀가를 했다. 이처럼 '사랑과 나눔', '더불어 사는 세상'을 몸소 실천했다.

이 외에도 평소에 잘 알고 지내는 서울도시철도(서울교통공사) 임직원들의 대상으로 십시일반으로 조금씩 모금해 온 돈으로 쌀과 라면, 풋고추, 배추김치, 감자 등 식재료를 구매하여 도심역 무료 급식소에 전달하면서 이 지역 취약계층 저소득 취약계층 독거노인 등 생활 어려운 불우한 이웃을 도와 왔다.

이처럼 저소득 취약계층 독거노인들과 어려운 이웃에 대한 '사랑과 나눔'의 정신을 몸소 실천해 귀감이 되고 있으므로 경기 남양주시 지역주민들은 물론이고, 수혜자들로부터 칭송이 자자했다.

이와 같이 남다른 열정과 사명감을 가지고, 밝고 아름다운 지역사회 발전에 크게 이바지하였고, 기여해 왔으므로, 우리 사회에서 극히 보기 드물 정도로 심성이 착하고 남을 위해서 항상 자신을 희생하는 등 '자원봉사'의 유공자로 인정받았다.

그리고 2014년 11월 6일 경기 남양주 자원봉사센터에서 주관하여 다산지금로91, 실내체육관에서 자원봉사자의 날 기념행사가 열렸다. 이날 지난 1년간 '사랑과 나눔'을 실천한 자원봉사 1,000여 명이 참석했으며, 올해의 자원봉사 유공자로 인정받아 '자원봉사' 시상식에서 남양주시의회 의장 표창장을 수여받았다.

그해 12월 31일 서울도시철도(서울교통공사) 임직원 7,000여 명 가운데 '사랑과 나눔' 연탄 배달하면서 생활 형편 어려운 불우한 이웃을 돕는 등 지역사회 발전을 위해 자원봉사활동 공로를 인정받았다. 그리하여 올해의 '자원봉사왕' TOP5 선정되었으며, 김태호 사장으로부터 표창장 및 온누리 상품권 10만 원을 수여받았다.

그 후 2년이 경과되었다. 서울시 중랑구 자원봉사센터에서 기본 요건심사 후 심사위원회에서 엄정한 심사를 거쳐서 지역사회 발전을 위해 대가 없이 묵묵히 봉사활동을 하는 숨은 유공자 인정받아 2016년 올해의 '자원봉사왕'으로 선정되었다. 그해 5월 6일 봉화산로179(신내동), 중랑구청 대회의실에서 자원봉사 800여 명이 참석한 가운데 '자원봉사왕' 시상식에서 금메달 표창패를 수여받았다.

요양보호사 자격증 취득

최근 상암 월드컵경기장에 찾아가서 축구 경기를 관전했다. 이날 수백 명의 축구 팬이 관람하는 가운데 전반전과 후반전 절반씩 시간을 나누어서 한 팀에 11명씩 A팀과 B팀 축구 경기를 진행했다. 상대방의 공격수 공을 빼앗기 위해 수비수가 슬라이딩 태클을 거는 등 경기는 치열했다. 후반전 5분 남겨 놓았다. 마침내 A팀 선수가 오른발 슈팅을 골대 안쪽으로 골을 꽂아서 넣으면서 A팀이 B팀을 1대 0으로 누르고 경기는 종료되었다.

인생은 이모작(二毛作), 인생은 축구 경기와 똑같다고 생각한다. 60세 이전은 전반전이고, 60세 이후부터 후반전 삶이 시작되는 것이다. 그래서 60세 이후부터 후반전 삶을 시작했다.

필자는 지난해 지인의 추천받고 서울시 중랑구 상봉동 요양교육원 방문했다. 이곳에서 교육실장과 요양보호사 교육 관련하여 30여 분 상담했다. 교육 수강원서를 작성해서 제출했다. 교육 수강료 및 교재 비용 포함 45만 원 결제했다. 그리고 그다음 주부터 개강하여 섬망, 망상, 치매, 파킨슨병, 중풍, 당뇨병, 고혈압 등 노인성 질환 교육을 받았다.

이 밖에도 중년의 나이로 서서히 접어들며, 눈도 노후화가 시작된다. '백내장'이란, 눈의 수정체가 부옇게 흐려져서 시력을 쇠퇴시키는 질병이다. 이와 다르게 '녹내장'이란 눈으로 받아들인

빛을 뇌로 전달하는 시신경에 이상이 생겨, 그 결과 시야결손이 나타나는 노인성 질환이다. 각각의 질병에 대한 이론 교육을 받았다.

이 외에도 방문목욕, 방문요양, 임종 단계 등 현장실습 과정까지 걸쳐서 총 240시간 교육받고 이수했다. 이어서 곧바로 그해 8월 한국보건의료인 국가시험원(약칭: 국시원)에서 주관하는 요양보호사 자격증 시험에 응시하여 합격했다. 그해 9월에 지방자치장 서울시로부터 요양보호사 자격증을 받았다.

인생은 '더불어 함께 사는 사회'라고 했다. 그동안 쌓아 온 경력과 경륜을 바탕으로 삼아 각 분야에서 사회발전에 필요한 일원으로 살아가는 데 최대한 목적을 두고 싶다.

그래서 앞으로 요양보호사 자격증을 최대한 활용하고자 한다.

첫째, 어르신 지팡이 걷기 보조, 왼쪽 편마비 어르신 지팡이를 이용하여 평지를 걸을 때 이용 돕기 순서 지팡이-왼쪽-오른쪽 순서로 걷는다.

둘째, 어르신 휠체어 이동 돕기, 어르신 가파른 내리막길에서 휠체어를 타고 있는 대상자의 이동을 돕기, 휠체어를 뒤로 돌려 지그재그로 내려간다.

셋째, 어르신 보행을 돕기, 먼저 옮긴 발이 나간 지점까지 나머지 발을 옮기게 한다. 이처럼 어르신 넘어지지 않도록 이동 보조 서비스를 할 것이다.

넷째, 방문목욕 돕기, 어르신의 건강 상태를 확인한 뒤 대화를 통해 어르신께서 신체적으로 불편하신 곳이 있는지 먼저 확인한다. 그리고 혹시 대화가 불가능한 중증질환을 앓고 계시는 어르신들을 위해 가족 및 보호자에게 먼저 연락을 취한다. 그리고 어르신의 신체 상태를 확인한 뒤에 목욕을 진행한다.

이뿐만이 아니라, 재가요양보호는 어르신의 신체활동, 가사 활동 지원 등의 업무를 한다. 담당 의사, 간호사 및 가족들로부터 어르신에 대한 정보를 수집하여 요양보호 서비스 계획을 먼저 세운다.

이 외에도 재가요양보호는 어르신의 신변을 돌보는 일만 하는 것과 함께 청소, 세탁, 조리 등의 생활 지원, 입욕, 배설 등의 신체 보조 또는 일상생활 중의 어려움 등에 대해서는 구체적인 조언을 구한다.

인생은 이른바 '자아실현'(自我實現)이라는 말 있다. 이와 같은 말은 자기 자신의 능력과 개성을 충실하게 발전시켜 완벽하게 이르는 것이다. 당당하게 지역사회를 구현하고, 몸소 실천하고 사회적 존재의 가치를 만끽하면서 지역사회 발전에 이바지하면서 앞으로 남은 인생은 어르신 보살핌 서비스를 펼치면서 살아갈 것이다.